싱클레어 퍼거슨
예수님의 고별 설교

*Lessons
from the
Upper
Room*

Lessons from the Upper Room: The Heart of the Savior
by Sinclair B. Ferguson

Copyright ⓒ 2021 by Sinclair B. Ferguson
Published by Ligonier Ministries
421 Ligonier Court, Sanford, FL 32771, USA
Ligonier.org

The Korean edition copyright ⓒ 2025 by Word of Life Press, Seoul, Korea.
Translated by permission.
All rights reserved.

싱클레어 퍼거슨
예수님의 고별 설교

ⓒ **생명의말씀사** 2025

2025년 9월 25일 1판 1쇄 발행

펴낸이 l 김창영
펴낸곳 l 생명의말씀사

등록 l 1962. 1. 10. No.300-1962-1
주소 l 서울시 종로구 경희궁1길 6 (03176)
전화 l 02)738-6555(본사)·02)3159-7979(영업)
팩스 l 02)739-3824(본사)·080-022-8585(영업)

기획편집 l 정설아
디자인 l 조현진
인쇄 l 예원프린팅
제본 l 보경문화사

ISBN 978-89-04-16934-4 (03230)

저작권자의 허락 없이 이 책의 일부 또는 전체를
무단 복제, 전재, 발췌하면 저작권법에 의해 처벌을 받습니다.

싱클레어 퍼거슨 지음
이지혜 옮김

Lessons
from the
Upper
Room

싱클레어 퍼거슨
예수님의 고별 설교

예수님 생애 마지막 밤, 다락방에서 있었던 복음의 드라마

생명의말씀사

추천의 글

이 놀라운 책을 읽기 시작하면서 "성경에서는 작은 데이지꽃 한 송이도 온 들판과 같다."라는 마르틴 루터의 말을 끊임없이 떠올렸다. 요한복음 13-17장을 여러 번 읽었고 그 의미도 잘 안다고 생각할 독자들이 많을 것이다. 나도 그랬다. 싱클레어 퍼거슨의 이 책을 읽기 전까지는 말이다! 그의 지혜로운 말처럼, "인간의 정신은 너무나도 제한적이어서 무한하신 만유의 주님이 하시는 일을 온전히 이해하기 어렵다." 하지만 이 책을 읽으면 읽을수록 그 놀라운 다락방으로 점점 더 이끌려서 구세주의 말씀을 듣고 배우고 사랑하게 되는 것을 느꼈다. 분명한 실례와 마음이 따뜻해지는 적용이 책 구석구석에 스며 있다. 그리고 '스모크랜드의 이방인'이라는 저자의 우화는 절대 잊지 못할 것이다! 이 책은 퍼거슨의 진가가 가장 잘 드러나는 작품이다. 두 권을 사서, 이 보물 같은 책을 누군가에게 선물하라!

존 블랜차드(John Blanchard) 박사
설교자, 교사, 변증가, 저자

요한복음의 고별 설교만큼 영향력 있는 성경 본문도 몇 안 되지만, 그 메시지를 제대로 파악하기 힘든 경우가 많다. 싱클레어 퍼거슨은 우리가 성경 전체의 관점에서 그 퍼즐 조각을 제대로 맞추도록 도와준다. 의자를 가져다 놓고, 퍼거슨이 예수님이 제자들에게 하시는 말씀과 아버지께 드리는 기도를 우리가 이해하도록 도와주는 동안 경청해 보자. 이 책은 예수님 생애 마지막 밤의 드라마와 의미를 잘 분석하고, 이것이 오늘날 우리에게 어떻게 해서 좋은 소식인지를 풍성하게 설명해 준다. 이 책은 퍼거슨의 책 중에서도 최고로 손꼽을 만하다. 우리 구세주와 그분의 사역에 초점을 맞추어서 성경 전체의 관점에서 성경 본문을 섬세하게 해석해 준다. 이 본문을 익히 아는 독자든, 처음 읽어 보는 독자든, 이 책은 모두를 격려하고 교화하며 깨우쳐 줄 것이다. 이 책을 집어 들고 읽으라. 분명히 잘했다고 생각하게 될 것이다!

브랜든 크로우(Brandon D. Crowe) 박사
웨스트민스터 신학교 신약학 교수

싱클레어 퍼거슨은 이 시대 혹은 역사를 통틀어서, 모든 저작을 필독서라고 할 만한 몇 안 되는 저자다. 이 책에서 저자는 우리를 예수님이 계신 다락방으로 데려가서 그분의 지상 사역의 마지막 시간을 목격하게 한다. 당신은 마치 그 다락방에서 주님 옆에 앉아 음식을 먹고 제자들의 걱정 가득한 질문들을 듣고 세상을 바꾸어 놓을 말씀에 귀 기울이고 있는 것처럼 느낄 것이다. 오랫동안 그리스도인으로 지내 왔든, 이제 막 그리스도인이 되었든, 퍼거슨의 탁월한 목회적 지혜와 이 본문에 대한 묵상이 어우러져 다양한 독자층 누구라도 쉽게 읽을 수 있는 책이 탄생했다. 비전공자를 위한 책으로는, 요한복음 13-17장을 다룬 가장 탁월한 책이라고 할 만하다.

가브리엘 플루러(Gabriel N. E. Fluhrer) 박사
컬럼비아 제일장로교회 부목사

유월절 전에
예수께서 자기가 세상을 떠나
아버지께로 돌아가실 때가 이른 줄 아시고
세상에 있는 자기 사람들을 사랑하시되
끝까지 사랑하시니라

요한복음 13장 1절

사랑이 많은 조력자이자
현명한 상담가,
헌신적인 주부,
최고의 친구인
도로시와 루스에게
사랑과 감사를 담아 드립니다.

차례

추천의 글   4
들어가는 글   12

1. 그리스도의 마음   요한복음 13장 1-12절   14
맥락 | 요한복음의 '내막' | 기원 | 겸손 | 구원 | 높아지심 | 함의

2. 앎과 축복   요한복음 13장 12-20절   34
예수 그리스도가 하신 일 알기 | 예수 그리스도가 어떤 분이신지 알기 | 예수 그리스도 안에서 우리가 어떤 존재인지 알기 | 축복하는 법 이해하기

3. 괴로움에서 영광으로   요한복음 13장 21-31절   54
심령이 괴로워 | 배신자가 드러나다 | 운명이 정해지다

4. 반전된 분위기   요한복음 13장 31-38절   68
영광을 받으시다 | 또다시 바뀌는 분위기

5. 비아, 베리타스, 비타   요한복음 14장 1-14절   88
근심하는 이들을 위한 조언 | 근심하는 제자들을 위한 답변 | 혼란스러운 말씀

6. 삼중 영   요한복음 14장 15-31절   116
패러다임 전환 | 보혜사(Helper) | 보혜사(Counselor) | 가정 관리자 | 선생 | 전치사 | 다음 단계

7. 참 포도나무 요한복음 15장 1-17절   140
나는 누구인가? | 풍성한 열매의 근원 | 아버지의 가지치기 | 말씀의 영양분 |
사랑의 우선순위

8. 미움을 받지만 도움도 받는 요한복음 15장 18-27절   158
설명 | 정체를 드러내다 | 제1원리들 | 증언

9. 왜? 왜? 왜? 요한복음 16장 1-16절   184
왜 이 말씀을 하시는가? | 왜 '지금' 이 말씀을 하시는가? | 왜 지금 떠나시는가?
| 책망하시는 영 | 깨달음의 영 | 당신의 유익을 위해

10. 깨달음 이전의 혼란 요한복음 16장 17-33절   204
아버지 | 변증적 사고 | 목회적 처방

11. 그리스도의 마음이 열리다 요한복음 17장 1-5절   228
속죄일 | 예수님이 자신을 위해 기도하시다 | 아들의 신성 | 영광 | 그분의 영
광, 우리의 축복 | 회복으로 가는 길 | 그 '일' | 아들의 기쁨 | 스모크랜드의 이
방인

12. 아버지의 선물 요한복음 17장 6-19절   254
아버지의 선물 | 은혜의 사슬 | 보전과 성화

13. 우리를 위해 기도하시는 예수님 요한복음 17장 20-26절   270
예수님의 바람 | 예수님이 우리에게 원하시는 것

주   286

들어가는 글

『싱클레어 퍼거슨 예수님의 고별 설교』는 예수님의 가르침과 (제자들과 우리를 위한) 그분의 기도를 들으면서 제자들과 함께 시간을 보내자는 초대다. 이 책은 요한복음 13-17장을 기초로 한다. 155절과 4천 단어가 채 되지 않는 이 다섯 장에, 청교도 작가 토머스 굿윈(Thomas Goodwin)이 "그리스도의 마음을 들여다보는 창"[1]이라고 부른 말씀이 담겨 있다.

요한복음의 이 부분은 학창 시절부터 내게 큰 의미로 다가왔고, 나를 위해 이 내용을 책으로 써야겠다고 자주 생각하곤 했다. 하지만 이 책은 2014년 리고니어 미니스트리즈(Ligonier Ministries)에서 이 본문에 대해 짧은 메시지를 전한 열두 편의 녹음에서 시작되었다.

어떤 의미에서 이 내용은 '영화의 책 버전'이라고 할 수 있다. 둘은 완전히 똑같지는 않은 경우가 많다. 이 책의 경우에는 녹음이 진행되고 나서 여러 해가 지나 쓰였는데, 원래 메시지를 녹취한 내용보다 50퍼센트 정도 더 길어졌다. 녹음 과정에 참여했거나 영상을 시청한 사람이라면 이 책 곳곳에 그 내용이 반영된 것을 알게 될 것이다. 하지만 책은 이 놀라운 성경 본문을 더 온전히 설명했다. 그래서 내 바람은 녹음 과정에 참여했거나 영상을 시청하거나 들은 사람들도 책을 읽고 도움이 되었다고 느끼는 것이다.

그렇다고 해도 『싱클레어 퍼거슨 예수님의 고별 설교』는 요한복음 13-17장에 대한 완벽한 해설과는 거리가 멀다. 그렇게 하려면 (요한의 말을 빌리자면) 서가 전체라도 이 기록된 책을 두기에 부족할 것이다!

이 책은 전문적인 주석서도 아니다. 말하자면, 이 책은 우리 집 '스마트' 텔레비전의 '음성 해설'과 같은 것이다. 이 기능은 화면에 나오는 장면을 실시간으로 해설하여, 대사를 들을 수는 있지만 시각 장애로 인해 화면을 보기 힘든 사람들이 내용을 잘 따라가도록 도와준다. 그래서 나는 (내가 책을 쓰면서 그랬듯이) 사람들이 이 책을 읽으면서 자신이 다락방에서 그리스도를 만나고 그분을 바라보고 그분의 가르침과 기도를 듣고 있는 것처럼 느끼는 순간이 있기를 바란다.

리고니어 미니스트리즈와 그 출판부와 함께 섬기는 일은 언제나 큰 특권이다. 특히 음향·영상 제작부와 편집부에 크게 신세를 졌는데, 세월이 흐르면서 그들은 나의 가이드일 뿐 아니라 친구가 되었다. 예수님의 고별 설교를 살펴본 꽉 찬 이틀 동안 영상 제작에 동참해 준 사람들에게도 진심으로 감사한다. 내 인생의 다른 모든 것이 그렇듯, 내가 하나님 다음으로 가장 큰 빚을 지고 있는 이는 아내 도로시와 사랑하는 가족이나.

1. 그리스도의 마음

요한복음 13장 1-12절

¹유월절 전에 예수께서 자기가 세상을 떠나 아버지께로 돌아가실 때가 이른 줄 아시고 세상에 있는 자기 사람들을 사랑하시되 끝까지 사랑하시니라 ²마귀가 벌써 시몬의 아들 가룟 유다의 마음에 예수를 팔려는 생각을 넣었더라 ³저녁 먹는 중 예수는 아버지께서 모든 것을 자기 손에 맡기신 것과 또 자기가 하나님께로부터 오셨다가 하나님께로 돌아가실 것을 아시고 ⁴저녁 잡수시던 자리에서 일어나 겉옷을 벗고 수건을 가져다가 허리에 두르시고 ⁵이에 대야에 물을 떠서 제자들의 발을 씻으시고 그 두르신 수건으로 닦기를 시작하여 ⁶시몬 베드로에게 이르시니 베드로가 이르되 주여 주께서 내 발을 씻으시나이까 ⁷예수께서 대답하여 이르시되 내가 하는 것을 네가 지금은 알지 못하나 이후에는 알리라 ⁸베드로가 이르되 내 발을 절대로 씻지 못하시리이다 예수께서 대답하시되 내가 너를 씻어 주지 아니하면 네가 나와 상관이 없느니라 ⁹시몬 베드로가 이르되 주여 내 발뿐 아니라 손과 머리도 씻어 주옵소서 ¹⁰예수께서 이르시되 이미 목욕한 자는 발밖에 씻을 필요가 없느니라 온몸이 깨끗하니라 너희가 깨끗하나 다는 아니니라 하시니 ¹¹이는 자기를 팔 자가 누구인지 아심이라 그러므로 다는 깨끗하지 아니하다 하시니라 ¹²그들의 발을 씻으신 후에 옷을 입으시고 다시 앉아 그들에게 이르시되 내가 너희에게 행한 것을 너희가 아느냐

예루살렘 어느 집 다락방으로 향하는 계단을 오르고 있다고 상상해 보자. 여기서 우리는 나사렛 예수의 십자가 처형 전날 늦은 오후와 저녁에 벌어진 일을 엿들을 수 있다.

열세 사람이 유월절 식사를 하기 위해 모였다. 한 사람은 배신의 사명을 띠고 일찍 자리를 뜰 것이다. 이후에 남은 열두 명은 함께 겟세마네 동산으로 갈 것이다.

거기서 그들은 흩어진다. 그중 한 사람은 무력에 의해 악몽과 같은 길을 가게 될 것이다.

먼저 그는 은퇴한 대제사장 안나스에게 끌려간다. 거기서 다시 안나스의 사위이자 현 대제사장인 가야바의 집으로 끌려간다. 그다음에는 로마 총독 본디오 빌라도의 관정으로, 헤롯 왕에게로 끌려간다. 그리고 나서 다시 본디오 빌라도 앞에 섰다가 비아 돌로로사(Via

Dolorosa, 고난의 길)를 거쳐 갈보리의 십자가로 가게 된다. 거기서 그는 십자가에 못 박힐 것이다.

금요일인 내일 이 시간쯤이면, 나사렛 예수의 시신이 무덤으로 옮겨질 것이다.

하지만 이것은 끝이 아니라, 새로운 시작의 끝일 뿐이다. 일요일 아침 일찍, 그분은 죽은 자들 가운데서 다시 사실 것이다. 이제 평화의 왕자와 구원자로 영원히 사실 것이다. 이 모든 일은 아직 일어나지 않았다. 지금으로서는 이제 막 다락방에 도착했을 뿐이다.

24시간이 채 지나지 않아 구세주는 십자가에 달려 죽으실 것이다. 자신의 확실한 운명을 잘 아셨던 그분은 끝까지 제자들을 사랑한다는 사실을 그들에게 보여 주려 하신다.

머지않아 예수님은 그분을 배신하려는 제자 중 하나(가룟 유다)를 방에서 내보내실 것이다. 그러고 나서 그중 다른 하나인 시몬 베드로에게 동이 트기 전에 그가 세 번 주님을 부인할 것이라고 말씀하신다. 다 같이 떠나기 전에 예수님이 드리신 기도는 신약성경에 기록된 가장 긴 기도다. 이 기도야말로 진정한 '주의 기도'라고 할 만하다. 이 기도에서 예수님은 하늘 아버지와의 친밀한 관계를 드러내시고, 제자들은 그들뿐 아니라 우리처럼 미래에 그분의 제자가 될 모든 사람을 향한 예수님의 사랑과 돌보심의 표현을 엿들을 것이다.

얼마나 극적인 순간인지 모른다.

하지만 그 전에, 그날 저녁이 어떻게 시작되는지 요한의 설명을 먼저 들어 보자.

유월절 전에 예수께서 자기가 세상을 떠나 아버지께로 돌아가실 때가 이른 줄 아시고 세상에 있는 자기 사람들을 사랑하시되 끝까지 사랑하시니라 마귀가 벌써 시몬의 아들 가룟 유다의 마음에 예수를 팔려는 생각을 넣었더라 저녁 먹는 중 예수는 아버지께서 모든 것을 자기 손에 맡기신 것과 또 자기가 하나님께로부터 오셨다가 하나님께로 돌아가실 것을 아시고 저녁 잡수시던 자리에서 일어나 겉옷을 벗고 수건을 가져다가 허리에 두르시고 이에 대야에 물을 떠서 제자들의 발을 씻으시고 그 두르신 수건으로 닦기를 시작하여 시몬 베드로에게 이르시니 베드로가 이르되 주여 주께서 내 발을 씻으시나이까 예수께서 대답하여 이르시되 내가 하는 것을 네가 지금은 알지 못하나 이후에는 알리라 베드로가 이르되 내 발을 절대로 씻지 못하시리이다 예수께서 대답하시되 내가 너를 씻어 주지 아니하면 네가 나와 상관이 없느니라 시몬 베드로가 이르되 주여 내 발뿐 아니라 손과 머리도 씻어 주옵소서 예수께서 이르시되 이미 목욕한 자는 발밖에 씻을 필요가 없느니라 온몸이 깨끗하니라 너희가 깨끗하나 다는 아니니라 하시니 이는 자기를 팔 자가 누구인지 아심이라 그러므로 다는 깨끗하지 아니하다 하시니라.

그러고 나서,

그들의 발을 씻으신 후에 옷을 입으시고 다시 앉아….

우리가 성경을 읽을 때마다 전혀 다른 두 맥락이 만나게 된다. 여기서도 마찬가지다.

맥락

우리는 어쩔 수 없이 자신의 맥락에서 이 본문을 읽게 된다. "성경은 능히 너로 하여금 그리스도 예수 안에 있는 믿음으로 말미암아 구원에 이르는 지혜가 있게 하[기에]"(딤후 3:15), 이 본문은 자연스레 다음과 같은 개인적인 질문들을 떠올리게 한다. "주 예수 그리스도가 내 생각과 삶의 중심이신가?" 솔직하게 답하자면 이렇지 않을까. "그렇다. 하지만 항상, 충분히 그렇지는 못하다." 그리스도인이라면 더는 과거의 본성을 지니지 않지만, 그리스도가 우리를 부르신 모습에 아직 미치지 못했다는 것도 안다. 우리는 그분을 더 잘 알고 믿고 사랑하기를 원한다.

이 성경 본문은 그리스도를 우리 시야의 중심에 놓고 그분의 은혜를 보여 줌으로써 우리가 그럴 수 있게 도와준다.

그러나 우리는 이 본문을 당시의 맥락에서 해석하는 법도 배워야 한다.

요한복음은 명료하고 상대적으로 단순한 구조다.

1장 1-18절의 프롤로그로 시작해서(성탄절에 자주 읽는 본문이다), 21장 1-25절의 에필로그로 끝맺는다(예수님이 시몬 베드로를 사도의 사역으로 회복하시는 본문이다).

그 중간에 있는 내용은 두 부분 혹은 두 책으로 나눌 수 있다.

1부(1:19-12:50)는 표적의 책이라고도 한다. 예수님의 말씀과 사역은 모두 메시아요 구세주이신 그분의 정체성을 가리킨다. 그래서 그분은 자신을 "세상의 빛"이라고 주장하신다. 그분을 따르는 이들은 어둠 가운데 걷지 않을 것이다(8:12). 그리고 나서 그분은 날 때부터 눈먼 자를 고쳐 주셔서 그 예를 잘 보여 주신다(9장).

요한복음 1장에서 12장에는 총 일곱 가지 표적이 기록되어 있다.[1] 그런데 이 표적의 책은 다음과 같이 갑자기 끝나 버린다. "예수께서 이 말씀을 하시고 그들을 떠나가서 숨으시니라 이렇게 많은 표적을 그들 앞에서 행하셨으나 그를 믿지 아니하니 이는 선지자 이사야의 말씀을 이루려 하심이라 이르되 주여 우리에게서 들은 바를 누가 믿었으며 주의 팔이 누구에게 나타났나이까 하였더라"(사 53:1을 인용한 요 12:36하-38).

2부(13:1-20:31)는 수난의 책 혹은 영광의 책으로 불린다. 2부가 시작되면 우리는 아무런 설명도 없이 예루살렘의 어느 다락방으로 옮겨져 있다. 유월절 주간의 목요일 오후이고, 식사는 이미 준비되었다. 우리가 아는 한, 그 방에는 예수님과 그분이 택하신 사도들, 이렇게 열세 명뿐이다. 이제 예수님이 그분을 거부한 세상에 숨기셨던 영광이 그분을 믿고 사랑한 제자들에게 조금씩 드러날 것이다.

요한복음의 '내막'

요한복음은 나머지 세 복음서와는 상당히 다른 느낌이다. 장 칼뱅(John Calvin)이 다음 글에서 그 점을 잘 표현했다.

> 나머지 세 복음서는 그리스도의 삶과 죽음을 방대하게 서술하지만, **요한은 그리스도의 죽음과 부활의 능력과 함께 그분의 직분을 설명하는 교리에 치중한다.** …
> 사복음서 모두 동일한 대상을 염두에 두고 그리스도를 가리키지만, **앞의 세 복음서는** (이런 표현을 사용해도 괜찮다면) **그분의 몸을 드러내는 반면, 요한은 그분의 영혼을 드러낸다.** 이런 이유에서, 나는 이 복음서가 나머지 세 복음서를 이해하는 문을 여는 열쇠라고 말하곤 한다. 이곳에서처럼 강렬하게 묘사된 그리스도의 능력을 이해하는 사람은 이후에 다른 복음서들이 전하는 구세주 이야기도 유리하게 읽을 수 있을 것이다.[2]

공관복음(마태복음, 마가복음, 누가복음)은 '그분의 몸'을 우리에게 보여 준다. 즉, 외부에서부터 이야기를 들려준다. 그러나 요한복음이 그 절정에 가까이 다가갈수록 우리는 주님의 '내면에서 벌어지는 일'에 대해 더 많이 알게 된다.

이는 13장에서부터 17장까지 특히 그렇다. 여기서 우리는 예수님이 유월절 식탁에 둘러앉아 가장 가까운 친구들에게 참을성 있게 가르치시는 내용을 듣게 된다. 그 교훈은 몇 시간이나 이어졌는데, 주 님이요 선생님과 함께하는 놀라운 시간이었을 것이다!

"예수께서 … 자기 사람들을 … 끝까지 사랑하시니라"라는 말씀으로 이야기가 시작된다(요 13:1). 예수님은 또한 진정한 사랑이 어떤 모습인지를 보여 주신다. 언제나처럼 표적을 보여 주시는데, 제자들의 발을 씻어 주신다. 그런 다음에는 그 의미를 설명하시고 질문을 던지신다. "이 표징이 무슨 뜻인지 알겠느냐? 이것이 내게 무슨 의미인지 알겠느냐? 내가 너희를 위해 이렇게 한 뜻을 이해하겠느냐?"

당연히 방 안에는 침묵이 흘렀다.

예수님과 열두 제자만 참석한 아주 사적인 자리였다. 그들을 맞이하고 발을 씻어 준 종들도 없어서 샌들 신은 발에는 먼지가 그대로였다.

제자들은 너무 으스대느라 예수님의 발이든 다른 제자들의 발이든 차마 씻어 주지 못했던 것 같다. 실제로, 누가는 제자들이 "누가 크냐"라면서 서로 말다툼을 벌이고 있었다고 말해 준다(눅 22:24-27). 이와는 대조적으로, 예수님은 그들에게 이렇게 말씀하셨다. "나는 섬기는 자로 너희 중에 있노라." 아마도 이쯤 해서 예수님이 자리에서 일어나시지 않았을까 싶다.

이 세상에서 제자들은 서로 발을 씻어 주지 않았다. 그것은 종이 하는 일이었다. 그런데 이제 주님이 그 일을 하려 하신다!

그러나 예수님이 시몬 베드로 앞에 무릎을 꿇으시자, 베드로는 감당하기 힘들었다. 깜짝 놀라 거부하는 베드로가 침묵을 깬다. "주께서 내 발을 씻으시나이까."

예수님이 대답하신다. "내가 너를 씻어 주지 아니하면 네가 나와 상관이 없느니라"(요 13:8).

확실히 여기서 예수님은 그저 발의 먼지만 닦아 주시는 것이 아니다. 뭔가 더 심오한 일이 벌어지고 있었다. 마치 예레미야와 에스겔이 한 것처럼 예언자적인 행위다.[3] 그분은 복음의 비유를 몸소 행하고 계신다. 극적인 표징을 통해 자신이 누구인지, 무엇을 하러 오셨는지를 보여 주고 계신다. 예수님은 발을 씻기시는 행위로 그분의 위격과 사역, 그분의 정체성과 사역의 목적을 드러내신다.

이 본문의 내밀한 의미를 이해하는 가장 좋은 방법은 빌립보서 2장 6-9절에 나오는 사도 바울의 가르침과 나란히 놓고 한 구절씩 비교하는 것이다.

요한복음 13장 3-5, 12절	빌립보서 2장 6-9절
예수는 … 자기가 하나님께로부터 [오신 것을] … 아시고	그는 근본 하나님의 본체시나
저녁 잡수시던 자리에서 일어나	하나님과 동등 됨을 취할 것으로 여기지 아니하시고
겉옷을 벗고	오히려 자기를 비워
수건을 가져다가	종의 형체를 가지사
대야에 물을 떠서	자기를 낮추시고
제자들의 발을 씻으시고	죽기까지 복종하셨으니 곧 십자가에 죽으심이라

옷을 입으시고 다시 앉아	이러므로 하나님이 그를 지극히 높여 모든 이름 위에 뛰어난 이름을 주사

예수님은 바울의 신학적 묘사를 하나하나 상징적으로 몸소 행하고 계신다. 어떻게 그분이 가장 높은 하늘의 영광에서부터 내려오셔서 인간 조건의 깊은 곳까지 내려가셨는지, 어떻게 종의 형체를 가지시고 십자가에서 죽으심으로 우리를 죄에서 사하셨는지, 어떻게 아버지의 우편에 앉으셨는지를 보여 주신다.

요한은 우리에게도 이 다섯 단계를 따라 주님을 본받으라고 권면한다.

기원

바울이 그리스도의 마음속에서 벌어진 일을 말해 주듯이, 요한은 예수님이 그분의 신적 기원과 소명을 의식하고 계신다고 말해 준다.

유월절 전에 예수께서 자기가 세상을 떠나 아버지께로 돌아가실 때가 이른 줄 아시고 세상에 있는 자기 사람들을 사랑하시되 끝까지 사랑하시니라 마귀가 벌써 시몬의 아들 가룟 유다의 마음에 예수를 팔려는 생각을 넣었더라(요 13:1-2).

예수님은 배신당할 것을 아셨을 뿐 아니라 다른 것도 알고 계셨다.

예수는 아버지께서 모든 것을 자기 손에 맡기신 것과 또 자기가 하나님께로부터 오셨다가 하나님께로 돌아가실 것을 아시고 저녁 잡수시던 자리에서 일어나…(3-4절).

예수님을 자세히 지켜보자.
예수님은 식탁의 주인 자리에서 일어나신다.
겉옷을 벗으신다.
수건을 가져다가 허리에 두르신다.
대야에 물을 뜨신다.
제자들의 더러운 발을 씻기신다.

어떤 의미에서, 1장 1-18절이 요한복음 1권의 '프롤로그'인 것처럼 이 장면은 2권의 '프롤로그'라고 할 수 있다. 이 시작 장면에서 예수님은 프롤로그에서 고양된 언어로 묘사한 내용을 '몸소 행하고' 계신다.

태초에 말씀이 계시니라 이 말씀이 하나님과 함께 계셨으니(*pros ton theon*) 이 말씀은 곧 하나님이시니라.

그런데 하나님이신 말씀이 우리와 함께하려고 내려오셨다.

말씀이 육신이 되어 우리 가운데 거하시매….

그다음에 첫 무대가 등장하는데, 예수님은 그분의 신적 기원을 의식하고 계신다. 아버지께서 그분 손에 모든 것을 주신 것을 아신다. 존엄성과 위엄과 영광과 권능에서 아버지와 동등하심을 아신다. 자신이 이제 '하나님께로 돌아가실 것을[pros ton theon]" 아신다. 여기서 요한은 의미심장하게도, 요한복음 1장 1절에서 예수님을 소개할 때 사용한 것과 완전히 똑같은 문구를 사용한다. 예수님은 '프로스 톤 테온'이셨다. 영원부터 하나님을 '향해' 혹은 그분과 '대면하여' 계셨다.

하지만 그다음에 두 번째 무대, 곧 진정한 겸손이 나온다. 예수님은 사람을 '대면하러' 오셨다.

겸손

요한의 해설을 잠시만 곰곰이 생각해 보자. "예수는 아버지께서 모든 것을 자기 손에 맡기신 것…을 아시고."

당신이 이 문장을 끝맺으려 한다면, 확실히 이렇게 쓸 것이다. "예수는 … 우주의 모든 권세를 손에 쥔 이의 위엄을 보여 주셨다."

하지만 아니다. 자신이 만물의 주임을 온전히 아신 하나님의 아들은 스스로 낮아지신다. 겉옷을 벗으시더니 큰 물통과 작은 대야가 있는 방구석으로 가신다. 그러고는 종이 사용하는 수건을 허리에 두르신다.

대야에 물을 붓는 소리 이외에는 정적만 흐른다. 예수님은 제자들의 발을 씻기기 시작하신다. 자만심이 가득하여 차마 서로 발을 씻어 주지 못한 제자들이었다.

여기서 말씀이 육신이 되신 하나님 아들은 매우 극적인 형식으로 그분의 경이로운 성육신과 겸손을 우리에게 보여 주신다.

이 장면을 생각해 보면, "자기를 비워"(빌 2:7)라는 바울의 말을 이해하는 데 도움이 될 것이다.

학자들은 이 말씀의 의미를 두고 오랫동안 논의하고 토론해 왔다.

하나님의 아들이 그분의 신적 특성을 모두 비웠다는 뜻인가? 아니면, 찰스 웨슬리(Charles Wesley)가 수 세기 동안 그리스도인들에게 노래하라고 가르쳤듯이, "사랑만 남기고 모든 것을 비워"라고 말하는 것이 더 정확한가?[4] 예수님은 이 땅에 사시는 동안에는 영원하신 하나님으로 존재하지 않으시고 나중에 그 역할을 회복하신 것인가? 그것도 아니라면 도대체 무슨 뜻일까?

하나님의 아들은 그분의 신성을 덜어 내지 않고 우리의 연약한 인성을 덧입으심으로써 자기를 "비우셨다." 그분은 진정한 인간이 되셨을 때도 계속해서 진정한 신이셨다. 그 신성에 본질적인 것은 아무것도 그분의 신성에서 비워 내지 않으셨다. 오히려 우리의 본성을 입으셔서 우리를 구원하는 일에 헌신하셨다. "하나님의 본체"을 벗은 적이 없으셨던 분이 "종의 형체"를 가지시고 굴욕스러운 삶을 사셨다. 인간의 본성을 입으신 예수님은 그분의 전 존재를 우리에게, 우리를 위해 주셨다. 그리고 그렇게 하셔서 우리 죄를 사해 주셨다. 예수님은 그분이 소유하신 영원한 속성을 버리신 것이 아니라, 그분이 소유하지 않으신 임시적인 속성을 취하셔서 "자기를 비우셨다."

하나님의 아들은 단 한 순간도 "모든 것"에 대한 주 되심을 포기하지 않으셨다(요 13:3). 실제로, 그분이 여기서 보여 주신 겸손과 은혜가 놀라운 것은 더럽혀진 발을 씻기신 그분이 참된 신성을 조금도 잃지 않으신 하나님이시라는 사실에 달려 있다. 예수님이 그분의 신성을 비우셨다면, 발을 씻기신 것은 정말로 겸손한 행동이었을 것이다. 하지만 그것은 단지 한 사람이 동료에게, 혹은 자기보다 처지가 좋지 않은 사람에게 보여 준 겸손한 섬김에 불과했을 것이다. 그러나 이는 하나님이 사람, 그것도 죄 많은 사람에게 보여 주신 겸손한 섬김이다.

이 점은 예수님의 사역에서 세 번째 요소를 가리킨다.

구원

시몬 베드로가 저항하는 장면으로 잠시 돌아가 보자.

물론, 여기서 베드로는 자신의 더러운 발과 그 발을 씻기시려는 주님의 다정한 시선밖에 보지 못한다. 그래서 본능적으로 거부한다. 누구라도 그랬을 것이다.

하지만 예수님은 이렇게 말씀하신다. "베드로야, 너는 지금 핵심을 놓치고 있구나. 내가 이 일을 하지 않으면, 그러니까 네가 내가 하러 온 일을 나타내는 이 표지를 거부한다면, 이것이 가리키는 실재, 곧 네 죄를 씻기 위한 십자가 죽음을 거부하는 것이다. 그러면 내가 이 땅에 온 목적인 구원에 네 몫은 없게 된다."

그러자 베드로는 한쪽 극단에서 다른 쪽 극단으로 치닫는다. "내 발을 절대로 씻지 못하시리이다"라고 하더니 이제는 "손과 머리도 씻어 주옵소서"라고 말한다. 여전히 문제의 본질을 제대로 보지 못하고 있다. 발을 씻기는 행위는 예수님이 우리를 정결하고 의롭게 하려고 하시는 일을 보여 주는 상징이다. 그리스도를 믿고 그분에 대한 신앙을 고백한 베드로는 이미 "깨끗하기" 때문에 그에게는 앞으로 그의 삶에서 계속해서 역사할 그리스도의 정결케 하시는 능력만 있으면 된다. 웨스트민스터 신학자들이 지적한 대로, 우리는 거듭날 때 이루어지는 그리스도와의 연합과 동일한 연합을 통해 성화된다.[5]

베드로는 깨끗하지만 계속해서 깨끗해져야 한다. 하지만 예수님은 "너희가 깨끗하나 다는 아니니라"라고 덧붙이신다. 요한은 이 말씀을 기록하여 이 장면에 어두운 배경과 그리스도의 구원 사역의 또 다른 차원이 존재한다는 사실을 강조하고 있다. 사탄이 어둠 속에 숨어 있다. "마귀가 벌써 시몬의 아들 가룟 유다의 마음에 예수를 팔려는 생각을 넣었더라"(요 13:2).

사탄은 오래전부터 작전을 실행했다. 이것이 모든 사복음서의 배경이다. 애초에 베들레헴 영아들을 모두 살해하라는 지시를 내려 예수님의 생명을 노렸던 헤롯을 통해 그분의 십자가형을 막으려 했던 원수는 예수님이 요단강에서 세례를 받으신 이후로 계속해서 그분을 따라다녔다(눅 4:1, 13). 그리고 이제는 열두 제자를 파고들었다. 얼마 안 있어, 사탄은 재정을 담당하는 제자 가룟 유다 "속에 들어[갔다]"(요 13:27).

그는 이전에도 한 차례 예수님의 가장 가까운 제자들에게 파고든 적이 있었는데, 그때는 시몬 베드로를 이용해 예수님이 갈보리로 가시지 못하게 막으려 했다(마 16:21-23). 사탄은 실패했다. 그래서 그의 전략에 변화가 있었을까? 이제 사탄은 하나님 아버지의 때가 아니라 사탄의 때에 맞추어 예수님께 죽음을 강요하여 하나님의 구원 계획을 방해하려 하는 것 같다.

그러나 예수님이 주님이시다. 그분은 여전히 상황을 통제하시고 아버지의 계획에 따라 한 걸음씩 앞으로 나아가신다.

예수님은 그분의 주권 아래 유다에게 방을 떠나도록 명하신다. 요한은 그 점을 분명히 한다. "예수께서 유다에게 이르시되 네가 하는 일을 속히 하라 하시니"(요 13:27). 요한이 우리 주님의 손에 "모든 것"이 있음을 암시하는 경우는 이번이 마지막이 아니다.

그렇다면 여기에서 하나님의 목적과 사탄의 행위는 큰 대조를 보인다. 예수님은 사탄이 가룟 유다의 마음에 그분을 배신하려는 생각을 넣은 것을 아셨지만(2절), 아버지께서 모든 것을 자기 손에 맡기신 것도 아셨다(3절). 이런 배경 아래, 예수님은 저녁 식사 자리에서 일어나 사랑하는 제자들의 발을 닦아 주신 것이다.

이 본문 배후에 있는 큰 줄거리의 기원은 창세기 3장 15절까지 거슬러 올라갈 수 있다. 성경은 세 번째 페이지부터 계속해서 여자의 후손과 사탄의 후손이 충돌하는 모습을 기록한다. 이 갈등은 사탄이 여자의 후손의 발꿈치를 상하게 하지만, 그 과정에서 사탄이 치명타를 입는 그날까지 계속된다.

여기서 우리는 이 약속의 절정이 시작되는 장면을 목격하고 있다. 사탄은 예수님을 무너뜨리려고 가룟 유다에게 들어왔다. 하지만 사탄과 유다와는 대조적으로, 예수님은 아버지의 뜻에 순종하신다.

요한은 이 대조를 선명하게 드러낸다. 그는 사탄이 가룟 유다의 마음에 예수를 팔려는 생각을 "넣었다"라고 기록한다(요 13:2). 이와 대조적으로, 예수님은 "대야에 물을 뜨셨다"(5절). 두 문장은 똑같은 동사인 헬라어 '발로'(*ballō*)를 사용한다. 그분의 발꿈치가 상하겠지만, 우리 주님은 "죽기까지 복종하셨으니 곧 십자가에 죽으심"으로(빌 2:8) 사탄에게 치명타를 입히실 것이다.

이제 그리스도의 사역에서 네 번째 무대를 설명할 차례다.

높아지심

예수님은 열두 제자 한 사람 한 사람 앞에 무릎을 꿇으시고 그들의 발을 씻어 주신다. 시몬 베드로뿐 아니라 가룟 유다의 발도 씻기신다. 그러고 나서 옷을 입으시고 "다시 앉아" "내가 너희에게 행한 것을 너희가 아느냐" 하고 물으신다(요 13:12).

요한이 여기서 사용한 '입다'(헬라어 *lambanō*)라는 동사는 앞서 예수님이 그분의 부활을 언급하며 사용하신 단어를 떠올리게 한다. "내가 내 목숨을 버리는 것은 그것을 내가 다시 얻기 위함이니 이로 말미암아 아버지께서 나를 사랑하시느니라 이를 내게서 빼앗는 자가 있는 것이 아니라 내가 스스로 버리노라 나는 버릴 권세도 있고 다시 얻을 권세도 있으니"(요 10:17-18).

예수님이 제자들에게 그려 주시는 그림이 얼마나 생생한지 모르겠다. 그분은 수치를 당하고 십자가에 못 박히실 것이다. 그러나 그분은 스스로 목숨을 버리시고, 다시 얻으셔서 영원한 보좌로 돌아가실 것이다. 때로 위대한 예술가의 그림이 그가 배운 스승의 작품을 반영하는 경우가 있다. 마찬가지로, 여기서 요한의 그림은 구약성경의 예언, 그중에서도 고난받는 종을 묘사한 이사야의 예언(사 52:13-53:12)을 확실하게 반영한다.

내가 다닌 스코틀랜드 공립 초등학교에서는 종교 교육이 필수 과목이었다. 지금 돌이켜 보니, 여덟 살 무렵 우리 선생님은 쉬운 길을 택했던 것 같다. 이사야 53장 1-12절을 외우게 한 것이다. 이 단락이 사실은 이사야 52장 13절에서부터 시작된다는 것을 그때는 아무도 내게 말해 주지 않았다. 우리 선생님도 알지 못했던 것 같다. 거기에는 그토록 심하게 고난받는 종이 그 고난 때문에 지극히 존귀해지며 그 결과 "나라들을 놀라게 할" 분으로 소개된다.

예수님은 이제 여기서 이사야가 그린 예언적 그림을 상징적으로 극화하신다. 일어나서 무릎을 꿇고 발을 씻기신 후에 다시 앉으신다. 제자들은 다락방을 나서기 전에, 예수님이 아버지와 그분의 미래에 대해 말씀하시는 내용을 듣게 될 것이다. 예수님의 죽음과 매장에서 절정에 달하는 낮아지심으로 인해 하나님은 그분을 지극히 높이시고 모든 이름 위에 뛰어난 이름을 주실 것이다. 언젠가 하늘과 땅과 땅 아래에 있는 모든 무릎을 예수의 이름에 꿇게 하실 것이다. 그리고 모든 입이 예수님을 주라 시인할 것이다(빌 2:9-11).

여기서 예수님은 무릎을 꿇으신다. 하지만 이제 일어나서 겉옷을 입고 다시 앉으신다. 이제 방에 있는 모든 사람이 그분께 귀를 기울인다. 그리고 아버지가 그분을 높이실 때 모든 권세가 그분 것이 되고, 모든 나라가 그분께 귀를 기울이며, 모든 창조 세계가 그분 앞에 절할 것이다. 만물의 주로 좌정하실 것이다(마 28:18-20; 고전 15:20-28).

이제 우리 주 예수 그리스도의 은혜라는 초상화에 그려진 다섯 번째 세부 사항으로 이어진다.

함의

예수님은 "내가 너희에게 행한 것을 너희가 아느냐"라고 물으신다(요 13:12). 다시 말해, "이 행동이 나와 너희에게 어떤 의미가 있는지 아느냐?"라는 뜻이다.

예수님은 이렇게 말씀하신다. "내가 너희 발을 씻겼다. 내가 행한 일을 이해한다면, 너희에게 변화가 생길 것이다. 우리가 식사하기 전에는 너희가 하지 못했던 일을 하기 시작할 것이다. 내 본보기를 따를 것이다. 동료 제자들 앞에 무릎을 꿇고, 너희의 겸손한 섬김을 통해 그들에게 '예수를 위하여 내가 너희 종이 되었다.'라고 말할 것이다"(참조. 고후 4:5).

여기서 우리는 구세주의 영광을 엿볼 수 있다. 그분이 어떤 분인지, 우리를 위해 무슨 일을 하셨는지, 어떻게 존귀해지셨는지, 그리고 지금 어디에 계시는지 말이다.

게다가, 여기에는 도전적인 적용점도 있다.

무언가를 아는 것과 그것을 실천하는 것은 다르다고 예수님은 말씀하신다.

이런 진리를 다 알기 때문에 내 삶에 달라진 점이 있는가? 나는 다른 사람들의 종인가?

들은 대로 행하는 사람만이 복이 있다(요 13:17).

하지만 이에 대해 생각하는 것은 다음 장에서 살펴보기로 하자.

2. 앎과 축복

요한복음 13장 12-20절

¹²그들의 발을 씻으신 후에 옷을 입으시고 다시 앉아 그들에게 이르시되 내가 너희에게 행한 것을 너희가 아느냐 ¹³너희가 나를 선생이라 또는 주라 하니 너희 말이 옳도다 내가 그러하다 ¹⁴내가 주와 또는 선생이 되어 너희 발을 씻었으니 너희도 서로 발을 씻어 주는 것이 옳으니라 ¹⁵내가 너희에게 행한 것같이 너희도 행하게 하려 하여 본을 보였노라 ¹⁶내가 진실로 진실로 너희에게 이르노니 종이 주인보다 크지 못하고 보냄을 받은 자가 보낸 자보다 크지 못하나니 ¹⁷너희가 이것을 알고 행하면 복이 있으리라 ¹⁸내가 너희 모두를 가리켜 말하는 것이 아니니라 나는 내가 택한 자들이 누구인지 앎이라 그러나 내 떡을 먹는 자가 내게 발꿈치를 들었다 한 성경을 응하게 하려는 것이니라 ¹⁹지금부터 일이 일어나기 전에 미리 너희에게 일러둠은 일이 일어날 때에 내가 그인 줄 너희가 믿게 하려 함이로라 ²⁰내가 진실로 진실로 너희에게 이르노니 내가 보낸 자를 영접하는 자는 나를 영접하는 것이요 나를 영접하는 자는 나를 보내신 이를 영접하는 것이니라

네 번째 복음서는 위대한 화가가 똑같은 사람을 그린 초상화가 여러 점 걸린 미술관과 같다.

요한복음은 심오한 통찰력을 보여 주는데, 요한이 기록한 내용의 대부분은 구약성경 예언과 밀접한 연관성이 있다. 하지만 그는 자신이 그리고 있는 인물의 성격도 깊이 있게 포착해 내는 천재성을 지니고 있다. 그가 완성한 초상화들은 다차원적이다. 우리는 그 그림들을 보면서 '거기' 있는 것을 보지만, 언제나 더 볼 것이 있는 것만 같다. 요한은 예수님의 은혜를 온전히 표현할 만큼 초상화를 그린다면 세상에 있는 모든 미술관으로도 부족할 것이라고 우리에게 말하는 듯하다.[1]

이 본문도 마찬가지다. 요한의 첫 번째 초상화 제목은 「구세주 예수」다. 하지만 바로 옆에 같은 장면을 그린 또 다른 작품이 있다. 그 작품의 제목은 「본이 되신 예수」다. 구세주 예수님은 우리에게 구원의 축복을 주신다. 본이 되신 예수님은 변화된 삶으로 가는 축복의 길을 보여 주신다.

겟세마네와 갈보리에서 예수님은 나무에 달려 우리 죄를 감당하려고 낮아지신다(벧전 2:24). 이후에 예수님은 무덤에서 일어나 부활하셨다. 그러고 나서 영광으로 승천하셨다. 발을 씻기신 행위 비유의 메시지는 영광의 주님이 죄인들의 종이 되셔서 우리의 수치를 짊어지시고 이제 만물의 주로 아버지의 우편에 앉으셨다는 것이다.

그러나 요한의 다음 초상화는 예수님의 (과거와 현재) 제자들이 더 많은 것을 보리라는 그분의 바람을 담고 있다. 말하자면, 그분이 행동으로 보여 주신 비유가 그들 삶에 함의가 있다는 것이다.

예수님은 베드로에게 이렇게 말씀하셨다. "내가 하는 것을 네가 지금은 알지 못하나 이후에는 알리라"(요 13:7). 베드로는 예수님이 행동으로 보여 주신 비유를 이해하기 힘들었는데, 그것이 상징하는 실재를 아직 이해하지 못했기 때문이다. 나중에야 그는 이렇게 말할 수 있었다. "아, 이제야 알겠네! 예수님은 그분이 어떻게 우리 구세주가 되실지를 보여 주고 계셨던 거야."

그러나 지금, 다시 자리에 앉으신 주님은 제자들에게 말씀하신다. "내가 너희에게 행한 것을 너희가 아느냐"(요 13:12).

여기서 예수님은 제자들이 알기를 바라시는 것 같다.

이 역설을 어떻게 설명할 수 있을까?

요한은 주 예수님이 발을 씻어 주시면서 그분에 대한 (서로 다르지만 뗄 수 없는) 두 진실을 그들에게 보여 주고 계셨음을 깨달았다. 그분이 그들의 구세주라는 사실 말이다. 물론 제자들은 예수님이 어떻게 그 구원을 이루실지는 아직 알 수 없었지만 말이다.

그런데 예수님은 그들의 본보기이시기도 했다. 예수님이 그들의 주님이시기에 그분을 닮아야 한다는 것을 제자들은 알 수 있어야 한다.

그리스도인의 사전에서 '안다'라는 말은 핵심 용어다.

예수 그리스도가 하신 일 알기

예수님은 그분이 제자들을 위해 한 일이 어떤 의미인지, 또한 그분이 한 일과 그들이 해야 할 일의 상관관계를 제자들이 알기를 원하신다.

변화된 그리스도인의 삶에서 핵심은 바로 앎이다. 우리의 애정이나 감정, 본능, 심지어 의지도 아니다. 그리스도는 이 모든 것을 서서히 변화시키실 테지만, 복음에 대한 이해를 통해 그렇게 하신다. 복음의 진리가 우리의 사고방식에 영향을 미치면서 우리가 느끼는 방식을 바꾸기 시작하고, 그것이 우리가 원하는 것을 바꾸며, 우리 행동 방식까지 바꾼다. 그렇게 해서 복음은 우리 삶의 방식을 바꾸는 원동력이 된다.

이것이 로마서 12장 1-2절이 밝히는 원리다. 마음을 새롭게 함으로 우리 삶이 변화된다.

그러나 마음과 앎에 대한 이런 친숙한 강조는 사도 바울이 만들어 낸 것이 아니다. 주 예수님이 여기서 강조하고 계신다.

그런데 우리는 무엇을 알아야 하는 것일까? 우리 주님이 저녁 식사 자리에서 일어나 오만한 제자들의 발을 씻어 주시고 다시 자리에 앉으신 것이 그리스도인의 생활 방식의 기본이라는 것이다.

사람들은 그리스도인의 삶을 '황금률을 지키는 삶'과 동일시하곤 한다. 예수님도 황금률의 긍정적인 면을 가르치신 바 있다. "남에게 대접을 받고자 하는 대로 너희도 남을 대접하라"(눅 6:31). 우리는 이웃을 자신처럼 사랑해야 한다. 그러나 여기서 예수님은 우리에게 강의하시는 것이 아니다. 예수님의 황금률은 그분과는 단절된 윤리적 충고에 불과하지 않다. 그분은 황금률의 본을 보여 주시며, 우리는 그분 안에서만 그것을 따를 능력을 얻을 수 있다.

여기 다락방에서, 우리는 그 연관성을 볼 수 있다. 제자들은 그분을 구세주로 '공유하기' 때문에 그분은 죄의 '죄책과 권세'로부터 '이중 효험'이 되신다.[2] 그 결과, 그들은 남들이 자신에게 해 주기 바라는 일을 하는 데 그치지 않는다. 그렇다고 해서, 남들이 자신에게 해 주기 바라는 것보다 더 많이 해 주는 데서 그쳐서도 안 된다! 제자라면 주 예수님이 자신에게 기꺼이 해 주실 일을 다른 사람들을 위해 해야 하며, 예수님을 위해서 그들의 종이 되어야 한다!

따라서 그리스도인인 내게는 '남들이 나를 어떻게 대해 주면 좋을까? 그러면 나도 그들에게 똑같이 하려 애써야 한다.'라는 것이 문제가 아니다. 오히려 문제는 이것이다. '주 예수님이 나를 어떻게 대해 주셨는가? 그것이 바로 내가 다른 사람들을 어떻게 대해야 하는지 보여 주는 본이다. 그분의 도우심으로 나는 그분이 내게 보여 주신 은혜를 조금이나마 드러낼 수 있다!' 이 다락방 사건은 시몬 베드로에게 큰 인상을 남겼다. 물론, 그는 이 모든 것을 바로 눈앞에서 목격했다. 어쩌면 예수님이 그의 발을 가장 먼저 씻기셨는지도 모른다. 그분께 저항한 제자는 확실히 그가 처음이었을(그리고 아마도 유일했을) 것이다. 그러나 나중에 베드로는 로마 제국에 흩어진 동료 신자들에게 편지하면서 이렇게 권면했다. "다 서로 겸손으로 허리를 동이라"(벧전 5:5).

여기 쓰인 '동이다'에 해당하는 헬라어 동사 '엥콤보오마이'(egkomboomai)는 예수님이 그러셨듯이 허리에 수건을 두르려는 종의 모습을 반영한다. 우리를 포함한 모든 그리스도인의 부르심은 우리가 어떻게, 어디서, 누구를 종으로 섬길 수 있는지를 살펴보는 것이다.

예수님은 사도들이 따를 '본'(헬라어 hupodeigma)을 보여 주고 계셨다(요 13:15). 베드로도 예수님이 '본'을 끼치셨다고 말하지만(벧전 2:21), 다른 단어(헬라어 hupogrammos)를 사용한다. 우리는 그 기원을 추측할 수 있는데, 글자를 가리키는 단어가 거기 포함되어 있기 때문이다(헬라어 grammos, 여기서 문법을 뜻하는 영어 단어 'grammar'가 파생되었다). '후포그람모스'라는 단어는 아이들이 글을 배우는 모습을 떠올리게 한다. 교사가 한 단어나 문장을 쓰면, 아이들은 따라 쓴다. 베드로는 이렇게 말하는 것이나 마찬가지다. "예수님이 생활 방식에 관한 책을 쓰셨습니다. 그 책을 따라 쓰세요. 예수님이 그분의 이야기를 쓰신 것과 같은 시각으로 여러분도 여러분의 이야기를 쓰십시오." 성령님이 이 일을 도와주신다. 우리가 예수님을 닮아서 우리 안에 동일한 종의 마음을 품게 하신다.

예수님의 본이 베드로의 마음에 자리 잡은 것처럼, 우리가 예수님이 하신 일의 의미를 깨닫기 시작하면서 그분의 본이 우리 마음에 자리 잡을 때 우리는 본능적으로 그분의 본보기를 따라가며 그분의 삶을 '따라 하기' 시작할 것이다. 그것이 바로 그리스도를 닮는다는 뜻이다.

예수 그리스도가 어떤 분이신지 알기

여기서 주목해야 할 더 큰 차원은 바로 예수님이 어떤 분이시냐 하는 것이다. 발을 씻기신 행위가 중요한 이유는 영광의 주, 하늘나라의 왕, 살아 계신 하나님의 아들, 하나님과 함께 계셨던 말씀이 그 일을 하셨다는 사실 때문이다.

우리를 위해 자신을 낮추신 분이 어떤 분이신지 우리가 알면, 모든 것이 달라진다. 믿음과 사랑으로 그분께 반응하면 겸손과 사랑이라는 본능이 열매를 맺을 것이다. 영광의 주님이 나를 위해 이 일을 하셨다면, 내가 그분의 본보기를 따르는 것을 방해할 것은 아무것도 없다. 나는 나의 주인에게서 배울 것이다. 그동안 내가 얼마나 오만했는지 모른다! 영광의 왕이신 예수님이 제자들의 더러운 발을 씻기셨다면, 나도 기꺼이 다른 사람들의 발에서 먼지를 닦아 줄 것이다. 그것이 올바른 논리다.

초상화 미술관의 빈자리

다락방에서 벌어진 일련의 사건을 예수님의 초상화 시리즈로 상상해 본다면, 그림 하나가 빠진 것 같다. 「구세주 예수」와 「본이 되신 예수」라는 쌍둥이 초상화 옆쪽으로 빈자리가 보인다. 「배신자 앞에 무릎을 꿇으신 예수」라는 초상화가 없다. 아마도 요한은 이 그림을 그리기가 힘들었는지도 모른다.

우리는 빠진 장면을 추측해 볼 수 있다. 요한은 그 장면에 대해 침묵한다. 어쩌면 그는 주 예수님이 베드로가 자신을 부인할 것을 잘 아시면서도 베드로 앞에 무릎을 꿇고 계신 모습을 그리는 일은 또 다른 문제라고 느꼈는지도 모른다. 하지만 '유다의 발을 씻기신 예수'를 어떻게 그릴 수 있었겠는가? 그의 묘사는 그저 유다가 자기 일을 하려고 다락방을 떠나기 전에 예수님이 유다 앞에서도 무릎을 꿇고 발을 씻겨 주신 것이 확실함을 암시할 뿐이다.

예수님은 "내 떡을 나눠 먹던 나의 가까운 친구도 나를 대적하여 그의 발꿈치를 들었나이다"라는 시편 41편 9절 말씀의 의미를 제자들에게 설명하셨다. 그들 중 한 사람이 그분을 배신할 것이다. 그러나 나중에 제자들은 주님의 배신이 예언의 성취임을 알고는 분명히 안심했을 것이다(요 13:19). 사탄은 하나님 아버지의 주권적인 목적을 방해할 수 없었다. 실제로, 예수님은 이 일이 그분의 계획에 꼭 필요하다는 것을 오래전부터 알고 계셨다.

그러나 예수님은 그분이 배신당한다는 사실만 아신 것이 아니라, 배신자가 가룟 유다인 것까지도 아셨다. 예수님은 이 모든 사실을 다 아시고도 가룟 유다 앞에 무릎을 꿇고 그의 발에서 먼지를 닦아 주셨다.

요한이 말로 그린 초상화 미술관에 이 그림은 없다. 요한복음 13장 10절에 암시되어 있을 뿐이다(유다는 예수님이 제자들의 발을 씻겨 주신 후에 방을 나갔다). 그럼에도 이 장면은 "내가 너희에게 행한 것같이 너희도 행하게 하려 하여 본을 보였노라"(요 13:15)라는 예수님 말씀을 더 도전적으로 만든다. 우리가 씻어야 할 발에도 예외는 없다. 우리를 향한 그리스도의 사랑과 그분을 닮으려는 우리의 열망이 "하지만 그 사람은 아니에요."라거나 "그 여자는 안 돼요."라고 외치는 자연적 본능을 무마한다. 이는 그리스도가 사도들을 보내시는 사명에 암시되어 있다. 예수님이 설명하신 대로, 사람들이 그분의 이름으로 사역을 받는다면 그분도 함께 받는 것이다(13:20).

쉽지 않은 도전일 수는 있지만, 복잡하거나 난해한 것은 없다(복잡하고 난해한 쪽은 오히려 우리다!). 성경은 예수님이 하신 일을 간단한 문장으로 묘사한다. 주님은 식사 자리에서 일어나 겉옷을 벗고 종의 수건을 두르신 후에 대야에 물을 떠서 무릎을 꿇고 제자들의 더러운 발을 씻기신다. 그리고 나서 옷을 입고 다시 자리에 앉으신다. 그분을 따라 하는 것은 복잡한 전문 지식이 필요한 일이 아니다. 그저 겸손과 사랑의 문제이자 그분의 본보기를 따르는 것이다.

어떻게 하면 우리도 그렇게 할 수 있을까?

첫째, 예수님이 권면하신 것처럼, 우리는 그분이 어떤 분이시며 우리를 위해 무슨 일을 하셨는지 그 의미를 이해해야 한다. 우리도 그분을 부인할지도 모르고, 어쩌면 과거에 배신했을지도 모른다. 예수님이 우리를 위해 종의 역할을 맡으셨다면, 우리도 다른 사람들을 위해 똑같이 해야 하지 않을까?

그런데 여기에는 또 다른 교훈이 있다. 우리가 예수님이 어떤 분이시며 무슨 일을 하셨는지 알아야 하는 이유는 지금 우리가 어떤 존재인지 알기 위해서다.

예수 그리스도 안에서 우리가 어떤 존재인지 알기

예수님이 어떤 분이시고 무슨 일을 하셨는지가 '그리스도의 사람'이라는 그리스도인의 정체성을 결정한다. 예수님은 "내가 주와 또는 선생이 되어 … 내가 너희에게 행한 것같이 너희도 행하게 하려 하여 본을 보였노라"라고 말씀하신다. 이는 우리가 교회에서 발을 씻어 주는 성만찬을 시작해야 한다는 뜻이 아니다.[3] 이는 본보기다. 또 다른 원리 때문에 우리는 이 본보기에 구체적인 표현을 부여하라는 부름을 받았다. "너희가 나를 선생이라 또는 주라 하니 너희 말이 옳도다 내가 그러하다 … 내가 진실로 진실로 너희에게 이르노니 종이 주인보다 크지 못하고 보냄을 받은 자가 보낸 자보다 크지 못하나니"(요 13:13, 16).

이 말씀은 예수님의 "아멘, 아멘" 표현 중 하나다.

글을 쓸 때 강조를 표현하는 방법은 다양하다. 키보드를 두어 번 두드리면 단어에 밑줄을 긋거나 진하게 표시하거나 이탤릭체로 바꿀 수 있다. 이런 식으로 독자들에게 '중요하다'라는 메시지를 시각적으로 전달한다.

히브리 문서에서는 반복을 통해 이런 강조를 표현했다. 성경에 나오는 첫 번째 예시가 창세기 2장 17절이다. "선악을 알게 하는 나무의 열매는 먹지 말라 네가 먹는 날에는 반드시 죽으리라." 여기서 '반드시'라는 번역어는 경고의 의미를 강조한다. "내 말 믿어. 진짜 그렇게 될 거야. 그냥 아무 의미 없는 경고가 아니라니까. 내 말을 진지하게 생각해." 히브리 성경은 이런 내용을 "죽으리니 반드시 죽으리라"라는 말로 표현한다. 동사를 반복해서 강조하는 것이다. 이 말을 들으면 학교 선생님(이나 아버지!)이 하시던 말씀이 떠오를지도 모르겠다. "내가 두 번이나 말했잖아!"

예수님이 하신 말씀은 모두 중요하다. 그분의 말씀은 모두 하나님 말씀이다. 하지만 몇몇 경우에, 예수님은 "아멘, 아멘", 즉 "내가 진실로 진실로 너희에게 이르노니"라는 표현으로 그분이 하고 계신 말씀이 특별히 중요하다고 암시하신다.

그렇다면 여기서는 무엇이 그렇게 중요한 것인가?

예수님이 내 선생이시라면, 나는 그분의 제자이고 그분에게서 배워야 한다.

예수님이 내 주님이시라면, 나는 그분의 종이고 그분을 잘 드러내야 한다.

이 두 가지 원리를 이해한다면, 우리는 자신을 새로운 방식으로 생각하기 시작할 것이다. 우리의 '자기 이미지'가 달라질 것이다. 이제 자신을 주 예수님의 제자요 종으로 볼 것이다. 그분의 가르침이 우리 마음에 교훈하고, 우리의 뜻이 주님의 뜻이 되어야 한다. 우리는 다음과 같은 바울의 말씀을 가슴에 새길 것이다. "너희는 너희 자신의 것이 아니라 값으로 산 것이 되었으니 그런즉 너희 몸으로 하나님께 영광을 돌리라"(고전 6:19-20).

우리는 하나님의 종이다

"나는 더는 나의 것이 아니다."가 그리스도인의 삶의 첫 번째 원리다. 하이델베르크 요리문답(The Heidelberg Catechism)이 말하는 대로, "살아서나 죽어서나 나는 나의 것이 아니요, 몸도 영혼도 나의 신실한 구주 예수 그리스도의 것입니다. 그리스도께서는 그의 보혈로 나의 모든 죗값을 완전히 치르고 나를 마귀의 모든 권세에서 해방하셨습니다."[4]

이것이야말로 완전히 새로운 자기 이미지가 아닌가? 예수님은 당신의 생명을 다시 채워 주거나 당신이 삶을 더 잘 정비하도록 도와주기 위해 오시지 않았다. 그분은 당신을 소유하신다. 예수님은 당신을 그분을 "섬김으로써 온전한 자유를"⁵⁾ 찾은 행복한 종으로 만드시기 위해 오셨다. 이제 우리는 이렇게 기도하는 법을 배운다.

주여, 나를 포로 삼으소서.
그리하면 내가 참으로 자유하리이다.
내 검을 거두게 하소서.
그리하면 내가 정복자가 되리이다.

당신의 뜻이 되기 전에는
내 뜻은 나의 것이 아니며
왕좌에 오르고자 한다면,
먼저 그 왕관을 내려놓아야 하리이다.⁶⁾

내가 참석한 어느 결혼 피로연에서 있었던 일이다. 접시를 가득 쌓은 쟁반을 나르던 직원이 내가 앉은 식탁 근처에서 그만 쟁반을 떨어뜨리고 말았다. 나머지 직원들은 아무 일도 없었다는 듯 묵묵히 자기 일만 했다. 나는 깜짝 놀라서 옆에 앉은 친한 친구에게 (어리석게도) 이렇게 말했다. "누가 좀 도와줘야겠는데!"
"뭐라고?" 하고 친구가 대꾸했다.
그 한마디면 족했다. 나는 그의 말뜻을 이해하고는 곧장 일어나서 그 직원을 도우려 했다.
친구는 (적절하게도) "(다른) 누군가가, 다른 직원이 도와줘야 한다."라는 내 전제에 도전했다. 그 말뜻은 "(다른) 누군가가 자신을 낮춰서 그 직원을 도와줘야 한다."라는 것이었다.

내 주 예수님도 그렇게 생각하셨을까? "뭐라고? 네가 누구인지 잊어버렸니?"

사람은 누구나 크든 작든, 우리가 다른 사람들 안에 있는 그리스도를 섬기려면 스스로 낮아져야만 하는 그런 상황을 만난다. 까다로운 사람들, 눈엣가시 같은 사람들에게도 마찬가지다. 우리는 차마 입 밖으로 꺼내지는 못해도 속으로 이렇게 생각한다. '내가 왜 저 사람들을 섬겨야 해? 저들 앞에 무릎을 꿇으라고? 저 사람들은 그럴 자격이 없어.'

하지만 시몬 베드로도 '그럴 자격은' 없었다. 가룟 유다도 '그럴 자격이' 없었다. 실은 아무도 그럴 자격이 없었고, 우리도 마찬가지였다. 하지만 하나님의 아들은 우리를 높이시려고 몸을 숙이셨다. 더러운 우리 죄를 씻어 주셨다. 그 피로 우리를 사셨다. 이제 우리는 우리 것이 아니라 그분 소유다. 우리가 이 점을 분명히 보기 시작할 때 바울처럼 생각하는 법을 배운다. "우리가 … 하나님의 복음뿐 아니라 우리의 목숨까지도 너희에게 주기를 기뻐함이…"(살전 2:8). "예수를 위하여 우리가 너희의 종 된 것을 전파함이라"(고후 4:5).

종, 그것이 지금 우리의 정체성이다.

얼마 전까지만 해도 '희생'과 '섬김'은 어린 그리스도인들이 처음 배우는 단어들이었다. 이 단어들은 그리스도인의 삶을 다룬 책에 중요하게 등장했다. 하지만 오늘날에는 '희생'이라는 제목을 단 기독교

서적이나 설교나 집회가 드물다. 복음이 어떻게 우리에게 희생과 종의 자세를 요구하는지가 아니라, 어떻게 우리 삶을 개선하거나 우리 문제를 해결해 주는지에 대한 가르침이 넘쳐 난다. 많은 그리스도인 청년은 자신들이 '내일의 지도자'로 훈련받고 있다고 믿게 된다. 사실, '지도자'라는 단어는 신약성경에 거의 등장하지 않는다. 우리는 우리를 '내일의 종'으로 훈련하시는 선생을 놓쳐 버렸다. 우리의 생각을 진지하게 재조정해야 한다.

우리는 주님의 제자들이기에 그분을 대표한다

우리는 예수님의 가르침을 눈에 보이게 표현하도록 부름 받았다. 우리는 '그리스도의 사람들'이기에 사람들은 우리 삶을 보고 주 예수님에 대한 관점을 형성하기 마련이다. 사람들이 예수님에 대해 품는 인상은 우리에게서 온 것이다. 예수님은 이 원리를 또 다른 "진실로 진실로" 표현으로 설명하신다. "내가 보낸 자를 영접하는 자는 나를 영접하는 것이요 나를 영접하는 자는 나를 보내신 이를 영접하는 것이니라"(요 13:20).

내가 다닌 초등학교에서는 아침마다 우유 한 상자가 교실로 배달되었다. 학생들이 날마다 우유 한 병을 마시는 동안 수업 시작은 그만큼 늦어졌다. 나중에 일본 사람들이 "스코틀랜드 사람들에게는 우유 냄새가 난다."라고 생각했다는 글을 읽은 적이 있다. 별로 놀랍지도 않다. 우유를 마시는 문화가 없는 나라 출신 사람이라면, 매주 엄청난 양의 우유를 마시는 사람들에게 민감한 후각이 발달했을 것이다. 마찬가지로, 담배를 피우지 않는 사람은 담배를 피우는 사람이 엘리베이터에 들어오면 즉시 알아차린다. 담배를 피우는 당사자는 자기 주변 냄새를 전혀 인식하지 못할 수도 있지만 말이다.

이를 영적인 비유로 생각해 볼 수도 있다. 사람은 누구나 방을 나서면서 향기를 남긴다. 사람들은 우리 삶의 '분위기'를 느끼고, 우리 뒤에서 그에 대해 언급한다. 그리스도인들에 대해 특히 더 그런데, 대부분의 상황에서 우리가 소수자이기 때문이다. 그런데 당신이 어떤 장소를 떠날 때 '그리스도의 향기'가 남는가?[7] 당신 삶은 그분의 겸손과 은혜의 향기를 풍기는가? 비록 직접 말로 하지는 않더라도, 당신 삶은 '나는 그리스도의 종입니다. 그래서 당신을 섬기고 싶습니다.'라는 뜻을 전달하는가?

쉽지 않은 일이다. 하지만 다시 한번 주님 말씀에 귀 기울여 보자. "너희가 이것을 알고 행하면 복이 있으리라"(요 13:17).

그렇게 이해하기 힘든 말씀은 아니지 않은가?

그렇다면 영적 건강 검진을 해 보자. 가장 최근에 나는 누구 앞에서 (속으로) 무릎을 꿇고 "나는 예수를 위하여 당신의 종이 되었습니다."라고 말해 보았는가?

우리는 그리스도께서 하신 일과 그분이 어떤 분이신지 알아야 한다. 우리가 어떤 존재인지, 곧 그분의 종이요 제자라는 것도 알아야 한다. 하지만 이 본문을 마무리하기 전에 예수님의 가르침에서 더 살펴보아야 할 요소가 남아 있다.

축복하는 법 이해하기

예수님은 "너희가 이것을 알고 행하면 복이 있으리라"(요 13:17)라고 말씀하신다.

성경에서 '복'은 다양한 용어로 등장하는 핵심 개념이다. 복은 창세기 1장 22절에서부터 요한계시록 22장 14절까지 나타난다. 복의 근간은 하나님 백성을 향한 그분의 언약적 사랑과 그들에게 진정한 행복을 주시려는 그분의 목적에 있다. 복의 반대는 '저주'인데, 그 삶의 특징은 하나님과 동떨어져서 그분과 대립하여 살아가는 것이다. 그 삶은 역기능과 무력함, 붕괴, 그리고 궁극적으로는 죽음으로 이어진다.

신약성경에서는 영어 성경에서 모두 '복이 있다'라고 번역한 서로 다른 두 헬라어 단어를 사용한다. 하나는 '에우로게토스'(eulogētos)로, '좋게 말한다'라는 뜻이다. 우리가 찬양하면서 하나님을 '좋게 말하면' 하나님이 '칭송을 받으시고', 하나님이 그분의 은혜로 우리를 '좋게 말씀하시면' 우리는 '복이 있다.' 다른 하나는 '마카리오스'(makarios)로, '행복하다', '운이 좋다'라는 뜻이다. 이 단어가 여기 사용되었고, 마태복음 5장 1-12절의 팔복에도 사용되었다.

마태복음의 산상수훈과 요한복음의 다락방 설교 모두에서, 예수님은 제자들의 복 있는(마카리오스) 삶을 묘사하고 계신다. 두 곳에서 예수님은 이 복에 반직관적인 성격이 있다고 암시하신다. 위로 올라가는 길이 사실은 아래로 내려오는 길이라는 것이다. 이 복은 자신과 일시적인 것에 대한 집착에서 해방되는 것이다. 그리고 하나님께 손을 내밀어 우리가 지나치게 꽉 붙잡고 있던 모든 것을 내려놓는 법을 배우는 것이다. 그리고 나서 우리는 그리스도와 함께 그분 안에 있는 모든 신령한 복을 두 손으로 받을 수 있다. 그 결과, 우리는 점점 더 그분을 닮아 가게 된다.

예수님은 제자들에게 매우 중요한 원리를 가르치고 계신다. 이해는 중요하다. 지식도 꼭 필요하다. 하지만 단순히 알거나 이해하는 것만으로는 복을 받지 못한다. 복은 순종, 곧 우리가 이해한 바를 실천하는 데서 비롯된다. 우리가 고집을 부리며 스스로 존엄성을 세우려 하는 한, 절대 경험할 수 없는 복이 있다. 하지만 기꺼이 무릎을 꿇고 주 예수 그리스도의 은혜를 받을 자격이 없는 사람들을 섬길 때 우리는 그 복을 경험할 것이다.

그 복을 받을 만한 사람은 누구인가? 우리는 확실히 아니다!

요점은 무엇인가? 복을 받는 길은 종으로 섬기는 길이다. 복을 받기 위해서나 다른 사람들을 위해서도 아니고, 바로 하나님을 위해서 섬기는 것이다.

예수님은 이 길을 선택하셨다. 영광의 주님이 제자들의 더러운 발을 씻기시다니, 이것은 최고의 반문화 행위였다. (예수님의 천사들은 그분이 도대체 무슨 일을 하고 계시는지 몰라 어리둥절했을 것이다.)

그렇다면 예수님을 이해하고 그분을 따른다는 것은 어떤 의미인가?

우리가 고집을 부리며 스스로 존엄성을 세우는 것이 아니라, 종의 수건을 두르는 것이다.

몸을 꼿꼿이 하고 서 있는 것이 아니라, 기꺼이 무릎을 꿇는 것이다.

멀찍이 떨어져 구경하는 것이 아니라, 굴욕스럽고 하찮은 일을 하는 것이다.

예수님을 위해 종이 하는 일을 마다하지 않는 것이다.

주 예수님이 그분을 짓밟으려고 들어 올렸던 발꿈치까지 기꺼이 씻어 주셨다는 사실을 우리는 잊지 말아야 한다.

*Lessons
from the
Upper
Room*

3. 괴로움에서 영광으로

요한복음 13장 21-31절

²¹ 예수께서 이 말씀을 하시고 심령이 괴로워 증언하여 이르시되 내가 진실로 진실로 너희에게 이르노니 너희 중 하나가 나를 팔리라 하시니 ²² 제자들이 서로 보며 누구에게 대하여 말씀하시는지 의심하더라 ²³ 예수의 제자 중 하나 곧 그가 사랑하시는 자가 예수의 품에 의지하여 누웠는지라 ²⁴ 시몬 베드로가 머릿짓을 하여 말하되 말씀하신 자가 누구인지 말하라 하니 ²⁵ 그가 예수의 가슴에 그대로 의지하여 말하되 주여 누구니이까 ²⁶ 예수께서 대답하시되 내가 떡 한 조각을 적셔다 주는 자가 그니라 하시고 곧 한 조각을 적셔서 가룟 시몬의 아들 유다에게 주시니 ²⁷ 조각을 받은 후 곧 사탄이 그 속에 들어간지라 이에 예수께서 유다에게 이르시되 네가 하는 일을 속히 하라 하시니 ²⁸ 이 말씀을 무슨 뜻으로 하셨는지 그 앉은 자 중에 아는 자가 없고 ²⁹ 어떤 이들은 유다가 돈궤를 맡았으므로 명절에 우리가 쓸 물건을 사라 하시는지 혹은 가난한 자들에게 무엇을 주라 하시는 줄로 생각하더라 ³⁰ 유다가 그 조각을 받고 곧 나가니 밤이러라 ³¹ 그가 나간 후에 예수께서 이르시되 지금 인자가 영광을 받았고 하나님도 인자로 말미암아 영광을 받으셨도다

요한이 열한 구절(요 13:21-31)에 걸쳐 묘사하는 짧은 시간 동안 다락방에서는 매우 중요한 일이 벌어진다. 분위기가 극적으로 바뀐다. "예수께서 이 말씀을 하시고 심령이 괴로워 증언하여 이르시되 내가 진실로 진실로 너희에게 이르노니 너희 중 하나가 나를 팔리라 하시니"(21절). 하지만 그러고 나서 몇 절 뒤에 "지금 인자가 영광을 받았고 하나님도 인자로 말미암아 영광을 받으셨도다"(31절)라고 말씀하셨다.

어떤 계기로 분위기가 반전되었는가? "유다가 … 나가니."

요한복음을 관통하는 주제 중 하나가 빛과 어둠이다.[1] 그래서 요한은 "밤이러라"라는 표현으로 이중 의미를 의도한다. 그러나 밤은 이미 방 안에, 유다의 마음속에 들어와 있었다. 유다가 나가자, 방은 다시 빛으로 넘치는 듯하다. 이제 요한의 기록은 그리스도가 어떤 분이시며 무슨 일을 하러 오셨는지에 대한 핵심으로 우리를 데려간다.

내 고향 도시의 미술관에서 가장 유명한 작품은 렘브란트(Rembrandt)나 반 고흐(Van Gogh)의 작품이 아니라 살바도르 달리(Salvador Dali)의 「십자가의 성 요한의 그리스도」(Christ of St. John of the Cross)다. 이 작품은 십자가에 달리신 그리스도를 극적으로 묘사한 대작이다(가로 약 1.2미터, 세로 약 2.1미터).

달리의 묘사가 눈길을 끄는 대목은 위에서 바라본 관중의 시선이다. 우리는 그리스도의 근육질 등과 늘어뜨린 머리를 내려다본다. 얼굴은 볼 수가 없다. 그리고 마치 어둑한 하늘에 십자가가 (우리 쪽으로 혹은 우리에게서 멀찍이?) 떠 있는 듯하다. 십자가가 물가에 떠 있고, 그 물가에는 고깃배 한 척이 정박해 있다.

많은 자유주의 신학자가 그리스도를 묘사한 내용은 그들의 세계관과 인생관을 극대화한 것에 불과한 듯하다. 달리가 묘사한 그리스도의 모습도 마찬가지다. 그는 자신이 "우주적 꿈"에서 영감을 받았다고 말했다. 그의 그리스도는 다음과 같은 세계관을 전형적으로 보여 준다. 즉, 그에게 그리스도란 '우주의 통일성 그 자체'였다.

이 미술관을 찾는 대부분의 관람객은 미술 평론가(이들은 달리의 작품의 가치를 두고 항상 의견이 나뉘었다)가 아니다. 많은 관람객이 작품 제목에 나오는 요한이 사도 요한을 가리킨다고 가정하는 듯하다. 하지만 달리의 그리스도는 요한복음에 나오는 그리스도가 아니다.[2] 근육질 몸에는 상처가 없고, 어깨에 채찍 자국도 없으며, 피도 보이지 않는다. 내가 학생 때 프란시스 쉐퍼(Francis Schaeffer)가 이 그림에 대해 언급한 내용을 읽은 기억이 난다. 그는 간단하지만 중요한 말을 남겼는데, 달리의 그림에서는 십자가가 땅에 닿지 않는다는 것이었다. 어쩌면 이것이 달리의 작품 제목이 스페인의 신비주의자 십자가의 성 요한(1542-1591)을 가리키는 이유인지 모르겠다.

요한복음의 그리스도는 신비로운 인물이 아니다. 그분은 육신이 되신 말씀이다. 우리가 사는 세상에 사시면서 우리의 고통을 겪으시고 경멸과 거절을 당하시고 우리 죄를 담당하셨다. 다락방에서 그분은 가장 가까운 지인 중 한 사람, 제자 중에 재물을 담당한 자가 배신하리라는 사실을 알고 번뇌하신다. 그뿐 아니라, 그분은 자신이 감당해야 할 고난과 그에 따라 하나님께 버림받았다는 느낌도 이미 의식하고 계신다.

이분이 바로 복음서 저자 요한의 그리스도시다.

요한은 우리 주님이 사도들에게 그분의 본을 따르라고 훈계하신 말씀을 이제 막 기록했다. 하지만 이제 그는 마치 행동을 잠시 멈추고, 구세주의 행위 비유가 가리키는 그 실재의 고귀함을 우리가 반추할 수 있게 하는 듯하다.

이제 예수님은 앞서 언급하신 시편 41편의 의미를 확실히 하신다. "너희 중 하나가 나를 팔리라"(요 13:21). "혹시 나인가?"라는 파문이 식탁 주위를 맴돌았다(마 26:22; 막 14:19을 보라).

이제 조금 침착함을 되찾은 베드로가 (예수님 옆에 앉은) 요한에게 고갯짓했다. 그가 "예수님께 누구인지 여쭤봐."라고 입 모양으로 말하는 모습이 거의 상상이 된다. 요한이 묻자, 예수님이 답하신다. "내가 떡 한 조각을 적셔다 주는 자가 그니라."

요한은 그 떡 조각이 가룟 유다에게 전달되는 모습을 지켜보았다.

심령이 괴로워

"예수께서 … 심령이 괴로워"(요 13:21)하신 것도 당연하다. 이 맥락에서 요한이 사용한 동사(헬라어 *tarassō*)는 불안하거나 혼란스럽거나 충격을 받았다는 뜻이다. 복음서 저자들이 예수님이 그날 밤 겪으신 혼란을 묘사할 때 사용한 몇몇 용어 중 하나다. 이 단어는 가장 센 단어는 아니지만(더 심각한 상황이 벌어질 테니) 센 단어는 틀림없다.

다른 복음서들도 특히 겟세마네 동산에서 예수님의 경험을 묘사하면서 비슷한 표현을 사용한다. 거기서 예수님은 하나님의 심판의 잔을 마시는 것에 대해 고민하시면서 일종의 향수병을 겪으신다.[3]

'괴롭다'라는 단어를 잠시 생각해 보자. 어디서 들어 본 적 있는 표현이 아닌가. 몇 구절 뒤로 가면, 여기서 '괴로워'하신 예수님이 제자들에게 "마음에 근심하지 말라"(14:1)라고 말씀하신다. 요한은 두 경우 모두 같은 동사를 사용한다. 둘 사이에 연관성이 있을까? 이 부분은 나중에 더 자세히 살펴볼 것이다.

지금 살펴보고 있는 본문에서, 예수님은 방 안에 있는 배신자 때문에 심령이 괴로우시다.

방 안에 있는 한 사람이 전체 분위기를 망칠 수 있다. 그래서 여기서 예수님의 예민한 심령은 유다의 존재로 인해 괴로워하셨다.

어떻게 유다는 예수님을 배신할 수 있었을까? 그는 예수님과 3년이나 동고동락하면서 그분의 가르침을 헤아릴 수 없이 듣고, 긍휼과 능력으로 기적을 베푸시는 모습을 보았으며, 스스로 그분의 제자라고 고백했다. 사도 공동체에서 재물 담당이라는 신뢰받는 직책을 맡기까지 했다. 그럼에도 그는 주 예수님을 향해 분노를 품고 있었다. 그 때문에 구세주의 마음이 한동안 괴로우셨을 것이다. 이제는 내면의 고통이 극에 달하는 지경에 이르렀다.

이 마지막 무대에서조차 제자들은 지금 무슨 일이 벌어지고 있는지 전혀 이해하지 못했다.

이와 대조적으로, 요한복음을 읽는 우리는 가룟 유다를 주시해야 한다는 암시를 이미 받았다.[4]

배신자가 드러나다

요한복음 6장 71절에서부터 우리는 유다가 주님을 배신할 것을 알고 있었다.

우리는 그가 제자들의 돈궤에서 돈을 빼돌리고 있었다는 것도 안다(요 12:4-6). 베다니의 마리아가 감사하는 마음으로 값비싼 향유를 예수님께 부었을 때 유다는 이렇게 중얼거렸다. "이 향유는 1년 치 급여에 맞먹는 가치가 있어. 이걸 팔아서 가난한 사람을 돕는 데 사용할 수 있었을 텐데." 그의 말뜻은 그 돈을 자기를 위해 사용할 수 있었다는 것이다. 하지만 그는 완전한 신뢰를 받고 있었던 것 같다. 예수님이 그에게 "네가 하는 일을 속히 하라"라고 말씀하셨을 정도로 말이다. 다른 제자들은 모두 그가 명절에 쓸 물건을 사러 가거나 유월절 자비 사역에 참여하러 가는 줄로만 생각했다(13:29).

그렇다면 예수님은 유다에 대해 어떻게 아셨을까?

우선, 예수님은 누군가가 그분을 배신할 것을 아셨다. 성경에 그렇게 기록되어 있기 때문이다. "내 떡을 나눠 먹던 나의 가까운 친구도 나를 대적하여 그의 발꿈치를 들었나이다"(시 41:9). "그의 발꿈치를 들었나이다"라는 표현은 사탄이 구세주의 발꿈치를 상하게 하리라는 창세기 3장 15절의 약속을 의도적으로 연상시키지 않는가? 하지만 구세주를 짓밟는 과정에서 악한 자는 주님의 머리를 상하게 하지 못하고 발꿈치만 건드릴 뿐이다. 예수님은 히브리 성경을 잘 아셨다. 창세기 3장 15절에서부터 시편 41편 9절에 이르는 일련의 예언이 그분 안에서 성취될 것을 아셨다.

그런데 예수님은 그 예언이 구체적으로 가룟 유다를 통해 성취될 것을 어떻게 아셨을까?

우리는 이렇게 말할지도 모른다. "글쎄요. 당연히 가룟 유다인 줄 아셨겠죠. 예수님은 하나님이시니까요." 하지만 사복음서에서 예수님은 성경에서 하나님의 목적들을 분별하시고, 성령님의 도우심으로 그 말씀들을 해석하고 친히 적용하신다. 요한이 앞서 말한 대로, 예수님은 사람들 마음속에 무엇이 있는지 아셨다(요 2:24-25). 성경을 아시고 유다를 아셨던 예수님은 나름의 결론을 끌어내셨다.

이것이 영적 분별이다. 때로는 우리도 사람들에 대해 어떤 사실을 '감지한다.' 예를 들어, 그 사람을 믿을 수 있는지 없는지 같은 것들 말이다. 우리가 느끼는 것을 정확히 표현하기 힘들 수도 있지만, 우리가 온전히 신뢰할 수 없는 사람들이 있다는 것을 인식한다. 죄로 인해 둔감해진 우리가 이 정도라면, 죄 없으신 구세주는 사람들의 됨됨이에 훨씬 더 민감하셨음을 알 수 있다. 그분은 "마음의 생각과 뜻을 판단하[시는]" 하나님의 말씀이시다. "우리의 결산을 받으실 이의 눈앞에 만물이 벌거벗은 것같이 드러나느니라"(히 4:12-13). 예수님은 유다가 스스로 그분과 거리를 두는 확연한 표지들을 분별하셨다. 그분은 유다에게서 '반은혜'의 기운을 느끼셨다. 유다는 예수님이 마리아에게 은혜를 베푸시는 모습을 보고 호감보다는 반감을 품었다(요 12:1-8).

우리는 사람들이 사랑의 행동을 볼 때 긍정적으로 반응하리라고 가정하는 경향이 있다. 하지만 예수님의 사랑에는 전혀 그렇지 않았다. 아마 그 이유를 알 것이다. 당신은 다른 사람의 삶이나 복음 이야기에서 그리스도의 은혜를 목격하지만, 실제로는 그것을 싫어하거나 피하려 하거나 그것으로부터 자신을 보호하려 했다. 아니면, 누군가의 삶에서 그리스도의 임재를 보고 느꼈을 때 그 사람을 폄하했을지도 모른다.

그래서 구원하는 은혜, 다른 사람의 삶에 드러난 은혜는 우리가 어디서 정말로 영적인지를 드러내는 일종의 리트머스 시험지 역할을 한다. 반직관적으로 보일 수 있지만, 이런 면에서 사람들은 태생적으로 은혜보다 율법을 선호한다. 스스로 율법을 지킬 수 있다고 생각하는 것이다. 사람들은 마음만 먹는다면 '앞으로 더 잘하겠다'라는 약속으로 과거의 잘못을 보상할 수 있다고 믿는다.

하지만 은혜는 그렇게 할 수 없다. 하나님의 은혜를 받는다는 것은 당신이 보상하기 위해 할 수 있는 일이 아무것도 없다는 뜻이다.

사람들은 율법을 비인격적이고 통제할 수 있으며 관리할 수 있다고 생각하기도 한다. 하지만 하나님의 은혜이신 주 예수님은 더 인격적이시고 도전적이시다. 그분과 함께라면, 앞으로 더 잘하겠다는 것은 의미가 없고, 우리의 무력함을 인정하고 그분의 구원하시는 은혜를 구해야 한다. 그것이 겸손이다. 그래서 하나님의 율법을 깨뜨렸다는 것을 아는 사람도, 삶이 엉망진창이 된 사람도, 죄책감이나 수치심에 시달리는 사람도 은혜를 거부한다.

유다도 그런 사람이었을 것이다. 그는 예수님의 삶에서 은혜를 목격하고 그분의 말씀에서 그 은혜를 들었다. 하지만 그 은혜를 거부하고 반항했다. 유다가 반감을 느끼고 배신하게 된 것은 "주 예수 그리스도의 은혜"(고후 13:13) 때문이었다!

어느 목회자가 고민을 상담하러 전화를 걸어 온 한 의사 이야기를 들려주었다. 그는 동네 호텔 커피숍에서 그 의사를 만나기로 했다(요즘 목회자들은 따르지 말아야 할 행동이다). 그녀는 자신의 사연을 털어놓고 무엇이 문제인지 설명했다. 그 목사는 간단하게 대답했다. "용서를 구해 보셨나요?" 불같이 화가 난 그녀는 소지품을 챙겨 들고 곧장 호텔을 나섰다. 그 의사는 자신의 상처를 치유할 방법을 듣고 싶었을 것이다. 하지만 그녀의 죄를 용서하고 죄책에서 구해 줄 약을 거부했다. 주님이 이미 이루신 일을 믿기보다 자신의 노력으로 그 죄책을 해결하기를 원했다. 이렇게 고백하기를 망설였다.

> 내가 공을 세우나
> 은혜 갚지 못하네
> 쉼이 없이 힘쓰고
> 눈물 근심 많으나
> 구속 못 할 죄인을
> 예수 홀로 속하네
>
> 빈손 들고 앞에 가
> 십자가를 붙드네
> 의가 없는 자라도
> 도와주심 바라고
> 생명 샘에 나가니
> 나를 씻어 주소서.[5]

예수 그리스도의 용서하시는 은혜를 언급하기만 해도 내면의 적개심을 자극하는 경우가 있다.

따라서 유다의 경우에는 그것을 위장하는 데 능숙해졌다고 해도 마찬가지였을 것이다.

예수님이 유다의 본심을 드러내기 시작하시며 그의 어두운 비밀을 아신다는 사실을 내비치셨을 때 유다는 다른 제자들처럼 (어쩌면 그들보다 조금 늦게) "주님, 혹시 저인가요?"라고 여쭈었는가, 아니면 입을 꾹 다물고 침묵을 유지했는가? 그는 방을 나서면서 안심했을 것이다. 이제 예수님을 다시 볼 일은 단 한 번밖에 없을 것이다. 배신의 입맞춤으로 그분을 확인해 주는 것 말이다. 아마도 예수님이 그의 더러운 발을 씻기시는 동안 그분의 은혜를 목격한 것이 그에게는 마지막 기회였을 것이다. 그는 자기 앞에 무릎을 꿇은 구세주의 눈을 피했을까? 아니면, 그의 차가운 시선은 이렇게 말했을까? "어디에다 대고! 어떻게 감히 당신은 은혜의 손으로 제 발을 만지십니까?"

예수님이 유다의 발을 씻기셨다고 생각하면 불편하게 느끼는 그리스도인들도 있다. 확실히 예수님은 그러지 않으셨을 것이다. 그러실 수 없었을 것이다. 유다의 발만큼은!

이는 그들이 절대 씻지 않을 더러운 발이 있다는 사실을 뜻하는가? 유다는 그리스도를 받아들이기를 꺼렸다. 궁극적으로 그는 그분을 종 이상으로 취급하지 않았다. 안타깝게도, 그는 다음과 같은 신약성경 히브리서 말씀을 가장 확실히 보여 주는 예다. "한 번 빛을 받고 하늘의 은사를 맛보고 성령에 참여한 바 되고 하나님의 선한 말씀과 내세의 능력을 맛보고도 타락한 자들은 다시 새롭게 하여 회개하게 할 수 없나니 이는 그들이 하나님의 아들을 다시 십자가에 못 박아 드러내 놓고 욕되게 함이라"(히 6:4-6).

예수님은 심령이 괴로우셨다. 자신을 배신할 사람을 드러내셨다. 예수님이 떡 조각을 가룟 유다에게 건네실 때 그분의 운명이 결정되었다.

운명이 정해지다

복음서 이야기의 이 단계에서, 예수님은 이미 유다의 희생 제물이 되셨다. 얼마 안 있어 성전 경비 대장과 유다 지도자들이 등장하고, 그다음에는 로마 병정들이 그분을 짓밟을 것이다. 이들은 예수님을 모욕하고 때리고 침 뱉고 채찍질하고 십자가에 못 박을 것이다. 종교 지도자들과 세속 지도자들이 다 같이 공모하여 그분을 무너뜨릴 것이다.

하지만 이 중에 그 어떤 개인이나 집단도, 그들을 다 합쳐도, 예수님의 운명을 결정할 권위나 힘이 없다. 모두가 예외 없이 자기들 손에 그 권력이 있다고 믿었지만 말이다. 모든 단계에서 그분의 상황을 통제한 것은 바로 예수님 자신이셨다. 이제 하나님 아버지의 계획이 최악의 고비에 도달하자, 예수님은 유다가 제 할 일을 하게 보내신다. 사실상 그분은 이렇게 말씀하고 계신다. "이제 내 아버지의 계획과 그분의 주권적인 통제에 따라 네 할 일을 행하거라. 따라서 이는 궁극적으로 내 영광과 이 세상의 구원을 위한 것이니라." 마르틴 루터(Martin Luther)가 말한 대로, "마귀도 하나님의 마귀다."

여기 가룟 유다가 있다. 그의 배후에는 예수님을 망가뜨리려는 악한 자가 도사리고 있다. 하지만 예수님은 그들이 그분을 파괴하지 못할 것을 아신다. 사탄은 예수님의 발꿈치를 상하게 할 테지만, 그 상한 발꿈치는 사탄의 머리를 상하게 할 것이다. 승리는 그분 것이다.

유다가 방을 나설 때 분위기가 바뀌는 이유가 그 때문이다. 방이 깨끗해진다. 바깥의 어두움은 내부에서 모습을 드러내고 있는 영광을 망가뜨릴 수 없다.

*Lessons
from the
Upper
Room*

4. 반전된 분위기

요한복음 13장 31-38절

³¹그가 나간 후에 예수께서 이르시되 지금 인자가 영광을 받았고 하나님도 인자로 말미암아 영광을 받으셨도다 ³²만일 하나님이 그로 말미암아 영광을 받으셨으면 하나님도 자기로 말미암아 그에게 영광을 주시리니 곧 주시리라 ³³작은 자들아 내가 아직 잠시 너희와 함께 있겠노라 너희가 나를 찾을 것이나 일찍이 내가 유대인들에게 너희는 내가 가는 곳에 올 수 없다고 말한 것과 같이 지금 너희에게도 이르노라 ³⁴새 계명을 너희에게 주노니 서로 사랑하라 내가 너희를 사랑한 것같이 너희도 서로 사랑하라 ³⁵너희가 서로 사랑하면 이로써 모든 사람이 너희가 내 제자인 줄 알리라 ³⁶시몬 베드로가 이르되 주여 어디로 가시나이까 예수께서 대답하시되 내가 가는 곳에 네가 지금은 따라올 수 없으나 후에는 따라오리라 ³⁷베드로가 이르되 주여 내가 지금은 어찌하여 따라갈 수 없나이까 주를 위하여 내 목숨을 버리겠나이다 ³⁸예수께서 대답하시되 네가 나를 위하여 네 목숨을 버리겠느냐 내가 진실로 진실로 네게 이르노니 닭 울기 전에 네가 세 번 나를 부인하리라

이제 다락방 드라마의 1막이 막을 내리고 있다. 요한복음이 우리에게 그리스도의 영혼을 보여 준다고 한 칼뱅의 말이 사실임을 우리는 이미 보기 시작했다.

다락방 분위기는 계속해서 바뀐다. 질문과 대답, 오만과 겸손, 수치와 기쁨, 배신과 신실함이 공존한다.

하지만 이제 유다가 방을 떠났다. 예수님은 이제 십자가의 길을 되돌릴 수 없다. 그러나 적어도 다소간 그분은 안도하시는 듯하다. 이제 그분 주변에는 "깨끗한" 사람들만 남았다(요 13:10; 15:3). 그들 가운데 있던 어두운 마음은 바깥의 밤을 향해 나갔다(13:30). 방이 밝아지고 분위기는 맑아지고 편해진 듯하다. 예수님도 이를 느끼시고 제자들에게 그 이유를 설명해 주신다. "지금 인자가 영광을 받았고 하나님도 인자로 말미암아 영광을 받으셨도다"(31절).

주사위는 던져졌다. 예수님은 루비콘강을 건너셨다.[1] 이제 되돌릴 길은 없다. 수난의 고통이 여전히 그분을 기다리고 있다. 이제 상황을 돌이킬 수는 없지만, 예수님은 "그 앞에 있는 기쁨"을 의식하고 계신다. 그분이 멸시하셔야 할 부끄러움이 여전히 그분을 기다리고 있을지라도, 여기서는 기쁨이 그분의 영혼에 흘러넘치는 듯하다(히 12:2).

영광을 받으시다

예수님의 표현이 이제는 너무 달라져서 제자들도 어떤 변화를 감지할 수밖에 없었을 것이다. 불과 몇 분 전만 해도, 그분은 심령이 괴로운 상태였다. 하지만 이제는 자신이 영광을 받는다고 말씀하고 계신다. 최악의 고비가 닥쳤다가 지나갔다. 그것이 주님이 마주할 마지막 고비는 아니지만, 그분 어깨에 있던 짐을 덜었으며, 되돌릴 수 없는 지점은 지나간 것이다. 이제 아무리 어둡더라도 그분의 길은 분명하다.

예수님은 이전에 사역하시면서 "그들이 믿지 않음으로 말미암아 … 많은 능력"을 행하지 않으신 적이 있다(마 13:58). 그랬더라면 부적절했을 것이다. 그분의 표현을 빌리자면, 진주를 돼지 앞에 던진 격이 되었을 것이다(7:6). 여기 다락방 상황도 비슷했다. 예수님은 믿음이 없는 유다가 그 방에 있는 한에는 그분의 마음을 다 열지 않으셨다. 하지만 이제 배신자가 사라졌으니 온전히 마음을 여시고 비밀을 털어놓으신다. 구세주가 "거룩한 것을 개에게 주[셨다면]"(7:6) 정말로 부적절했을 것이다.

따라서 예수님은 달라진 어조로 말씀하신다. "지금 인자가 영광을 받았고 하나님도 인자로 말미암아 영광을 받으셨도다 만일 하나님이 그로 말미암아 영광을 받으셨으면 하나님도 자기로 말미암아 그에게 영광을 주시리니 곧 주시리라"(요 13:31-32).

이제 우리가 요한복음 서두부터 기다려 온 바로 그 순간이다. 프롤로그에는 이렇게 약속되었다. "말씀이 육신이 되어 … 우리가 그의 영광을 보니 아버지의 독생자의 영광이요 은혜와 진리가 충만하더라"(요 1:14). 예수님이 물을 포도주로 바꾸신 공생애 첫 주간에 그 영광을 어렴풋이 볼 수 있었다(2:11). 요한은 "예수께서 아직 영광을 받지 않으셨으므로 성령이 아직 그들에게 계시지 아니하시더라"(7:39)라고 기록하면서 이 영광이 나중에 더 크게 드러날 것을 암시했다. 그리고 나서 훨씬 더 이후에 나사로가 죽었을 때, 예수님은 그의 죽음이 그분의 영광을 드러낼 촉매라고 말씀하셨다(11:4). 한편으로, 그분은 나사로를 다시 살리셔서 그 영광을 드러내셨다. 그러나 그 영광이 더욱 온전히 드러날 때가 올 것이다. 그때를 위해 종교 지도자들은 예수님을 죽이려 하고 마침내 그분을 십자가에 못 박을 것이다(11:43-53; 12:9-11). 제자들은 아직 이해하지 못하고 있었지만, 이것이 예수님의 영광스러운 부활의 서곡이었다.

따라서 요한복음에서는 예수님이 십자가에 "들리면서" 그분이 영화롭게 되기 시작한다. 그분은 거기서 모든 사람을 그분께 이끌겠다고 말씀하셨다(12:32).

하지만 구세주가 영광을 얻는다고 하실 때 그 말씀은 무슨 뜻일까?

예수님이 친히 인자가 영광을 받으리라고 말씀하시는 부분에 중요한 열쇠가 있다.

예수님은 하나님의 아들이면서 사람의 아들이시다. 신인 동시에 인간이시다. 하지만 당연히 인자라는 호칭에는 더 큰 의미가 있다. 사도행전 7장 56절에 나오는 스데반의 경우를 제외하고, 신약성경에서 이 호칭을 사용한 인물은 예수님이 유일하시다.

'인자'는 하나님의 형상대로 창조되어 그분을 섬기는 '사람'을 가리키는 단순한 표현일 수 있다(시 8:4). 하나님은 에스겔을 '인자'라고 자주 부르신다(겔 2:1 등). 그런데 이 호칭은 다니엘 7장 9-14절의 환상에 등장하는 인물에게도 쓰인다.

내가 보니
왕좌가 놓이고
옛적부터 항상 계신 이가 좌정하셨는데
그의 옷은 희기가 눈 같고
그의 머리털은 깨끗한 양의 털 같고
그의 보좌는 불꽃이요
그의 바퀴는 타오르는 불이며
불이 강처럼 흘러

그의 앞에서 나오며

그를 섬기는 자는 천천이요

그 앞에서 모셔 선 자는 만만이며

심판을 베푸는데

책들이 펴 놓였더라.

그때에 내가 작은 뿔이 말하는 큰 목소리로 말미암아 주목하여 보는 사이에 짐승이 죽임을 당하고 그의 시체가 상한 바 되어 타오르는 불에 던져졌으며 그 남은 짐승들은 그의 권세를 빼앗겼으나 그 생명은 보존되어 정한 시기가 이르기를 기다리게 되었더라

내가 또 밤 환상 중에 보니

인자 같은 이가

하늘 구름을 타고 와서

옛적부터 항상 계신 이에게 나아가

그 앞으로 인도되매

그에게 권세와

영광과 나라를 주고

모든 백성과 나라들과 다른 언어를 말하는 모든 자들이

그를 섬기게 하였으니

그의 권세는 소멸되지 아니하는

영원한 권세요

그의 나라는

멸망하지 아니할 것이니라….

나라와 권세와
온 천하 나라들의 위세가
지극히 높으신 이의 거룩한 백성에게 붙인 바 되리니
그의 나라는 영원한 나라이라
모든 권세 있는 자들이 다 그를 섬기며 복종하리라

(단 7:9-14, 27).

이 인자는 옛적의 왕좌에 당당하게 오르신다. 원수, 곧 "짐승"과 "그 남은 짐승들"을 모두 물리치신다. 승리한 인자는 승리의 전리품을 지극히 높으신 이의 성도들과 나누신다. 그에게 우주를 다스릴 권세가 주어지고, 그는 우주를 영원히 다스리신다.

사실, 이 장면은 시편 8편에서부터 에덴동산까지 거슬러 올라갈 정도로 신학적 뿌리가 깊다. 하나님은 그분의 형상대로 인류, 곧 남자와 여자를 창조하셨다. 인간이 그분의 성품을 축소하여 반영하고, 모든 창조 세계를 다스리시는 그분의 통치 방식대로 세상을 다스리게 하셨다. 그러나 타락으로 인해 이 모든 계획은 끔찍한 종말을 맞았다.

다니엘이 본 것은 주 예수 그리스도의 성육신, 삶과 죽음, 부활과 승천을 통해 하나님이 이루실 영광스러운 반전과 회복 이야기의 한 조각이다.

예수님은 창세기 3장 15절의 약속을 묵상하면서, 구약성경이 멜기세덱의 반차(계통)를 따르는 제사장, 모세 같은 선지자, 다윗 같은 왕, 이사야가 예언한 고난받는 종, 다니엘의 환상에 묘사된 인자 등 다양한 인물로 여자의 후손을 묘사한 것을 깨달으셨다. 이 모든 인물은 한 인격, 곧 예수님으로 수렴된다. 이와 같은 다차원적 인격으로 그분의 다차원적 사역을 묘사할 수 있었다.

따라서 인자라는 호칭은 확실히 주님의 인간성(과 고난받는 종의 겸손)을 가리키지만, 아버지의 우편에 높이 들리심도 특별히 염두에 두고 있다. 이는 원수와 충돌하여 원수를 물리친 후에 그 나라가 확장되는 것을 가리킨다. 승리의 결과로 "하늘과 땅의 모든 권세"를 가지신 그분은 만물을 '다스리신다'(마태복음 28장 18절은 확실히 다니엘 7장 14절을 반영하고, 다니엘서 말씀은 다시 시편 8편 6절을 반영하며, 시편 말씀은 다시 창세기 1장 28절을 반영한다).

짐승들을 언급한 부분에 암시되어 있기는 하지만, 다니엘의 환상에서 분명하지 않은 점은 인자의 승천이 어둠의 권세에 속박된 세상으로 내려오심과 그 권세에 대한 승리를 통해 이루어진다는 사실이었다. 인자는 고난받는 종이기도 하셨다. 하나님의 임재 가운데 들어가신 대제사장은 자신을 희생한 피를 지니셨으며, 왕의 대관식 보좌는 비아 돌로로사의 끝에 놓여 있다.

그래서 예수님이 "인자가 영광을 얻을 때가 왔도다"라고 말씀하실 때는 이 모든 것을 염두에 두신다. 가야바에게 심문을 받으실 때조차 그분은 "그 앞에 있는 기쁨"(히 12:2)으로 위안을 얻으시고, 인자가 곧

"권능의 우편에 앉아 있는 것과 하늘 구름을 타고 오[실]"(마 26:64) 것을 아신다. 그렇다면 여기서 '오심'은 다니엘 7장 13-14절을 반영하므로 그리스도가 영광 중에 오실 재림뿐 아니라 영광을 받기 위해 아버지께로 올라가시는 것도 가리킬 것이다.

예수님은 앞서 제자들의 발을 씻기시면서 이 모든 내용을 이미 설명해 주셨다. 제자들 앞에 무릎을 꿇은 행위는 그 통치의 서두였고, 그분이 당하신 수치는 그 영광의 전조였다.

예수님은 인자로서 영광을 받으실 것이고, 하나님 아버지는 예수님의 순종을 통해 영광을 받으실 것이다.

요한복음은 이 점을 반복해서 주장한다. 예수님은 아버지가 그분을 보내신 것을 의식하고 계셨다. 그분의 소명은 아버지의 시간표에 따라 사는 것이었다(요 2:4; 7:6, 8, 30; 8:20; 12:23, 27; 13:1). 예수님이 "죽기까지 복종하셨으니 곧 십자가에 죽으[신]"(빌 2:8) 사실은 그분의 하늘 아버지가 무한한 순종을 받기에 얼마나 합당한 분이신지를 잘 보여 주었다.

따라서 여기에는 이중 영화가 나타난다. 아들은 아버지로 인해 영광을 받으실 것이고, 아버지는 아들로 인해 영광을 받으신다.

그런데 어떻게 하나님은 인자에게 "곧"(요 13:32) 영광을 주실 것인가?

그 답의 일부는 십자가에 죽으신 예수님이 곧 부활하신다는 것인데, 그때 "죽은 자들 가운데서 부활하사 능력으로 하나님의 아들로 선포되[실]"(롬 1:4) 것이다.

하지만 더 많은 것이 암시되어 있다.

예수님은 심판과 선고를 받고 죄인으로 즉결 처형되실 것이다. 그런데 복음서 저자들은 이 모든 과정의 단계마다 벌어지는 역설을 드러낸다. 예수님을 고발한 자들은 그에게 죄가 없다고 인정한다. 산헤드린은 혐의를 입증하지 못하고, 증인들은 서로 모순된다. 빌라도는 그분에게서 아무런 잘못을 찾지 못한다. 예수님을 처형하라고 외치는 군중은 그분의 죄를 증명하지 못한다. 옆에 달린 사형수는 "이 사람이 행한 것은 옳지 않은 것이 없느니라"(눅 23:41)라고 인정한다. 심지어 예수님의 처형을 담당한 백부장조차 "이 사람은 진실로 하나님의 아들이었도다"(막 15:39)라고 고백한다.

번번이 예수님의 무고함을 고백하는 내용이 마치 암호화된 메시지처럼 그분의 수난 기사를 관통한다. 예수님을 정죄한 사람들은 그분의 부활에 하나님이 공공연히 선언하실 또 다른 판정의 대변자가 된다. 그때에 그분의 죄 없으심과 완전한 순종이 만천하에 알려질 것이다. 그리고 나서 아버지의 영광으로 그리스도는 죽은 자 가운데서 살아나셔서 그분의 영광에 참여하실 것이다(롬 6:4).

이 암호화된 메시지의 열쇠는 무엇인가? 왜 그분을 재판하는 사람들은 하나같이 그분께 죄가 없다고 선언하면서도 그분에 대한 정죄와 죽음에 동참하는가? 죽음은 죄의 삯이다(롬 6:23). 예수님이 자신의 죄 때문에 돌아가신 것이 아니라면, 누구의 죄를 위해 돌아가신 것인가? 이 질문은 다음과 같은 신약성경의 답을 끌어낸다. "하나님께서 그리스도 안에 계시사 … 그들의 죄를 그들에게 돌리지 아니하시고 … 하나님이 죄를 알지도 못하신 이를 우리를 대신하여 죄로 삼으신 것은 우리로 하여금 그 안에서 하나님의 의가 되게 하려 하심이라"(고후 5:19, 21).

주 보혈로 날 사심은
그 뜻이 깊고 크셔라
상하심과 죽으심이
어찌 날 위함이온지
놀라워라 주 사랑이
날 위해 죽으신 사랑
놀라워라 주 사랑이
어찌 날 위함이온지.[2]

우리가 요한복음의 논리를 따른다면, 예수님의 십자가 처형을 슬픔을 불러일으키는 사건이 아니라 그분의 영화의 출발점으로 볼 수 있다. 빌라도가 십자가에 붙인 명패에는 고대 근동과 로마 제국의 세 언어, 곧 아람어, 라틴어, 헬라어로 "나사렛 예수 … 왕"이라고 적혀 있었다(요 19:19-20). 그분의 부활과 승천, 그리고 그 이후 오순절 성령 세례 가운데 영광스러운 그분이 진짜 정체성이 온전히 드러날 것이다. 또한 주님이 마지막 날에 부활의 능력으로 다시 오실 때 그 정체성이 궁극적으로 나타날 것이다. 하지만 이 모든 일은 이미 십자가에서 시작되었다.

예수님이 우리 죄를 담당하신 결과, 십자가는 우리를 향한 하나님의 사랑의 반박할 수 없는 증거가 되었다(롬 5:8). 십자가에 못 박히신 그리스도는 그분을 믿는 모든 이에게 죄 사함과 새 생명을 주셨고, 전 세계 영원한 하나님 가족의 부르심을 여셨다. 이 모두가 아들에게 영광을 돌린다. 초기 교회 교부들은 그리스도가 십자가에서 팔을 벌리셔서 땅끝까지, 그리고 역사의 마지막 날까지 모든 민족과 방언, 모든 집단과 나라의 사람들을 끌어안으셨다고 말하곤 했다. 오늘 당신이 이 책을 손에 들고 요한복음에 대해 생각하고 그리스도의 구원에 대해 읽고 있다는 사실은 모두 하나님이 세상을 통해 그 아들을 영화롭게 하시기 시작하셨음을 나타낸다. 우리는 예수님이 우리를 위해 하신 모든 일에 대해 그 아버지께서 아들에게 허락하신 보상이다.

그렇다면 예수님의 관점은 이렇다. 십자가에 영광이 있다. 십자가에서 그분은 피해자가 아니라 승리자시다.

물론, 머지않아 구세주의 심령에 먹구름이 다시 몰려올 것이다. 겟세마네 동산에서 슬퍼하실 것이다. 갈보리 십자가에서 목마르고 울부짖으실 것이다. 그러나 여기서는 그분이 오랫동안 아시던 것으로 제자들을 안심시키고 계셨다. 겟세마네와 갈보리의 고통보다 더 심오한 현실이 존재했다.

말년에 요한은 예수님이 이전에 하신 또 다른 수수께끼 같은 말씀을 회고할 것이다. "내가 내 목숨을 버리는 것은 그것을 내가 다시 얻기 위함이니 이로 말미암아 아버지께서 나를 사랑하시느니라"(요 10:17).

예수님의 대속의 죽음을 '아동 학대'라고 하면서 성경과 기독교 신학 역사 전체를 모두 무시한 주장과 달리, 십자가는 이 아버지와 아들이 보여 주신 사랑의 정점이다.

따라서 겟세마네의 암흑과 갈보리의 고통 가운데, 아버지는 이렇게 노래하실 수 있었을 것이다.

내 주 되신 주를
참 사랑하고 …
이전보다 더욱 사랑합니다.[3]

하지만 지금 이 순간, 예수님은 비록 잠시일지라도 그분 앞에 있는 기쁨을 확실히 느끼신다. 그리고 그 덕분에 십자가를 견디고 그 수치를 멸시하실 수 있다. 그분은 이것이 보좌로 가는 길임을 아신다.

스코틀랜드 장로교인들은 오랫동안 성만찬 예배에서 시편 24편 7-10절을 찬양했다. 그들은 이 찬양에 그리스도의 승천이 예표된 것을 보았다. 이들은 승리하신 주 예수님이 영광스러운 하늘 도시에 나아가시며 그분을 수행하는 천사들이 길을 트는 모습을 상상했다.

문들아 너희 머리를 들지어다
영원한 문들아 들릴지어다
영광의 왕이
들어가시리로다.

하늘나라 성벽에 있던 수호천사들과 천사장들이 중요한 질문을 던진다.

영광의 왕이 누구시냐.

그리고 대답이 들려온다.

강하고 능한 여호와시요
전쟁에 능한 여호와시로다.

그러자 같은 명령이 반복된다.

문들아 너희 머리를 들지어다
영원한 문들아 들릴지어다
영광의 왕이
들어가시리로다 …
할렐루야! 할렐루야!
할렐루야! 할렐루야! 할렐루야!
아멘, 아멘, 아멘.4)

그 시간을 고대하며, 아들을 향한 아버지의 사랑의 빛이 다락방을 가득 채운다. 그 사랑에 힘입어 예수님은 겟세마네와 갈보리에서,

그리고 그 둘 사이의 기나긴 시간 동안 순종하실 것이다.

또다시 바뀌는 분위기

예수님은 다시 한번 제자들에게 관심을 집중하신다. 이제 곧 그분은 그들을 떠나시고, 제자들은 혼란과 외로움에 빠질 것이다. 제자들은 그분이 가시는 곳에 갈 수 없다(요 13:33). 예수님은 곧 평안의 말씀을 전하실 것이다. 하지만 지금은 제자들이 조금 전에 목격한 일이 어떤 의미인지 알려 주려 하신다. "새 계명을 너희에게 주노니 서로 사랑하라 내가 너희를 사랑한 것같이 너희도 서로 사랑하라 너희가 서로 사랑하면 이로써 모든 사람이 너희가 내 제자인 줄 알리라"(34-35절).

제자들이 이제 막 보고 들은 일의 함의는 단순하다. 그리스도가 그들에게 사랑을 보여 주셨듯이, 제자들도 서로 사랑을 보여 주어야 한다. 이것이 예수님이 말씀하신 "새 계명"이다. 요한이 다른 곳에서 설명한 대로, 이 계명은 '이전에는 없었다'라는 의미에서 '새로운' 것이 아니다. 하나님을 사랑하고 이웃을 사랑하라는 말씀은 '옛' 계명이다. 하지만 이 계명이 예수님 안에서 성취되면서 새로운 의미를 부여받는다. 예수님은 이웃 사랑에는 원수도 포함된다는 것을 보여 주셨다. 그래서 이 계명이 "새 계명 … 그에게와 너희에게도 참된 것"(요일 2:7-8)이 된다. 이 말씀이 제자들에게서 실제로 이루어졌기에, 초기 신학자 터툴리아누스(Tertullian)는 다음과 같은 이방인들의 증언까지 인용할 수 있었다. "이 그리스도인들이 얼마나 서로 사랑하는지 보라."라는 말은 복음을 전하는 강력한 변증이다.[5]

하지만 가엾은 시몬 베드로는 이 새 계명을 들어 본 적이 없었다. 그가 생각할 수 있는 것이라고는 예수님이 떠나신다는 말씀밖에 없었다. 그는 속마음을 숨기지 못했다. "주여 어디로 가시나이까 … 주여 내가 지금은 어찌하여 따라갈 수 없나이까 주를 위하여 내 목숨을 버리겠나이다"(요 13:36-37).

그는 여전히 귀를 기울이고 있지 않았던 것인가? 아니면, 듣고는 있었지만, 예수님이 사용하신 과거 시제("내가 너희를 사랑했다")와 미래 시제("모든 사람이 … 알리라")가 오히려 현재에 대한 베드로의 불확실성을 더 부각한 것인가? 그는 참지 못했다. 예수님이 가시려는 곳을 알아야만 했다. 그리고 그곳을 알게 되면 세상 그 어떤 것도 그를 막지 못할 것이다. 게다가 서로 사랑하라고 말씀하시는데, 예수님은 베드로가 생명보다 더 그분을 사랑하는 줄 알지 못하신단 말인가? 그는 예수님을 위해 자기 목숨까지 버릴 작정이었다. 하지만 베드로는 예수님이 무슨 말씀을 하시는지 전혀 알지 못하고 있다.

조금 전만 해도 아버지께서 주 예수님을 영화롭게 하신다는 말씀을 들었는데, 이제 우리는 전혀 다른 세계로 던져진다. 거기서 연약한 자는 스스로 강하다고 착각하고 예수님을 사랑한다는 자는 그분을 부인하게 되리라는 말을 듣는다.

성숙한 히포의 아우구스티누스(Augustine of Hippo)는 이렇게 쓸 수 있었다. "저는 저 자신에게조차 수수께끼 같은 존재가 되었습니다."[6] 하지만 베드로는 자신에게 아무런 질문이 없다. 그는 자신이 이해할 수 있는 것보다 훨씬 더 큰 하나님의 목적들에 사로잡혀 있는 미성숙한 제자다. 그는 자신을 잘 알고 예수님을 이해하고 있다고 착각하지만, 예수님이 반복해서 하신 말씀을 여전히 받아들이지 못했다. 그의 주님은 십자가에 못 박히실 것이다. 베드로는 그저 그 사실을 받아들이지 못했던 것일까? 그것은 적어도 부분적으로는, 예수님이 십자가에 못 박히시면 그분의 피가 베드로의 옷에도 튀게 된다는 생각을 견딜 수 없었기 때문일까?

그래서 시몬 베드로는 여전히 예수님을 이해하지 못한다. 그는 십자가에 못 박히신 구세주를 따르라는 요청을 받았다. 그는 그 사실을 받아들이지 못해 계속 고민한다. 하지만 그는 자신도 제대로 알지 못하기에, 예수님과 함께, 필요하다면 그분을 대신해서 죽겠다는 말을 불쑥 내뱉는다.

우리는 그리스도의 고난에 참여하여 그분의 죽으심을 본받지 않고는 그분의 부활에 참여할 수 없다(빌 3:10). 베드로는 그것이 자기 생각만큼 쉬운 일이라고 생각했지만, 실제로는 그렇지 않았다. 예수님은 베드로에게 그가 고통스러운 자기 발견의 길을 먼저 걷게 되리라고 말씀하신다. "네가 나를 위하여 네 목숨을 버리겠느냐." 그다음에 이 장에서 네 번째로 "아멘, 아멘" 말씀이 등장한다. "내가 진실로 진실로 네게 이르노니 닭 울기 전에 네가 세 번 나를 부인하리라"(요 13:38).

요한이 복음서를 기록할 때는 장을 구별하거나 절을 표시하지 않았다. 성경에서 장절 구분이 별 도움이 되지 않을 때도 있지만, 여기서는 적절하다.

이 장은 예수님이 베드로의 발을 씻어 주시는 장면으로 시작되고, 베드로의 삶에 도전하시는 장면으로 끝난다. 따라서 이 장은 그럼에도 자기 주님을 정말로 사랑했던 한 제자의 필요와 실패를 정확히 기술한다. 그런 이유로 그리스도는 그분의 보혈을 흘리셨다. 그분은 세상 모든 시몬 베드로를 위해 영광의 겉옷을 벗고 세상에 내려와 종이 되어 우리 죄 짐을 담당하셨고, 위엄과 영광 가운데 부활하사 하늘에 오르셨다. 그렇게 해서 시몬 베드로와 그와 같은 모든 사람이 어린양의 결혼 잔치에 참여하게 될 것이다. 다음과 같은 우리 주님의 말씀이 언젠가는 이루어질 것이다. "베드로야, 내가 하는 것을 네가 지금은 알지 못하지만 언젠가 알게 될 날이 올 것이다."

베드로는 정말로 알게 되었다. 그는 이 장면을 잊지 못했다. 그리고 예수님의 예언(21:18-19)과 기독교 교회의 믿을 만한 전승에 따르면, 결국 그는 예수님을 위해 기꺼이 목숨을 버렸다.

교회에서 '인기 사도 투표'를 한다면, 아마도 시몬 베드로가 뽑힐 확률이 높지 않을까.

왜 그럴까? 모든 사도 중에서 그가 우리와 가장 비슷하기 때문일 것이다. 혼란스러워하고 자주 실패했던 사람. 게다가, 그는 놀라우시고 자비로우신 구세주로 인해 그만큼 또 자주 회복되었다. 우리도 그렇게 되어야 하듯이 말이다.

내가 처음 섬겼던 교회의 담임 목사님이 언젠가 다음 본문으로 설교하신 적이 있다. "여호와의 말씀이 두 번째로 요나에게 임하니라"(욘 3:1). 목사님은 '실패는 결코 끝이 아니다'라는 설교 제목을 붙이셨다. 그 제목이 마음속에 자주 떠오르곤 했다. 나도 베드로처럼 미숙하고 착각하고 자신을 잘 모르며 용기가 부족하다. 당신도 마찬가지일 것이다. 하지만 베드로의 구세주가 우리 구세주이기도 하다면, 이런 실패는 결코 끝이 아니다.

요한복음 마지막 부분을 읽을 때마다 이것이 우리에게 주시는 메시지임을 발견한다. "예수께서 사랑하시는 그 제자"(요 21:20-24)는 그리스도를 사랑했던 베드로가 그 역시 "예수께서 사랑하시는 그 제자"라는 사실을 어떻게 발견했는지를 말해 준다.

물론, 요한복음에서 이렇게 묘사한 제자는 한 명뿐이다. 사람들은 대개 이 말을 '예수님이 다른 제자들보다 더 사랑하셨다.'라는 뜻으로 이해한다. 하지만 이 말이 실제로는 '예수님이 그를 얼마나 사랑하시는지 깨달은 제자'라는 뜻이라면 어떨까?

만약 그렇다면, 그것은 우리 모두에게 해당하는 발견이다.

*Lessons
from the
Upper
Room*

5. 비아, 베리타스, 비타

요한복음 14장 1-14절

¹너희는 마음에 근심하지 말라 하나님을 믿으니 또 나를 믿으라 ²내 아버지 집에 거할 곳이 많도다 그렇지 않으면 너희에게 일렀으리라 내가 너희를 위하여 거처를 예비하러 가노니 ³가서 너희를 위하여 거처를 예비하면 내가 다시 와서 너희를 내게로 영접하여 나 있는 곳에 너희도 있게 하리라 ⁴내가 어디로 가는지 그 길을 너희가 아느니라 ⁵도마가 이르되 주여 주께서 어디로 가시는지 우리가 알지 못하거늘 그 길을 어찌 알겠사옵나이까 ⁶예수께서 이르시되 내가 곧 길이요 진리요 생명이니 나로 말미암지 않고는 아버지께로 올 자가 없느니라 ⁷너희가 나를 알았더라면 내 아버지도 알았으리로다 이제부터는 너희가 그를 알았고 또 보았느니라 ⁸빌립이 이르되 주여 아버지를 우리에게 보여 주옵소서 그리하면 족하겠나이다 ⁹예수께서 이르시되 빌립아 내가 이렇게 오래 너희와 함께 있으되 네가 나를 알지 못하느냐 나를 본 자는 아버지를 보았거늘 어찌하여 아버지를 보이라 하느냐 ¹⁰내가 아버지 안에 거하고 아버지는 내 안에 계신 것을 네가 믿지 아니하느냐 내가 너희에게 이르는 말은 스스로 하는 것이 아니라 아버지께서 내 안에 계셔서 그의 일을 하시는 것이라 ¹¹내가 아버지 안에 거하고 아버지께서 내 안에 계심을 믿으라 그렇지 못하겠거든 행하는 그 일로 말미암아 나를 믿으라 ¹²내가 진실로 진실로 너희에게 이르노니 나를 믿는 자는 내가 하는 일을 그도 할 것이요 또한 그보다 큰 일도 하리니 이는 내가 아버지께로 감이라 ¹³너희가 내 이름으로 무엇을 구하든지 내가 행하리니 이는 아버지로 하여금 아들로 말미암아 영광을 받으시게 하려 함이라 ¹⁴내 이름으로 무엇이든지 내게 구하면 내가 행하리라

요한복음에서 가장 자주 듣게 되는 말씀은 무엇일까?

요한복음 3장 16절을 떠올리는 사람이 많을 것이다. "하나님이 세상을 이처럼 사랑하사 독생자를 주셨으니…."

혹은 요한복음 서두(1:1-18)의 말씀이 그 명성에 걸맞지 않을까? 매년 성탄절에 읽는 말씀이니 말이다.

하지만 어쩌면 가장 근접한 답은 요한복음 14장 1절이 아닐까 싶다. "너희는 마음에 근심하지 말라…." 그리스도인의 장례식이라면 십중팔구 이 본문을 읽는다.

이는 다음 두 사실을 설명해 줄 수 있다.

1. 우리는 이 본문들의 원래 문맥에서 이 말씀을 듣거나 묵상한 적이 거의 없다. 매주 교회에 나가는 사람들에게조차 "예수님이 이 말씀을 하셨을 때 그 앞뒤로 무슨 일이 있었는지 말해 주세요."라고 물

으면 제대로 답하기 힘들 것이다.

2. 우리는 마치 이 말씀이 우리에게 직접 주어진 것처럼 듣고 읽는 경향이 있다.

아마도 수많은(어쩌면 대부분의) 그리스도인이 늘 성경을 이렇게 읽는다. 물론, 성경 말씀은 오늘날 우리에게도 실효성이 있다. 하지만 (예수님이 다락방에서 하신 모든 말씀과 마찬가지로) 이 말씀이 우리에게 적용될 수도 있지만, 원래는 사도들만을 대상으로 했다는 사실을 기억하는 것이 중요하다. 우리는 그 자리에 없었다.

그렇다면 여기에 성경 연구의 근본 원리가 있다. 우리는 성경 말씀이 그 내용을 직접 들은 사람들에게 무슨 뜻이었는지를 먼저 묵상해야 한다. 그런 다음에 성령님의 도우심으로, 어떻게 그 말씀을 우리에게 적용할지 생각한다.

그렇게 할 때 우리는 그렇지 않았더라면 간과했을, 따라서 본문의 의미를 더 깊이 꿰뚫어 보도록 도와주는 질문을 던지게 된다.

예를 들어 여기서는, 요한복음 14장 1절의 원래 문맥을 생각해 보면 다음과 같은 질문이 떠오른다. "어떻게 예수님은 제자들에게 '너희는 마음에 근심하지 말라'라고 말씀하실 수 있었을까?" 이런 말은 상담의 기본 법칙에 어긋나지 않는가? 어쨌든 이들의 문제는 근심이 있다는 것이고, 거기에는 그럴 만한 이유가 있을 것이다!

근심하는 사람들이 자신의 근심을 해결할 수 있다면 얼마든지 그렇게 했을 것이다. 그런 사람들에게 근심하지 말라고 말하는 것은 절망스러운 상담이 아닌가? 예수님이 그 정도도 모르셨을까?

하지만 예수님은 최고의 상담가셨다. 그러니 이 맥락에는 우리가 그분이 하고 계신 일을 이해하도록 돕는 무언가가 있을 것이다.

그뿐만 아니라, 우리가 성경 본문을 원래 맥락에서 읽는다면, 중요한 세부 사항을 발견할 가능성이 높아진다. 여기서도 중요한 예를 찾아볼 수 있다. 조금 전에 요한은 우리에게 "예수께서 … 심령이 괴로워"하셨다고 했다(13:21; 14:1에 쓰인 것과 같은 동사). '괴로우신' 예수님이 제자들에게 '근심하지 말라'라고 말씀하고 계신다! "똥 묻은 개가 겨 묻은 개 나무라는" 격이 아닌가? 냉소적인 독자라면 이렇게 말할지도 모르겠다. "의사야 너 자신을 고치라"(눅 4:23).

역설적이라고? 그렇다. 하지만 이 역설은 우리가 그리스도가 제자들에게 하신 권면을 이해하도록 돕는 실마리를 제공한다. 실제로, 이 역설은 우리에게 복음의 핵심을 가리킨다. 예수님이 괴로워하셨기에 과거와 현재의 제자들은 근심할 필요가 없다! 이 모든 괴로움(배신, 체포, 수치, 십자가 처형, 유기)의 원인은 그분이 우리의 가장 큰 근심, 곧 죄책과 수치, 죄의 삯인 죽음(롬 6:23)을 짊어지고 계시기 때문이다. 예수님은 괴로움과 근심을 잘 알고 이해하시기에 우리를 측은히 여기실 수 있다. 그분이 괴로움을 당하셨기에 우리의 근심 가득한 마음이 그분 안에서 평안을 찾을 수 있다.

예수님의 권면에 힘이 있는 까닭은 제자들이 근심할 필요가 없는 이유와 방법을 설명하시는 방식 때문이다. 제자들이 근심할 이유는 많지만, 근심하지 않아도 되는 더 큰 이유가 있다. 대화가 진행되고 예수님이 두 근심 어린 제자의 질문을 다루시면서 그 이유를 더 자세히 설명해 주실 것이다.

그렇다면 예수님은 근심하는 사람들에게 어떻게 조언하시는가? 여기서 그분은 사소한 짜증이 아니라 심각한 혼란에 대해 말씀하고 계신다. 예수님의 심령은 크게 괴로워하셨고, 이제 제자들도 심각한 불안에 빠져 있다. 그들의 세상이 산산조각 나고 있었다. 상황을 통제할 힘도 없고 어찌할 바를 몰라 하고 있다. 이런 상황에서 어떻게 근심하지 않을 수 있단 말인가? 우리 상황에 적용해 본다면, 오늘날의 그리스도인은 어떻게 그런 침착함을 유지할 수 있을까?

근심하는 이들을 위한 조언

근심하는 사람들의 문제는 무엇인가? 우리를 위협하는 상황이 그에 대처할 수 있는 자원보다 점점 더 커지고 세지는 것이다. 우리는 갈릴리 바다의 폭풍우에 휩싸인 제자들과 같다. 우리가 가진 기술과 경험은 그런 상황에 아무 도움이 되지 않는다.

예수님이 제자들에게 "어찌하여 이렇게 무서워하느냐"라고 물으실 때 너무하신다고 생각해 본 적이 있는가? 물에 빠져 죽어 가고 있는데 무서워하는 게 당연하지 않은가! 사실, 예수님은 그들의 문제를 부드럽게 진단하고 계신다. "너희가 어찌 믿음이 없느냐"(막 4:40). 다시 말해, 그들이 탄 배에 그들이 활용할 수 있는 자원이 있었다. 바람과 파도보다 강하신 분이 계셨는데도 그들은 그분을 무시했다.

아니, 더 정확히 표현하자면, 그분을 신뢰하지 못했다.

당신이 비행기를 타려 한다. 화물칸에 승객들의 짐을 싣고 있다. 이코노미석 승객 200명이 한 사람당 23킬로그램씩 실었을 것이다. 기내에는 승객들이 각자 또 작은 짐을 들고 탑승한다. 창밖으로 거대한 엔진을 흘끗 쳐다본다. 이런 생각을 해 본 적이 있는가? '어떻게 해서 비행기가 하늘을 날 수 있을까?' 비행기가 공기보다 가볍다거나 중력의 법칙이 작동하지 않아서가 아니다. 공기역학 법칙이 작동하여 양력과 추진력이 무게와 항력을 극복하기 때문이다!

그리스도인들도 비슷하다. 시험과 난관, 혼란과 깊은 슬픔이 우리를 무겁게 내리누른다. 그리스도인이라고 해서 이런 것들이 면제되지 않는다. 하지만 또 다른 법칙이 작용한다. 우리는 예수 그리스도 안에서 그런 것들을 이겨 낼 자원이 있다.

바울도 이렇게 주장한다. 우리에게 힘이 있어서가 아니라 "우리를 사랑하시는 이로 말미암아 우리가 넉넉히 이기느니라"(롬 8:37).

예수님의 책망은 "어리석은 제자들아, 너희는 노련한 어부들이니 너희 경험을 믿었어야지."라는 뜻이 아니다. "배에 하나님의 아들, 곧 갈릴리 바다의 창조자요 바람과 파도를 다스리는 분이 있었는데, 너희는 나를 믿지 못했구나."라는 뜻이다. 제자들은 급박한 상황 탓에 그들 곁에 계신 구세주의 존재를 보지 못했다. 믿음보다는 두려움에 사로잡혀 있었다.

믿음을 갖기

사람들은 믿음을 수동적인 것으로 생각할 때가 많다. 아마도 우리가 그리스도를 '영접한다'라고 말하기 때문인 듯하다. 하지만 믿음에는 능동적인 차원도 있다. 현명한 영적 선조들은 '행동하는 믿음'에 대해 말하곤 했다. 이는 믿음을 실천하고 하나님의 약속을 붙들며 그리스도와 그분의 모든 존재를 바라보는 것이다(히 3:1; 12:2).

그렇다면 예수님이 두려워하는 심령들에게 주신 권면에 주목해 보자. "하나님을 믿으니 또 나를 믿으라."

마음에 근심하지 말라. 첫째, 하나님이 당신의 보장이시기 때문이다. "여호와의 이름은 견고한 망대라 의인은 그리로 달려가서 안전함을 얻느니라"(잠 18:10). "하나님은 우리의 피난처시요 힘이시니 환난 중에 만날 큰 도움이시라"(시 46:1). 마르틴 루터가 낙담할 때마다 어린 친구 필립 멜랑히톤(Philip Melanchthon)에게 "이봐, 필립. 시편 46편을 찬양하자고!"라고 말한 것도 당연하다. 또한 그 시편을 바탕으로 지은 찬양 「내 주는 강한 성이요」(A Mighty Fortress Is Our God)가 종교개혁 주제가처럼 불린 것도 당연하다.

예수님이 제자들에게 하신 "하나님을 믿으니 또 나를 믿으라"라는 말씀에는 어떤 논리가 숨어 있다. 하나님이 그들의 피난처가 되실 것이다. 제자들은 이미 그 사실을 안다. 어릴 때부터 시편 46편을 알았기 때문이다. 하지만 이제 그들은 예수님과 함께 3년을 보냈다. 그들이 예수님을 신뢰하고 그분에게서 안정감을 찾을 이유가 충분하다. 그분이 약속된 메시아임을 증명한 기적도 보았고, 하늘에 계신 아버지와 그분의 독특한 관계에 대해 하신 말씀도 들었다. 예수님이 그들을 구하시려고 세상에 오셨듯이(요 3:16), 이제는 아버지가 계신 곳에 그들을 위한 자리를 마련하려고 세상을 떠나실 것이다. "내 아버지 집에 거할 곳이 많도다 그렇지 않으면 너희에게 일렀으리라 내가 너희를 위하여 거처를 예비하러 가노니 가서 너희를 위하여 거처를 예비하면 내가 다시 와서 너희를 내게로 영접하여 나 있는 곳에 너희도 있게 하리라"(14:2-3).

우리 주님의 힘 있는 논리를 따라가 보자. 믿음의 힘은 바로 그 논리를 붙드는 데 있기 때문이다.

예수님의 행동: 내가 너희를 떠날 것이다.

예수님의 설명: 내 아버지 집에 너희를 위하여 거처를 예비하러 간다.

예수님의 결론: 그러므로 내가 다시 와서 너희를 내게로 영접할 것이다.

논리가 보이는가? 신학자들이 말하는 **기독론**(예수님이 어떤 분이시며 무슨 일을 하시는지)은 **구원론**(그분의 구원 사역이 우리 삶에 어떻게 적용되는지)의 투대다. 여기서 그 핵심을 강조할 가치가 있다. 믿음의 능력은 우리 자신이나 심지어 믿음 자체에 있지 않고, 그리스도와 복음의 논리에 있다. 아주 연약한 믿음이라도, 이 강하신 그리스도가 그 대상이다.

이토록 힘든 상황에서도 우리 주님은 놀라운 인내와 침착함을 보여 주신다. 제자들을 향한 사랑이 얼마나 큰지 그분은 자신의 고통보다도 그들의 고통을 더 염려하시는 듯하다. 이것이 제자들과(우리도) 아무 주저 없이 그분을 신뢰할 수 있는 이유다.

이 사실을 충분히 이해하기까지 시간이 걸릴 수도 있다. 그 점은 당시 제자들도 마찬가지였을 것이다. 하지만 우리는 이로 인해 아주 중요한 한 가지를 확신할 수 있다. 우리에게 무슨 일이 생기든 인생에서 가장 큰 문제, 곧 아버지 집에 있는 우리의 최종 운명은 확정되었다는 것이다. 우리가 주 예수님을 위해 해야 할 일을 마치기까지는 이 땅에 살아 있을 것이다. 예수님은 우리를 위해 거처를 예비하셨다. 그분은 우리를 집으로 인도하여 그분과 함께하게 할 날을 기다리고 계신다.

이 말씀이 함의하는 바는 분명하다. 그렇지 않은가? 이 두 가지가 사실이라면, 즉 예수님이 제자들을 위해 처소를 마련하러 가시고 그들을 데리러 다시 오신다면, 그들은 그 중간 시기에도 그분이 그들을 지키시리라고 확신할 수 있다. 그것이 제자들에게 사실이라면, 우리에게도 사실이다. 예수님이 우리를 위해 처소를 마련하러 하늘에 가셨고 우리를 데려가려고 다시 오신다면, 그 사이 모든 순간에 그분의 손이 우리를 지키실 것이다.

약하고 실수가 잦았던 베드로는 말년에 다음 말씀을 기록하면서 예수님의 그 말씀을 생각하고 있었는지도 모른다.

우리 주 예수 그리스도의 아버지 하나님을 찬송하리로다 그의 많으신 긍휼대로 예수 그리스도를 죽은 자 가운데서 부활하게 하심으로 말미암아 우리를 거듭나게 하사 산 소망이 있게 하시며 썩지 않고 더럽지 않고 쇠하지 아니하는 유업을 잇게 하시나니 곧 너희를 위하여 하늘에 간직하신 것이라 너희는 말세에 나타내기로 예비하신 구원을 얻기 위하여 믿음으로 말미암아 하나님의 능력으로 보호하심을 받았느니라 그러므로 너희가 이제 여러 가지 시험으로 말미암아 잠깐 근심하게 되지 않을 수 없으나 오히려 크게 기뻐하는도다 너희 믿음의 확실함은 불로 연단하여도 없어질 금보다 더 귀하여 예수 그리스도께서 나타나실 때에 칭찬과 영광과 존귀를 얻게 할 것이니라(벧전 1:3-7).

베드로니까 할 수 있는 말이 아닐까? 어쨌든 그는 두 눈으로 예수님을 목격하고, 두 귀로 그분 말씀을 들었으니 말이다. 하지만 그가 그 뒤에 덧붙이는 말씀을 보자. "예수를 너희가 보지 못하였으나 사랑하는도다 이제도 보지 못하나 믿고 말할 수 없는 영광스러운 즐거움으로 기뻐하니 믿음의 결국 곧 영혼의 구원을 받음이라"(8-9절).

당신은 하나님을 믿는가? 그렇다면 그리스도도 믿으라! 예수님은 제자들이 마음에 근심하지 말아야 할 더 큰 이유를 주신다. "내가 어디로 가는지 그 길을 너희가 아느니라"(요 14:4).

그 길을 아느니라

사도들에게 해당하는 진리는 모든 세대 그리스도의 제자들에게도 해당한다. 우리는 예수님이 우리를 데려가시는 곳과 거기로 가는 길도 이미 안다.

우리 교회 청년부 여름 선교에 참석하곤 했던 젊은 친구가 어느 날 자기 동네 정육점에 줄을 서 있었다. 같이 줄을 서 있던 두 사람이 서로 천국에 갈지 확신할 수 있는지에 대해 토론하고 있었다. 그중 한 사람은 알 수 없다고 했지만, 다른 한 사람은 내 젊은 친구를 보고 이렇게 말했다고 한다. "지미, 너는 오늘 밤에 죽으면 천국에 간다고 믿지, 그렇지?" 지미는 차분하면서도 만족스럽게 대답했다. "물론이지!"

내가 이 사연을 아는 이유는 지미를 돌보던 사역자가 두어 날 후에 이 이야기를 들려주었기 때문이다. 지미의 장례식에 참석한 수많은 손님 앞에서 말이다. 간질 환자였던 그는 바로 그날 밤 발작을 일으켜 사망했고 천국에 갔다.

하지만 이 모든 사실은 다락방에 있던 적어도 두 제자에게만큼은 아직 분명하지 않았다.

근심하는 제자들을 위한 답변

베드로의 격한 발언 이후에도 예수님과 베드로 사이에 짧은 대화가 몇 차례 더 오갔다. 그러나 이제는 도마와 빌립이 말한다. 두 제자는 여전히 근심하고 있다.

도마

도마는 혼란스러웠다. 물론 도마만 혼란스러운 건 아니었을 것이다. 예수님 말씀은 도대체 무슨 뜻이었을까? 예수님이 제자들에게 하신 말씀 중에 처음으로 기록된 말씀이 "나를 따르라"라는 것이었다. 아마도 그때 제자들은 그분이 자신들을 어디로 인도하실지 안다고 생각했을 것이다. 하지만 이제는 잘 모르겠다. 우리도 그들과 비슷한 형편일 수 있다. 그들을 둘러싼 상황이 너무나 압도적이어서 맑은 정신으로 생각하기가 힘들었다.

어쩌면 예수님은 다음과 같이 말씀하시면서 어떤 반응을 기대하고 계셨는지도 모른다. "내가 너희를 위해서 처소를 마련하러 가는 것이니 너희는 내가 돌아오리라고 확신할 수 있다. 어떤 경우에도 너희는 내가 어디로 가는지 그 길을 알지 않니. 어떻게 거기로 가는지 알고 있지!" 예수님은 도마에게서 한 가지 반응을 끌어내셨다. 그는 확신하지 못했다. "도마가 이르되 주여 주께서 어디로 가시는지 우리가 알지 못하거늘 그 길을 어찌 알겠사옵나이까"(요 14:5).

흔히 그를 의심 많은 도마라고 부른다. 우리가 그를 조금 심하게 대한 것은 아닐까. 하지만 그가 비관주의자 도마인 것만은 확실했다. 그는 굉장히 부정적인 반응을 보였다. 적어도 요한복음 앞부분에서는 그렇게 보인다. 나사로가 죽은 후에 예수님은 베다니로 가기로 하셨다(예루살렘에서 3킬로미터 정도 떨어진 그곳은 그분에 대한 적대감의 진원지였다). 최악의 상황을 예상한 도마는 "우리도 주와 함께 죽으러 가자"(11:16)라고 말했다.

당신도 도마처럼 말하는 누군가를 알고 있을 것이다. 어쩌면 당신이 그런 사람인지도 모른다!

하지만 적어도 도마는 솔직하다. "주께서 어디로 가시는지 우리가 알지 못하거늘 그 길을 어찌 알겠사옵나이까."

앞에서 예수님이 "나를 바라보기 전까지는 너희 마음이 근심할 것이다."라고 말씀하셨다면, 이제 그분은 "도마야, 너는 그 길을 바라보고 있지만 정작 보고 있지는 않구나."라고 말씀하고 계신다. "내가 곧 길이요 진리요 생명이니 나로 말미암지 않고는 아버지께로 올 자가 없느니라 너희가 나를 알았더라면 내 아버지도 알았으리로다 이제부터는 너희가 그를 알았고 또 보았느니라"(14:6-7).

이 말씀은 무슨 뜻인가? 이 젊은 유대 제자들에게 '길'은 무엇을 의미했을까? 모세 율법이 '할라카'(halakhah), 곧 길이었다. 형식주의와 율법주의에 빠지지 않은 (안타깝게도 자주 거기에 빠지곤 했다) 하나님 백성은 '토라'(율법)가 단순히 규칙과 규율 모음에 불과하지 않다는 것을 알았다. 토라는 복 있는 삶을 위한 안내서였다. 그래서 모세는 백성에게 "생명을 택하고"라고 촉구했으며(신 30:19), 시편은 '토라'를 따르는 복 있는 사람을 그린 시로 포문을 연다(시 1:1-2).

그럼에도 '토라'는 기록된 글의 형식으로 백성에게 주어졌다. 하지만 이제 (요한이 이미 서두에서 설명했듯이) 말씀이 육신이 되셨다! 그래서 예수님은 도마에게 이렇게 말씀하고 계신다. "도마야, 이제 내가 '할라카'라는 게 보이지 않니?" 그분은 진정한 '토라', 진정한 말씀, 진정한 길이시다.

그분이 곧 진리라고 말씀하실 때 우리 주님은 옛 언약의 율법과 그것이 권하는 생활 방식이 틀렸다고 암시하시는 것이 아니라, 그것이 예비적이고 임시적이라고 말씀하시는 것이다. 모세 율법은 약속된 메시아가 오시기 전까지만 하나님 백성에게 주어졌다.[1] 그러고 나서, 모세가 친히 기록했듯이, 하나님은 모세와 같지만 그보다 더 위대한 새로운 예언자를 일으키실 것이다. 온 백성이 다 그에게 귀 기울일 것이다(신 18:18). 그가 참 진리가 될 것이다.

도마는 아직 이 사실을 깨닫지 못했다. 하지만 우리는 도마보다 유리한데, 요한이 요한복음 첫 페이지부터 그 사실을 설명해 주고 있기 때문이다. "율법은 모세로 말미암아 주어진 것이요 은혜와 진리는 예수 그리스도로 말미암아 온 것이라"(요 1:17). 모세는 하나님의 '뒷모습'만 볼 수 있었다. 하나님의 얼굴은 보지 못했고(출 33:20) 하나님이 그분의 은혜에 대해 하시는 말씀만 들을 수 있었다(19절). 하지만 하나님의 말씀이신 주 예수님은 '하나님과 얼굴과 얼굴을 마주하셨던' 분이다. 그는 "아버지의 독생자의 영광이요 은혜와 진리가 충만하더라." 요한은 말하기를, '토라'는 모세를 통해 왔지만 '은혜와 진리'는 오셔서 우리와 '얼굴을 마주하셔서' "우리가 그의 영광을 보았다." 이제 살아 계신 말씀이 아버지를 우리에게 알려 주셨다(요 1:1-18).

요한은 예수님이 '토라', 곧 옛 언약의 '할라카'가 가리키는 실재임을 우리에게 가르쳐 주었다. 그분은 하나님의 어린양이시다(1:29). 그분은 옛 언약의 정화 의식에 사용하는 물을 포도주로 바꾸신다(2:1-11). 모세가 광야에서 뱀을 들어 올려 그것을 보는 사람들이 구원받았듯이 그분도 십자가 위로 들리신다(3:14). 그분은 하늘로부터 오신 참 떡이시다(6:32). 세상의 참 빛이요(8:12) 진정한 선한 목자시다(10:11).

아버지께 가는 길은 계명이나 규율 자체에 있지 않고, 그것들이 가리키는 분 안에 있다. 마치 우리가 어떤 사람을 보기 전에 때로 그의 그림자가 먼저 나타나듯이 말이다. "율법은 모세로 말미암아 주어진 것이요 은혜와 진리는 예수 그리스도로 말미암아 온 것이라"(1:17).

구약성경 율법은 은혜로우신 하나님이 주신 것이다. "나는 너를 애굽 땅, 종 되었던 집에서 인도하여 낸 네 하나님 여호와니라"(출 20:2). 하나님은 자비롭게도 그들의 죄를 덮어 줄 희생 제사들을 제정하셨다. 율법은 하나님의 은혜를 가리켰지만, 그것이 가리키는 은혜와 절대 동일시되도록 의도된 것은 아니었다. 은혜는 오직 예수 그리스도 안에만 있었다. 그분은 참된 은혜, 곧 진정한 은혜이시다(벧전 5:12).

어떤 의미에서 도마는 구약성경 전체가 제기한 질문을 던지고 있다. "여호와의 산에 오를 자가 누구며 그의 거룩한 곳에 설 자가 누구인가"(시 24:3). 이제 예수님이 그 답을 주신다. "도마야, 내가 생명을 주는 참 '할라카'다. 나를 믿는 믿음을 통해 너희가 아버지께 갈 수 있다!"

지금도 그 말씀은 사실이다. 율법은 우리가 살아갈 방법을 알려 준다. 하지만 그와 동시에 (바울이 잘 이해했듯이, 롬 7:7-13) 우리 죄도 드러낸다. 그러나 모세 율법 전체는 죄 사함의 대가가 얼마나 큰지를 생생하고 상징적으로 잘 묘사해 준다. 율법은 율법 자체가 아니라, 그 너머에 있는 예수 그리스도를 가리킨다. 앞서 요한은 세례 요한이 옛 언약 기간의 모든 선지자의 어깨에 서서 예수님을 가리키는 순간을 기록했다. "보라 세상 죄를 지고 가는 하나님의 어린양이로다"(요 1:29). 드디어 그림자가 사라지고 실체가 나타나기 시작했다.

이제 예수님은 그동안 암시하셨던 내용을 분명히 드러내신다. "나로 말미암지 않고는 아버지께로 올 자가 없느니라"(요 14:6).

중세 후기에 세워진 내 고향에 있는 대학의 좌우명은 라틴어 불가타 성경의 요한복음 14장 6절에서 가져왔다. "비아(Via), 베리타스(Veritas), 비타(Vita)." 성경 지식이 부족한 요즘 학생들은 이 말이 무슨 뜻인지 궁금할 수밖에 없다. 이 신성한 학문의 전당에서 (그런 것이 존재하기는 한다면) '진리'를 탐구함으로써 '삶'에서 자신의 '길'을 찾는 것이 고등 교육의 숭고한 목적인가? 이 표현이 성경에서 인용된 것이며 기독교 메시지를 담고 있다는 이유로 제거될 수도 있었겠지만, 많은 사람이 그 출처를 모르기 때문에 지금까지 살아남았는지도 모른다. 이 좌우명이 성경 구절 전체를 인용했다면(대학 설립자들은 모든 학생이 본능적으로 그 구절을 완성할 수 있으리라고 가정했을 것이다), 이미 오래전에 사라졌을 것이다.[2] 여기 인용된 분은 오직 자신만이 길이요 진리요 생명이며, 따라서 하나님께 가는 유일한 길이라고 말씀하고 계셨다. "나로 말미암지 않고는 아버지께로 올 자가 없느니라."

이 말씀을 읽고 있으면 일부 텔레비전 진행자들의 비웃음이 들리는 듯한 느낌이 들지도 모른다. 비하하는 기술에 숙달된 그들은 이렇게 묻는다. "설마 당신 말에 동의하지 않는 사람은 모두 천국에 갈 수 없다고 믿을 정도로 오만한 건 아니겠죠?" 그 말에 숨은 의미는 이렇다. "부끄러운 줄 아세요, 편협한 독선주의자 같으니!"

우리는 우리 속에 있는 소망에 관한 이유를 제시할 준비가 항상 되어 있어야 한다(벧전 3:15). 우리는 그 질문에 대해 진실성 있으면서도 여러 방식으로 대답할 수 있다.

첫째로, (당연하지만) 이 말씀을 주장한 사람은 우리가 아니다. 이는 '사랑의 사도'가 기록한 예수님 말씀이다.

둘째, (마찬가지로 당연하게도) 이분이 유일하게 아버지를 아는 하나님의 아들이라면 어떻게 될까?(마 11:27) 그분만이 우리를 아버지께 데려갈 수 있다고 말할 권리가 그분께 없는 것인가?

셋째(덜 당연할 수는 있지만, 마찬가지로 강력하다)는 이것이다. 우리를 그분께 데려가기 위해 하나님 아버지가 그분의 독생자를 보내 십자가에 죽게 하셔야만 했다면, 대체 누가 감히 다른 길을 만들 수 있다고 생각하겠는가? 도대체 어떤 혼탁한 구름이 내 마음을 뒤덮고 있기에 하나님이 다른 길을 찾지 않으셨다면 내가 그 어떤 다른 길을 찾을 수 있으리라 착각하는 것일까? 아버지가 하실 수만 있다면 그 아들을 (하나님께 버림받는 경험은 둘째 치고) 십자가 처형과 같은 고통에서 보호하실 다른 길을 선택하실 수 있다는 생각을 나는 한 번도 하지 못한 것인가?

오만은 다른 곳에 있다.

"이보세요, 그리스도인. 도대체 당신이 누구라고 생각하세요?"가 문제가 아니다.

문제는 이것이다. "도대체 당신이 누구기에, 하나님이 독생자의 십자가 죽음으로만 성취할 수 있다고 말씀하신 것을 스스로 이룰 수 있다고 믿나요?"

당신이 하나님의 심판대 앞에 서 있다고 잠시 상상해 보라. 아버지가 물으신다. "너는 어떻게 나의 하늘 보좌 앞에 나아오려 하는가?"

당신이 대답한다. "흠, 제 스스로 길을 찾아왔습니다."

아버지가 말씀하신다. "하지만 내 아들은 그가 유일한 길이고, 그로 말미암지 않고는 아버지께로 올 자가 없다고 말했는데."

"그런 말씀을 하셨다는 건 압니다. 그런데 제 생각에 그 말씀은 너무 배타적인 것 같아서 저 스스로 여기까지 오는 길을 찾았습니다."

여기서 우리 주님이 가르치신 논리를 따르자면, 대화는 이렇게 마무리될 것이다.

아버지는 이렇게 말씀하실 것이다. "내가 아들을 보내 십자가에 죽게 했다. 그에게 세상 죄를 지우고, 하늘의 의로운 진노를 쏟았다. 그리고 '나의 하나님, 나의 하나님, 어찌하여 나를 버리셨나이까' 하는 외침을 들었다. 너는 다른 방법이 있었다면 내가 이렇게 했으리라고 생각하느냐? 내 아들은 이렇게 기도했다. '아버지여, 만일 할 만하시거든, 십자가 말고 이들을 천국에 데려갈 다른 방법을 허락하소서. 이 잔을 내게서 지나가게 하옵소서.' 하지만 나는 아들에게 말했다. '내 아들아, 다른 길은 없다. 그들의 유일한 소망은 네가 이 잔을 마시고 그들의 죄에 대한 심판을 견디는 것이다. 다른 길은 없단다.' 다른 길이 있었다면 내가 그 길을 기필코 찾았을 것이라고 너는 생각하지 않느냐? 너는 왜 이렇게 해서 내 아들을 경멸하느냐?"

당신은 말한다. "하지만 저는 다른 길로 여기에 왔는걸요."

그러면 아버지는 말씀하실 것이다. "그래, 너는 하나님의 심판대에 도달했다. 하지만 너는 멸망으로 향하는 길에 있구나."

우리는 우리 자신을 위해서도, 길을 잃은 세상을 위해서도, 도마의 질문에 대한 예수님의 대답을 매우 진지하게 받아들여야 한다. 다른 길은 없다.

빌립

이제는 우리가 가끔 사복음서에서 볼 수 있는 또 다른 제자가 연관이 있지만 다른 질문을 던진다. "빌립이 이르되 주여 아버지를 우리에게 보여 주옵소서 그리하면 족하겠나이다"(요 14:8).

예수님의 반응에 실망한 기색이 있는가? "빌립아 내가 이렇게 오래 너희와 함께 있으되 네가 나를 알지 못하느냐 나를 본 자는 아버지를 보았거늘"(9절).

빌립은 도마와는 성격이 달랐다. 그는 자기 스스로 문제를 해결해 보려는 부류의 사람인 듯하다. 그러면서 그 과정에서 종종 예수님을 잊는 것 같다!

예수님의 공생애 초기에, 큰 무리가 그분을 따라서 갈릴리 바다를 건너갔다. 그들이 따라오는 모습을 보신 예수님이 빌립에게 물으셨다. "우리가 어디서 떡을 사서 이 사람들을 먹이겠느냐"(6:5).

빌립은 재빨리 셈을 해 보았다. 남자만 5천 명쯤 된다고 계산했다. "예수님, 이 사람들에게 모두 조금씩이라도 먹게 하려면, 한 사람의 1년 치 급여를 합쳐도 부족할 듯합니다!"

흥미롭게도, 요한은 예수님이 그분 자신이 어떻게 할지를 이미 아셨다고 말해 준다. 빌립이 이 문제에 어떻게 대처할지를 보려고 시험하고 계신 것이었다(6:6; 현명한 목회자라면 누구나 이따금 사용하는 방법이다). 빌립은 자기 나름의 계획을 세워 보았을까?

하지만 그가 할 수 있는 일은 아무것도 없었다. 오히려 안드레가 기지가 있었다. 그의 믿음이 조금 더 컸거나, 아니면 그저 그가 더 '사람들과 어울리기 좋아하는 사람'이어서 그랬을지도 모르겠다. 안드레는 자기 도시락을 기꺼이 나눠 먹으려는 소년을 찾았다.

빌립은 예수님이 물고기 두어 마리와 떡 몇 개로 수많은 군중을 먹이시는 모습을 지켜보았다. 그는 광야에서 만나를 주신 하나님 아버지가 예수님 안에 나타나신 것을 이미 보지 않았던가? "나를 본 자는 아버지를 보았거늘 … 내가 아버지 안에 거하고 아버지는 내 안에 계신 것을 네가 믿지 아니하느냐"(14:9-10).

빌립은 군중을 어떻게 먹일지 궁리해 보았지만, 예수님의 능력을 고려하지는 못했다. 그는 또다시 비슷한 실수를 저지르고 있었다. 이전에는 떡 문제에 대한 해결책이 생명의 떡이신 예수님(6:33)이라는 사실을 이해하지 못했다면, 이번에는 아버지를 보는 문제에 대한 해결책 또한 예수님이라는 사실을 이해하지 못하고 있었다.

그래서 예수님의 이번 대답에는 깊은 슬픔이 담겨 있다. 그분은 사실상 이렇게 말씀하셨다.

빌립아, 이번에도 똑같은 실수를 하고 있구나. 너는 여전히 내가 열쇠라는 사실을 잊은 채 수수께끼를 풀려 하고 있어! 이렇게 오랜 시간 너희에게 아버지가 어떤 분이신지 보여 주고, 그분을 너희에게 나타내 주었으면, 이제는 좀 깨달았어야지. 나는 평생 아버지 '안에서' 그분과 교제하며 살아왔다. 내가 말할 때 아버지의 목소리를 듣지 못하고, 내가 하는 일 가운데 아버지의 임재와 능력을 보지 못하였느냐? 빌립아, 누구든지 나를 본 사람은 아버지를 본 것이다.

요한복음 서문을 다시 떠올려 보자. "본래 하나님을 본 사람이 없으되 아버지 품속에 있는 독생하신 하나님이 나타내셨느니라"(1:18). 육신이 되신 말씀이신 예수님은 "아버지 품속에[*eis ton kolpon*]" 계셨다. "아버지와 친밀하게 밀착해 계셨다."라고 말해도 좋을 것이다. 예수님은 하나님 아버지와 매우 밀접한 관계이셨기에 그분을 '알게' 하실 수 있었다[요한은 헬라어 동사 '에세게오마이'(*exēgcomai*)를 사용하는데, 이는 주해를 뜻하는 영어 단어(exegesis)의 어원이기도 하다].

예수님을 본 사람은 아버지를 본 것이다. 여기서는 두 신적 위격이 혼동되지 않는다. 아버지와 아들은 위격은 다르지만, 본성에서는 하나이시다. 이 점은 우리 신학에서 매우 중요하다.

하지만 이 말씀은 개인 차원에서도 매우 중요하다. 이 말씀은 아버지의 성품이나 우리를 향한 그분의 태도에서 우리가 예수님에게서 보는 것과 다른 것은 아무것도 없음을 암시한다. 우리는 그분께 숨겨진 무언가, 심지어 사악한 무언가가 있지는 않을지 두려워하지 않아도 된다.

예수님은 빌립과 다른 제자들에게 그 사실을 믿어야 할 모든 증거를 허락하셨다. 그래서 빌립에게 이렇게 말씀하신다. "내가 아버지 안에 거하고 아버지는 내 안에 계신 것을 네가 믿지 아니하느냐 내가 너희에게 이르는 말은 스스로 하는 것이 아니라 아버지께서 내 안에 계셔서 그의 일을 하시는 것이라"(14:10).

그러고 나서 모두에게 말씀하신다. "내가 아버지 안에 거하고 아버지께서 내 안에 계심을 믿으라 그렇지 못하겠거든 행하는 그 일로 말미암아 나를 믿으라"(11절).

예수님의 사역과 말씀은 "하나님과 함께 계[신] 이 말씀 … 아버지 품속에 있는 독생하신 하나님"으로부터만 나올 수 있다. 빌립은 그분이 "하나님을 알려 주[신]"(새번역) 것을 아직 보지 못했는가?(1:1, 18)

혼란스러운 말씀

이 단락은 예수님의 또 다른 "진실로 진실로" 표현으로 마무리된다. 하지만 그분 말씀은 요한복음 독자들을 혼란에 빠뜨릴 때가 많았다. 그분이 하신 말씀을 생각해 보면 그리 놀라운 일도 아니다. "내가 진실로 진실로 너희에게 이르노니 나를 믿는 자는 내가 하는 일을 그도 할 것이요 또한 그보다 큰 일도 하리니 이는 내가 아버지께로 감이라 너희가 내 이름으로 무엇을 구하든지 내가 행하리니 이는 아버지로 하여금 아들로 말미암아 영광을 받으시게 하려 함이라 내 이름으로 무엇이든지 내게 구하면 내가 행하리라"(14:12-14).

이는 모든 상황에 예외 없이 적용되는 포괄적인 약속인가? 그렇다면, 온갖 종류의 의문이 떠오른다. 특히 이런 질문 말이다. '우리도 예수님이 하신 일, 심지어 그보다 더 큰 일을 할 수 있어야 하는가?'

그 답은 물론 아니올시다. 바울이 "다 능력을 행하는 자이겠느냐 다 병 고치는 은사를 가진 자이겠느냐"(고전 12:29-30)라고 질문했을 때도 그는 부정적인 대답을 기대했다.[3]

물론, 텔레비전을 틀어 적당한 채널로 돌리면 그런 능력이 있다고 주장하는 사람들을 거의 매일 볼 수 있다. 그들은 대개 대형 공연장에서 수많은 스태프에 둘러싸여 있다. 이들의 '큰 일'은 대체로 제한적인 성격을 띤다. 이들의 신학은 기독교 교회의 과거 2천 년 정통과는 대개 거리가 멀다. 그리고 안타깝게도, 이들의 생활 기준은 주 예수님과 사도들, 대다수 평범한 그리스도인 신자들의 특징인 소박함과 겸손함과는 거리가 멀다.

우리가 화려하고 극적인 것에 쉽게 감탄하는 것을 아시는 주님은 산상수훈의 결론에서 진지하게 경고하셨다. "나더러 주여 주여 하는 자마다 다 천국에 들어갈 것이 아니요 다만 하늘에 계신 내 아버지의 뜻대로 행하는 자라야 들어가리라 그날에 많은 사람이 나더러 이르되 주여 주여 우리가 주의 이름으로 선지자 노릇하며 주의 이름으로 귀신을 쫓아내며 주의 이름으로 많은 권능을 행하지 아니하였나이까 하리니 그때에 내가 그들에게 밝히 말하되 내가 너희를 도무지 알지 못하니 불법을 행하는 자들아 내게서 떠나가라 하리라"(마 7:21-23).

그래서 (심지어 예수님의 이름으로) 귀신을 쫓아내고 많은 권능을 행하는 것은 "불법을 행하는 자들"의 업적일 수 있다.

그러나 여기 나오는 예수님 말씀이 그분처럼 기적을 행하거나 치유를 베푼다는 포괄적 약속이 아니라면, 우리는 그 말씀을 어떻게 이해해야 할까? 어쨌든 그분은 "나를 믿는 자는" 그분이 하신 일을 하고 "그보다 큰 일"도 한다고 말씀하시지 않았는가.

많은 해석자가 채택한 한 가지 관점은, 예수님이 여기서 사도들이 그분보다 더 많은 사람이 그리스도에 대한 믿음으로 나아오는 것을 보게 되리라는 사실을 언급하고 계시다는 것이다.

하지만 본문을 더 자세히 들여다보면 다른 해석이 나올 수도 있다. 이 본문을 읽으면서 다음과 같은 사실을 기억하는 것이 중요하다는 점은 이미 강조했다. 예수님이 말씀하신 대상은 우리가 아니다. 우리는 그 자리에 있지 않았다. 따라서 주님이 말씀하신 모든 내용이 사도들에게 적용된 것과 똑같이 우리에게 적용된다고 가정할 수 없다.

이를 염두에 두고 예수님 말씀에 나오는 변화를 주목해 보자. "내가 … **너희**에게 이르노니 (1) 나를 믿는 자는 내가 하는 일을 그도 할 것이요"(12절). "[내가 … **너희**에게 이르노니] (2) **너희**가 내 이름으로 무엇을 구하든지 … 무엇이든지 내게 구하면…"(13-14절).[4]

예수님은 구체적으로 사도들에게 말씀하고 계신다는 점을 강조하시는 듯하다. 13절에 나오는 "너희"가 바로 사도들이다. 따라서 우리는 12절에 나오는 "그"와 "너희"도 사도들을 가리킨다고 이해해야 한다. 그렇다면, 12절에서부터 14절에 이르는 단락은 다락방에서 예수님 말씀을 듣던 사람들, 곧 사도들에게 주어진 약속이다. 그래서 다음 원리가 도움이 된다. 예수님이 이 말씀을 하실 때 들은 사람들은 다락방에 남아 있던 열한 사도뿐이다. 그분은 특별히 그들에게 말씀하고 계신다. "사랑하는 제자들아, 근심하는 너희에게 강조하는데, 내가 이제 막 너희에게 권한 그대로 믿는 사람은 누구든지 … 너희가 내게서 목격한 일보다 더 큰 일도 할 것이다. … 정말로 너희가 무엇을 구하든 … 내가 행할 것이다!"

앞에서 이미 주목한 내용을 잊지 말자. 우리는 마치 우리가 거기에 그분과 함께 있었던 것처럼 예수님이 말씀하신 모든 내용이 우리에게 하시는 말씀이라고 가정해서는 안 된다. 우리는 거기에 없었고, 사도도 아니다.[5]

우리는 예수님의 어떤 말씀은 모든 사람이 아니라 특정한 개인을 대상으로 한 것임을 본능적으로 이해한다. 확실한 예를 한 가지 들자면, 예수님이 젊은 부자 관원에게 하신 말씀이 그렇다. 예수님은 그에게 모든 소유를 팔아 가난한 자들에게 나누어 주고 그분을 따르라고 명령하신다(눅 18:22).

마찬가지로, 예수님은 제자들에게 성령님을 받을 때까지 예루살렘에 머물러 있으라고 말씀하셨다(눅 24:49).

이 말씀에도 우리에게 적용할 점이 있다는 것을 안다. 하지만 예수님이 모든 사람에게 전 재산을 팔고 그분을 따르라거나 우리가 예루살렘에 머물러 성령님을 받아야 한다고 말씀하신다고는 생각하지 않는다.

따라서 다시 한번 여기서 우리에게 도움이 되는 원리는 예수님이 하신 이 말씀을 들은 사람들은 남아 있던 열한 제자뿐이라는 것이다. "나를 믿는 자는…"이라는 예수님 말씀은 모든 사람을 향한 것이 아니라, 앞서 그분을 믿으라고 촉구했던 사람들을 향한 것이다(요 14:1).

이 말씀이 일반적인 약속이 아니라 사도들의 삶에서 성취된 구체적인 예언임을 깨닫는다면, 이런 해석은 더욱 확증된다. 제자들은 실제로 예수님이 하신 일을 행했다. 그리고 그분의 약속대로, "그보다 큰 일"도 했다.

사도행전은 그들이 얼마나 많은 사람을 고쳐 주었는지 묘사한다(3:7, 16; 5:14-16; 8:6-7; 9:34-41; 14:8-10; 19:9-12; 28:8-9). 그뿐만 아니라, 사도행전은 예수님의 공생애 사역 동안 믿음을 갖게 된 상대적으로 적은 수의 사람들과 비교해 많은 사람이 믿음을 갖게 되었다고 말한다. 예수님은 단 한 번의 설교 후에 3천 명이 하나님 나라로 나아오거나 누가가 초기 교회 초반에 기록한 수적 부흥은 보지 못하셨다

(2:41, 47; 4:4; 5:14; 6:7; 9:31; 11:21, 24; 12:24). 그렇게 예수님의 예언-약속은 성취되었다. 사도행전을 보면, 이 모두가 기도 응답인 것도 확실하다(1:4; 2:42; 4:24-31). 제자들은 그리스도의 뜻을 따라 그분의 이름으로 기도했고 그들에게 이루어졌다!⁶⁾

이제 예수님의 예언-약속이 그분의 가르침을 담은 단락 전체에 들어맞는다는 사실이 분명해진다. 이 단락은 근심하는 제자들로 시작했지만, 이제 그들은 자신들을 격려하는 구체적인 약속을 받았다.

갈릴리 바다에서 위기를 겪은 이후, 제자들이 지금처럼 감당하기 힘든 상황을 맞은 적은 없었다. 그들 삶의 모든 목적, 모든 희생, 모든 희망이 무너져 내리고 있었다. 주님이 그들을 떠나시려는 것이다! 알 수 없는 미래의 언젠가 다시 돌아오겠다는 약속이 곧 닥칠 그분의 빈자리를 메워 줄 수는 없었다. 그들은 어떻게 해야 할까? 이제는 의지할 사람이 아무도 없었다.

여기 예수님의 대답이 있다. 제자들은 오늘 밤 근심에 휩싸일 필요가 없을뿐더러, 오히려 미래에 하나님이 하실 큰 일에 안심해야 한다. 주님은 계속해서 (새롭고 놀라운 방식으로) 그들과 함께 계실 것이다. 주님의 일은 (더 큰 방식으로) 계속될 것이다. 예수님은 "세상에 있는 자기 사람들을 사랑하시되 끝까지 사랑하시니라"(요 13:1).

믿기지 않는가? 아마 그랬을 것이다. 하지만 그것이 바로 예수님이 그분을 믿으라는 권면으로 이 가르침을 시작하고 마무리하시는 이유다(요 14:1, 12). 제자들이 예수님을 믿는다면(그들은 그렇게 했다) 그분이 그들을 통해 놀라운 일을 이루시는 모습을 보게 될 것이다.

여기 끝없이 놀라운 사실이 있다. 우리 주님은 너무나도 큰 고난과 고통, 굴욕을 겪으실 것이다. 사람들이 그분을 배신하고 거부하고 버리고 수치를 주고 때리고 십자가에 못 박을 것이다. 그분은 한두 시간 내에 겟세마네 동산에서 하나님 앞에 엎드려 피할 길을 달라고 구하게 될 것을 아신다. 하지만 이런 참담한 부담을 느끼시면서도, 제자들을 위로하고 격려하기 위해 이 말씀을 전하신다.

그런데 "예수 그리스도는 어제나 오늘이나 영원토록 동일하시니라"(히 13:8)라는 사실을 안다는 것은 우리에게도 놀라운 일이다.

6. 삼중 영

요한복음 14장 15-31절

¹⁵ 너희가 나를 사랑하면 나의 계명을 지키리라 ¹⁶ 내가 아버지께 구하겠으니 그가 또 다른 보혜사를 너희에게 주사 영원토록 너희와 함께 있게 하리니 ¹⁷ 그는 진리의 영이라 세상은 능히 그를 받지 못하나니 이는 그를 보지도 못하고 알지도 못함이라 그러나 너희는 그를 아나니 그는 너희와 함께 거하심이요 또 너희 속에 계시겠음이라 ¹⁸ 내가 너희를 고아와 같이 버려두지 아니하고 너희에게로 오리라 ¹⁹ 조금 있으면 세상은 다시 나를 보지 못할 것이로되 너희는 나를 보리니 이는 내가 살아 있고 너희도 살아 있겠음이라 ²⁰ 그날에는 내가 아버지 안에, 너희가 내 안에, 내가 너희 안에 있는 것을 너희가 알리라 ²¹ 나의 계명을 지키는 자라야 나를 사랑하는 자니 나를 사랑하는 자는 내 아버지께 사랑을 받을 것이요 나도 그를 사랑하여 그에게 나를 나타내리라 ²² 가룟인 아닌 유다가 이르되 주여 어찌하여 자기를 우리에게는 나타내시고 세상에는 아니하려 하시나이까 ²³ 예수께서 대답하여 이르시되 사람이 나를 사랑하면 내 말을 지키리니 내 아버지께서 그를 사랑하실 것이요 우리가 그에게 가서 거처를 그와 함께하리라 ²⁴ 나를 사랑하지 아니하는 자는 내 말을 지키지 아니하나니 너희가 듣는 말은 내 말이 아니요 나를 보내신 아버지의 말씀이니라 ²⁵ 내가 아직 너희와 함께 있어서 이 말을 너희에게 하였거니와 ²⁶ 보혜사 곧 아버지께서 내 이름으로 보내실 성령 그가 너희에게 모든 것을 가르치고 내가 너희에게 말한 모든 것을 생각나게 하리라 ²⁷ 평안을 너희에게 끼치노니 곧 나의 평안을 너희에게 주노라 내가 너희에게 주는 것은 세상이 주는 것과 같지 아니하니라 너희는 마음에 근심하지도 말고 두려워하지도 말라 ²⁸ 내가 갔다가 너희에게로 온다 하는 말을 너희가 들었나니 나를 사랑하였더라면 내가 아버지께로 감을 기뻐하였으리라 아버지는 나보다 크심이라 ²⁹ 이제 일이 일어나기 전에 너희에게 말한 것은 일이 일어날 때에 너희로 믿게 하려 함이라 ³⁰ 이후에는 내가 너희와 말을 많이 하지 아니하리니 이 세상의 임금이 오겠음이라 그러나 그는 내게 관계할 것이 없으니 ³¹ 오직 내가 아버지를 사랑하는 것과 아버지께서 명하신 대로 행하는 것을 세상이 알게 하려 함이로라 일어나라 여기를 떠나자 하시니라

종교개혁기의 가장 유명한 작품은 책보다는 아마도 팟캐스트 녹취에 가까웠을 것이다. 사람들은 그것을 가리켜 『탁상 담화』(Table Talk)라고 하는데, 말한 사람은 바로 마르틴 루터다.

16세기 신학교 교수의 생활은 많은 면에서 오늘날과 달랐다. 루터 교수와 그의 아내 케이티는 한 번에 학생 십여 명을 '거두었다.' 식사 시간이면 루터는 편안하게 (하지만 그는 여전히 가르치는 사람이었다) 끝없이 이어지는 주제들에 대한 자신의 관점을 (가끔은 지나치다 싶을 정도로) 자유로이 표현하곤 했다. 학생들은 그의 말을 기록으로 남길 방법을 찾아냈다.

요한복음 13-17장은 예수님이 수난받으시던 날 저녁에 신실한 열한 제자에게 남긴 탁상 담화라고 할 수 있다. 그분의 말씀은 요한의 기억에 영구히 저장되었다. 요한이 이날 저녁을 기록한 내용 중에 이즈음에서, 예수님은 이제 막 그분이 아버지께로 가는 (사실상 유일한)

길이라고 말씀하셨다. 자신이 아버지께로 가는 것은 그들을 위해 거처를 마련하러 가는 것이라고 제자들을 안심시키셨다. 따라서 제자들은 현재 상황에 압도되어 근심할 필요가 없다.

그럼에도 제자들의 분위기는 침울하다. 주님이 그들을 떠나려 하시기 때문이다.

나중에 예수님은 그분이 떠나는 것이 그들에게 '유익'하다고 직접 말씀하실 것이다. 그리고 그 이유도 설명해 주실 것이다. 그분이 떠나시지 않으면 "보혜사가 너희에게로 오시지 아니할 것이요"(16:7).

이 말씀은 제자들에게 크게 위로가 되지 않았을 것이다. 그분이 떠나는 것이 '유익'하기는커녕 그것을 상쇄할 만한 것이 있다고 상상할 수 없었기 때문이다. 제자들이 그 사실을 받아들이기 위해서는 전반적인 패러다임 전환이 필요할 것이다. 예수님이 이 말씀을 하신 후에도, 제자들은 그들이 지금은 '감당하지' 못하는 사실을 더 알아야 했다(16:12). 하지만 사실 이들은 미래에 알게 될 사실은 고사하고, 지금 예수님이 말씀하고 계신 내용도 감당하기 힘들었다.

패러다임 전환

이를 아신 우리 주님은 제자들을 가르치실 때 그분 특유의 인내와 지혜를 보여 주신다. 여기서 예수님은 그분이 떠나는 것이 그들에게 '유익'하다고 말씀하시기 전에, 성령님이 오실 것을 말씀하시면서 그 길을 준비하신다.

스코틀랜드에는 이런 속담이 있다. "어떤 것들은 말로 듣는 것보다 직접 느끼는 것이 더 낫다"(백문이 불여일견). 그렇지 않으면, 우리는 사람들에게 보지도 않은 장면이나 맡아 보지 못한 향을 설명하게 된다.

그래서 여기 요한복음 14장 15-31절에서 예수님은 나중에 제자들에게 말씀하실 내용에 대비한 사전 작업을 하고 계신다. 그분은 제자들을 떠나실 것이다. 그분이 떠나시는 것은 그들의 유익을 위해서다. 그렇지 않으면, 보혜사 성령님이 그들에게 오시지 않을 것이다. 예수님이 떠나시면, 성령님을 그들에게 보내실 것이다.

주님이 '유익'이라는 단어를 사용하시자 제자들이 안심했을 것 같은가? 아니었을 것이다. 제자들 귀에는 '떠난다'라는 말만 '들렸을' 것이다. 그분의 빈자리를 대체할 것은 아무것도 없었다. 제자들이 보기에, 보혜사라는 존재는 예수님의 부재를 대체하기에는 형편없고 부적절했다. 그들은 성령님이 예수님의 영으로 그들에게 임하시리라는 사실을 이해하지 못한다. 아니, 이해할 수 없었다. 그들은 예수님의 33년 사역 기간 내내 그들의 주님과 함께 계셨던 동일한 성령님이 그들에게 내주하신다는 의미를 아직 깨닫지 못한다. 제자들은 예수님을 잃는 것이 아니라, 새롭고 더 친밀한 방식으로 그분을 얻을 것이다! 하지만 성령님이 어떤 분인지 깨닫기까지, 예수님의 떠남이 어떤 식으로든 그들에게 유익하다는 생각은 말도 안 되는 이야기라고 생각할 것이다.

우리는 제자들이 어떻게 느꼈을지 이해하고도 남는다. 당신이라면 둘 중에 어느 편을 택하겠는가?

1. 예수님이 당신 곁에 계셔서 그 목소리를 듣고, 그 얼굴을 보고, 그 눈의 색을 구별하며, 그 몸짓과 표정의 특징을 지켜보는 등 그분의 모든 것을 느낄 수 있다.

혹은

2. 성령님이 당신과 함께하신다.

당신이라면 예수님이 곁에 있는 편을 택하지 않겠는가?
그렇다면, 당신은 사도들이 예수님의 떠나심과 성령님의 오심을 '유익'으로 생각하기가 얼마나 힘든지 이해할 수 있다. 제자들은 그런 계산을 할 수 없었다. 그래서 지금 예수님의 가르침은 제자들의 사고를 재조정할 새로운 패러다임을 위한 사전 준비 작업이다.

보혜사(Helper)

예수님은 사도들이 도움을 받을 것이라고 약속하신다. "내가 아버지께 구하겠으니 그가 또 다른 보혜사를 너희에게 주사 영원토록 너희와 함께 있게 하리니 그는 진리의 영이라 세상은 능히 그를 받지 못하나니 이는 그를 보지도 못하고 알지도 못함이라 그러나 너희는 그를 아나니 그는 너희와 함께 거하심이요 또 너희 속에 계시겠음이라"(요 14:16-17).

"또 다른 보혜사"라는 말은 헬라어 '알로스 파라클레토스'(allos paraklētos)를 번역한 것이다. '파라클레토스'는 '곁에[para] 불려서[klētos]' 돕고 격려하고 조언하는 자라는 뜻이다.

'또 다른'(another)을 뜻하는 영어 단어는 두 가지 의미가 가능하다. (1) '같은 종류의 다른 것'("저 초콜릿 칩 쿠키가 참 맛있는데, 다른 것도 하나 더 먹을 수 있을까요?"), (2) '다른 종류의 다른 것'("제가 땅콩 알레르기가 있어서요. 다른 쿠키도 있을까요?").

하지만 '또 다른'이라는 의미의 헬라어에는 각기 다른 두 단어가 있다. '알로스'는 같은 종류의 다른 것을 가리키고, '헤테로스'(heteros)는 (갈 1:6에서처럼) 다른 종류의 다른 것을 가리킨다.

어떤 언어든, 시간이 흐르면서 단어는 그 독특한 의미를 잃어버리고 사전적 정의보다 더 느슨하게 사용되는 경우가 많다(심지어 새로운 의미가 생기기도 한다). '알로스'와 '헤테로스'도 마찬가지였던 것 같다. 하지만 여기서는 형식적 구분을 분명히 유지하고 있다. 예수님이 '알로스 파라클레토스'를 보내신다고 말씀하실 때는 '너희가 이미 알고 경험한 돕는 자와 똑같은 종류의 또 다른 돕는 자'라는 의미다. 그 원래 돕는 자는 바로 예수님이셨다. 그분은 이렇게 말씀하고 계신다. "내가 나와 같은 종류의 돕는 자를 보낼 것이다."

하지만 그러고 나서 예수님은 놀라운 말씀을 덧붙이신다. 이 '또 다른' 파라클레토스는 (예수님이 그러셨던 것처럼) 그들과 함께 거할 뿐 아니라, 그들 속에 계시고 영원히 그들과 함께하실 것이다!

요한복음의 독자인 우리는 미래에 벌어질 일을 이 단계의 제자들보다 더 많이 안다. 우리는 나머지 신약성경을 통해 제자들이 예수님을 잃는 것이 아니라 새롭고 더 친밀한 방식으로 얻게 된다는 사실을 안다. 오실 보혜사는 예수님처럼 그들과 함께 사실뿐더러, 그들 속에 영원히 계실 것이다!

우리 주님은 제자들에게 이 사실을 자세히 설명해 주신다. 그들이 계속해서 사랑으로 예수님께 순종하면, 하나님의 목적이 드러날 것이다. 제자들은 고아처럼 될까 봐 두려워한다. 하지만 오히려 그 반대다. 이제 그들은 아버지와 아들의 사랑을 모두 맛볼 것이기 때문이다(14:21, 23). 예수님이 그들 가운데 행하셨던 사역이 사라지는 것이 아니라, 그들은 그 사역을 영원히 체험할 것이다. 그들이 현 상황을 깨달을 수만 있다면, 두려워하지 않고 오히려 기뻐할 것이다(27-28절).

그렇다면 제자들의 보혜사로 오실 이 '알로스 파라클레토스'는 누구인가? 요한복음 14장 15-31절에는 그분이 하시는 사역을 묘사한 세 그림이 엮여 있다.

보혜사(Counselor)

성령님은 그들을 돕는 자로 오실 텐데, 이는 그가 그들의 보혜사가 되어 그들을 격려하고 조언해 주실 수 있다는 의미다.

예수님은 공생애 기간 내내 제자들의 위로자가 되어 주셨다. 그분은 지금도 다락방에서 그들을 위로하고 계셨다. 주님은 제자들에게 근심하지 말라고 위로하셨다. 그들의 질문에 답하시면서 그들의 오해를 부드럽게 바로잡아 이해로 인도해 주셨다. 이제 예수님은 성령님이 계속해서 그들 삶에서 그 역할을 해 주실 것이라고 약속하신다.

하지만 '파라클레토스'라는 단어에는 언뜻 봐서는 확연히 다가오지 않는 숨은 뜻이 있다. 이 단어는 신약성경에서 요한만 다섯 차례 사용하는데, (한 번의 예외를 제외하고는) 요한복음에서 성령님을 언급하는 장에만 등장한다(14:16, 26; 15:26; 16:7).

그 한 번의 예외가 중요한데, 요한이 이 단어를 사용할 때 담긴 특별한 뉘앙스를 우리가 포착하도록 도와주기 때문이다. 요한일서에 이런 말씀이 나온다. "만일 누가 죄를 범하여도 아버지 앞에서 우리에게 대언자['파라클레토스']가 있으니 곧 의로우신 예수 그리스도시라"(요일 2:1).[1)]

그리스도인에게는 두 파라클레토스가 있다. 그들 속에 내주하시는 성령 하나님과 아버지 우편에 계신 성자 하나님이시다! 바울은 같은 내용을 다르게 표현한다. 내주하시는 성령님이 성도들을 위해 간구하시며, 주 예수님도 하나님 우편에서 우리를 위해 간구하신다(롬 8:26, 34).

영어 성경은 거의 예외 없이 요한일서 2장 1절을 '대언자'로 옮긴다. 이 단어는 법적 함의가 있다. '파라클레토스'는 우리의 대언자이 시기에 우리를 돕는 자요, 격려하는 자요, 위로자이자 보혜사시다.

법률 사무소에서 받은 편지지에 쓰여 있을 법한 단어를 생각해 보자. '법률 대리인.' 이는 전통적으로 변호사를 가리키는 말이다. 법과 관련된 문제에서 당신을 대신하여 행동할 자격을 갖춘 사람, 당신을 대언할 사람 말이다. 필요하다면, 법정에서 사건을 변호하고 피고 측 변호인 역할을 한다.

예수님은 제자들을 위해 '파라클레토스' 역할을 담당하셨다. 이 땅에서 사역하시는 동안 그들의 '사건을 맡아 변호해' 주셨다. 아버지 우편으로 가시는 주님은 그분의 소송 사건을 잊지 않으실 것이다. 하지만 제자들에게 이 땅에서 대언자가 필요하다는 것도 아신다. 그들은 격려와 현명한 조언이 필요할 것이다. 어떻게 하면 신실하게 그리스도인으로 살아갈 수 있는지 알아야 할 것이다. 예수님이 떠나시면 누가 그런 조언을 해 줄 것인가? 예수님은 성령님이 오셔서 그분이 시작하신 사역을 계속해 나갈 것이라고 그들을 안심시키신다.

하지만 오늘날 세상의 법률 대리인과 예수님 시대의 같은 역할에는 중대한 차이가 있다.

요즘에는 법적 조언이 필요한 사람이 시내 사무실을 찾아가는데, 거기 간판에는 두세 사람 혹은 그 이상의 이름이 적혀 있다. 가장 연차가 낮은 변호사도 시간당, 심지어는 5분 간격으로 수임료를 받게 되어 있으므로, 사람들은 상당한 재정 지출을 예상해야 한다! 법률은 전문 직업이어서 규정, 기준, 수임료가 모두 문서로 명시되어 있다.

사복음서에 나오는 '율법 교사'(lawyer)라는 단어를 보고 1세기의 변호사로 오해할 수도 있다. 하지만 복음서에 나오는 해당 단어는 법정에서 변호하는 사람이 아니라 '율법학자'라는 의미다. 그래서 복음서에 나오는 율법 교사들은 모세 율법의 의미를 토론하고 예수님께 그 해석에 대해 질문하기를 좋아했다. "내 이웃을 사랑해야 한다고 하는데, '이웃'은 도대체 누구입니까?", "가장 큰 계명이 무엇입니까?" 같은 식이다.

따라서 율법 교사는 당신이 곤란한 상황에 빠졌을 때 변호해 주는 사람이 아니라 율법을 해석하는 사람이다. 율법 교사는 '파라클레토스'가 아니었다. 판사 앞에서 당신을 대언해 줄 사람, 곧 '파라클레토스'가 필요하다면, 가까운 친구에게 부탁했다. 그는 당신을 잘 알기에 믿을 만한 증언을 해 줄 수 있을 것이다. 당신의 가장 오랜 친구에게 이렇게 부탁해 볼 수 있을 것이다. "내 파라클레토스가 되어 날 좀 도와줄 수 있어? 내 조언자가 되어 줄 수 있을까? 곤란한 일이 생겼는데, 네가 나를 대신하여 변호해 주면 좋겠어." 그런 친구는 법정에서 당신을 대신해 이렇게 말해 줄 수 있을 것이다. "사실을 말씀드리자면, 제 친구는 죄가 없습니다. 저만큼 이 친구를 아는 사람도 없습니다. 평생 이 친구를 알아 왔으니까요. 저를 믿으셔도 좋습니다. 믿어 주세요!"

"진리의 영"(요 14:17)도 마찬가지인데, 먼저 예수님과의 관계에서, 그다음에는 제자들과의 관계에서 그렇다. 정말로 성령님은 예수님의 가장 오래되고 가까운 '친구'이셨다.

한번 생각해 보자. 성령님은 주 예수님이 동정녀 마리아에게 잉태되셨을 때 적극적으로 역사하셨다(마 1:20; 눅 1:35). 성령님은 예수님이 어린 시절에 지혜가 자라며 하나님께 사랑스러워 가도록 역사하셨다(눅 2:52; 사 11:2-3을 보라). 예수님이 세례받고 시험을 받으실 때도 함께 계셨다(눅 3:22; 4:1). 성령님은 예수님의 공생애 기간 내내(눅 4:14, 18)와 귀신을 내쫓을 때(마 12:28)도 능력을 주셨다. 예수님은 성령님을 통해 자신을 아버지께 드렸고(히 9:14) 성령님의 능력으로 죽은 자들 가운데서 부활하셨다(롬 1:4). 성령님은 모태에서부터 무덤까지 예수님과 동행하셨다.

이 영이 예수님의 보혜사이셨다. 성령님은 예수님을 증언하셨다. 예수님의 생애 모든 단계에서 그분과 함께 계셨다. 성령님이야말로 그분을 가장 잘 아셨다. 성령님이 우리 주님의 '절친'이라고 해도 과장이 아닐 것이다.

성령님의 사역이 우리에게 그토록 중요한 까닭이 바로 그 때문이다. 성령님은 예수님을 가장 잘 아시고, 우리도 가장 잘 아신다. 예수님에 대해 어떻게 가르쳐야 할지, 예수님에게서 어떤 자원을 우리에게 가져다주셔야 할지를 아신다. 성령님은 예수님의 성품과 사역의 이런저런 측면을 번갈아 비춰 주시는 밝은 빛과 같아서 그분이 우리에게 필요한 바로 그 구세주이심을 보여 주신다.

얼마나 큰 유익인가! 예수님은 "나는 너희를 떠나지만 또 다른 보혜사, 곧 진리의 영을 보내 주겠다."라고 말씀하신다. 그분은 진리의 영이시기에 우리는 그분을 절대적으로 의지할 수 있다.

우리가 예수님을 사랑하고 공경하기를 원하는 것도 바로 그 때문이다. 법률 대리인이 고객에게 가서 조언을 주는 장면을 머릿속에 그려 보자. 성령님은 우리에게 이렇게 조언하신다. "그리스도께 시선을 고정하라. 그분이 얼마나 놀라우신 분인지 보라. 그분을 신뢰하고, 그분을 위해 살아가라. 그분을 실망하시게 하지 말라. 그분을 따르라. 평생 그분을 섬기라." 성령님의 사역 덕분에 우리는 이렇게 반응한다. "네, 그렇게 하고 싶습니다. 그렇게 할 수 있는 힘을 주세요!" 그래서 우리는 성령님의 지속적인 조언을 통해 계속해서 그리스도를 바라보고 사랑하고 섬길 수 있다.

그런데 여기서 예수님이 성령님의 사역을 묘사하며 사용하시는 또 다른 표현이 있다. 그것은 신학 용어로 표현되지는 않았고 우리에게 조금 낯설 수도 있지만, 그 중요성은 결코 덜하지 않다.

가정 관리자

예수님은 제자들의 보혜사이셨다. 이제 성령님이 그 역할을 이어 가실 것이다. 하지만 요한의 기억에 따르면, 앞서 그날 밤에 예수님은 그분을 제자들의 가정주부로도 언급하셨다.

가정 밖에서 따로 고용되지 않은 아내이자 엄마인 사람이 '직업' 칸을 채울 때 흔히 '주부'(homemaker, 가정 관리자)라고 쓴다. 이는 '가정주부'(housewife)라는 구식 표현보다 훨씬 만족스러운 단어다. 가정주부라는 말은 장소('가정')와 관계('아내')를 묘사했다. 하지만 이 사람이 무슨 일을 하는지는 설명해 주지 못했다. '가정 관리자'는 다르다. 이 말은 집을 가정으로 바꾸는 사람, 가족의 분위기를 만들어 내는 사람을 수많은 다른 방식으로 묘사한다.

이제 (예를 들어 교회 예배가 끝나고 나서) 어머니가 나머지 가족에게 다음과 같이 말하는 상황을 떠올려 보자. "손님이 올 거예요. 내가 먼저 가서 손님 맞을 준비를 할게요."

이게 바로 예수님이 제자들에게 말씀하신 역할이다! 예수님은 그들의 가정 관리자시다. "내 아버지 집에 거할 곳이 많도다 그렇지 않으면 너희에게 일렀으리라 내가 너희를 위하여 거처를 예비하러 가노니"(요 14:2).

제자들은 예수님이 너무 빨리 떠나신다고 생각한다. 그러나 예수님은 제자들에게 그분이 떠나시는 이유를 알려 주신다. 그분은 천국에서 그들의 가정 관리자가 되실 것이다.

제자들이 '그때 거기서는 괜찮겠지만 지금 여기서는 어쩌라는 말인지?'라고 생각했더라도 우리는 얼마든지 이해할 수 있다. 하지만 예수님은 그들에게 좋은 소식을 주신다. 성령님이 지금 여기에 그들의 가정 관리자로 오셔서, 그때 거기를 준비하게 하실 것이다!

"내가 너희를 고아와 같이 버려두지 아니하고 너희에게로 오리라"(14:18)라는 말씀이 그들(과 우리)에게 어떤 의미인지 생각해 보자. 제자들의 가정 관리자가 떠나시면 그들은 고아가 된 것처럼 느낄 수밖에 없다. 그런데 성령님이 오실 것이다. 그렇다면 오실 성령님은 어떻게 고아가 된 듯한 이 끔찍한 느낌을 없애 주실 것인가? 온갖 결점에도 불구하고 그들은 예수님을 진정으로 사랑했기 때문에 성령님이 오시면 그분의 약속을 그들에게 깨닫게 해 주실 것이다. "사람이 나를 사랑하면 내 말을 지키리니 내 아버지께서 그를 사랑하실 것이요 우리가[즉 아버지와 아들이][2] 그에게 가서 거처를 그와 함께하리라"(14:23).

이것은 성경이 묘사한 성령님의 사역 중에 가장 감동적인 장면 중 하나다. 예수님은 제자들에게 성령님을 보내셔서 아버지와 아들이 그들 삶에 거하게 하실 것이다!

이는 단순한 가정의 모습이다. 흔히 "집이 최고"라고들 한다. 하지만 집 안 분위기가 냉랭하거나 어색할 때도 있어서 환영받는다는 느낌을 받지 못한다. 집을 떠날 때가 되면 안심이 될 정도다. 그런가 하면 사랑이 충만한 분위기의 가정도 있어서, 그들의 열린 환대가 우리를 따뜻하게 감싸 준다. "집처럼 편히 있어."라는 말이 있다. 너무 편한 나머지 시간 가는 줄 모를 때가 있다.

이것이 바로 성령님의 사역과 비슷하다. 그분은 우리가 하나님을 편안하게 느끼게(고아처럼 느끼지 않도록) 도와주실 뿐 아니라, 우리를 변화시키셔서 아버지가 아들에게 "거기 있으면 얼마나 편한지 몰라. 너도 그렇지 않니?"라고 말씀하실 법한 사람이 되게 하신다.

그러나 여기에 함의된 도전도 있다. 예수님이 왜 그분을 제자들에게만 나타내시고 세상에는 나타내지 않으시느냐는 유다의 질문에 답하면서 설명하신 대로, 이런 일이 자동으로 일어나지는 않는다.[3] 그분은 오셔서, 아버지와 함께, 그분을 신뢰하고 사랑하며 순종하는 사람들과만 거처를 함께하신다(14:21, 23).

그게 바로 당신인가?

성령님의 사역을 '가정 관리자'로 묘사한 그림은 두 가지를 더 암시한다.

첫째, 이 표현은 그리스도인의 삶에 역경과 도전이 많은 사실을 설명하는 데 도움이 된다. 성령님은 우리를 성부 하나님과 성자 하나님이 편안하게 거하실 가정으로 변화시키고 계신다. 그러려면 대대적인 재건축과 정기적인 대청소가 필요하다. C. S. 루이스(C. S. Lewis)가 그 점을 생생하게 잘 묘사했다.

여러분 자신이 살아 있는 집이라고 상상해 보십시오. 하나님이 오셔서 그 집을 다시 지으려 하십니다. 처음에는 그분이 하시는 일이 이해될 것입니다. 그분은 하수구를 고치고 지붕에 새는 곳들을 막는 등의 일들을 하십니다. 이런 일들은 필요한 일이므로 놀랄 필요가 없습니다. 그런데 얼마 안 가 집을 마구 때려 부수기 시작하는데, 지독하게 아플 뿐 아니라 도무지 이해할 수가 없습니다. 도대체 그분은 무슨 짓을 하고 계신 것입니까? 그분은 여러분의 생각과 영 다른 집을 짓고 계십니다. 여기에는 한쪽 벽을 새로 세우고 저기에는 바닥을 더 깔고 탑을 새로 올리고 마당을 만드십니다. 여러분은 보기 좋은 작은 오두막집을 생각했습니다. 그런데 그분은 궁전을 짓고 계십니다. 그분은 친히 그 궁전에 살 작정이십니다.[4]

하지만 둘째로, 성령님을 가정 관리자로 생각하는 것은 적절하다.

서구 세계에서 직장에 고용되지 않은 여성이 "무슨 일을 하십니까?"라는 질문에 "주부입니다."라고 대답하면, "아, 직업이 없으시군요."라거나 "다른 일은 안 하시는군요."라는 반응에 모욕을 느낄 수도 있다. 그런 반응은 가정 관리가 하는 일의 전부인 사람은 별 가치가 없다는 뜻을 내포하기 때문이다.

그런데 예수님이 그분의 '절친'을 가정 관리자로 묘사하셨다니, 만세삼창이라도 해야 할 것 같다. 성령님은 주부처럼 자신에게 관심을 집중시키시지 않는다. 성령님은 자신이 아니라 예수님의 영광을 나타내기를 원하시며(16:14), 아버지와 아들이 편안히 거하실 수 있도록 사람들을 변화시키신다. 사랑이 넘치는 가정의 가족들은 주부를 잘 알고 많이 사랑하고 사모하기까지 한다. 그 가정의 행복이 그에게 달려 있기 때문이다. 물론, 성령님은 자신이 아니라 예수님을 영화롭게 하신다. 하지만 그것이야말로 우리가 성령님의 사역을 소중히 여겨야 할 또 다른 이유다. 주후 325년에 니케아 신조를 작성한 교부들이 "[성령이] 아버지와 아들과 더불어 찬송과 경배를 받으시며"라고 고백한 것도 당연하다.

이렇게 성령님은 대언자와 가정 관리자이신 그리스도의 사역을 이어 가실 것이다. 그리고 중요한 것은, 주님의 사역에서 세 번째 차원 역시 성령님이 이어 가신다는 점이다.

선생

예수님은 제자들의 선생이셨다. 다락방에서까지 예수님은 그들을 가르치고 계셨다. 그분은 제자들의 질문에 참을성 있게 대답해 주시고, 그분의 말씀을 이해하도록 도와주셨다. 제자들은 예수님을 선생님이라고 불렀고, 그분도 그 호칭을 인정하셨다(요 13:13).

그런데 이제 제자들은 선생님을 잃을 위기에 놓였다. 이번에도 예수님은 그들이 계속해서 가르침을 받을 것이라고 그들을 안심시키신다. 아직 알아야 할 게 많기 때문이다(13:7; 16:12). 보혜사가 오시면 그분도 그들의 선생이 될 것이다. "내가 아직 너희와 함께 있어서 이 말을 너희에게 하였거니와 보혜사 곧 아버지께서 내 이름으로 보내실 성령 그가 너희에게 모든 것을 가르치고 내가 너희에게 말한 모든 것을 생각나게 하리라"(14:25-26).

하지만 어떻게?

요한이 이 약속의 성취를 직접 경험했다. 그의 복음서가 그 결과다. 요한복음은 예수님이 하신 '말씀'을 성령님이 '생각나게 하신' 것을 기록할 뿐 아니라, 성령님이 그에게 주님에 대해 보고 이해하도록 가르쳐 주신 '모든 것'의 일부도 담고 있다.

그렇다면 제자들은 무엇을 알게 될까?

바울은 하나님의 영이 "하나님의 깊은 것"을 통달하시고 그것을 우리에게 알려 주신다고 말해 준다(고전 2:10-13). 영원하신 삼위일체 하나님이나 주 예수님의 사역에 대해서나 성령님께 감춰진 것은 아무것도 없다. 그래서 예수님은 성령님이 오실 때, "그날[곧 오순절]에는 내가 아버지 안에 … 있는 것을 너희가 알리라"(요 14:20)라고 말씀하신다.

다시 말해, 성령님이 오시면 제자들은 예수님과 아버지의 관계와 그 교제의 친밀감을 더 깊이 이해하게 될 것이다. "그날에는 내가 아버지 안에 … 있는 것을 너희가 알리라."

여기서 '안에'라는 말은 무슨 뜻일까?

사람들이 아우구스티누스에게 '시간'의 의미에 대해 질문하자, 그는 그 질문을 받기 전까지는 자신이 그 답을 안다고 생각했노라고 대답했다![5] 전치사가 그럴 수 있다. 우리는 '안에'라는 전치사를 늘 사용한다. 그래서 그게 무슨 뜻인지 잘 안다고 생각한다. 하지만 누가 우리에게 "예수님이 아들이 아버지 '안에' 있다고 하신 말씀은 무슨 뜻인가요?"라고 묻는다면, 그 전치사는 우리를 깊은 이해의 한계 너머로 데려간다.

한참 후에, 요한은 아마도 그날 밤 식탁에서 자신이 "예수의 품에 [*en tō kolpō*]"(13:23) 있었다는 사실을 기억하고는 요한복음 서두를 이렇게 기록했다. "이 말씀이 하나님과 함께[*pros ton theon*−하나님을 향해, 얼굴과 얼굴을 맞대고] 계셨으니 … 아버지 품속에 있는[*eis ton kolpon*]…"(1:1, 18). 그는 예수님과 직접 교제하면서 자신이 "그가 사랑하시는" 제자임을 알고는, 예수님이 아버지와 맺으신 관계, 곧 '아버지께서 사랑하시는 아들'로서의 관계를 비추어 보았을까?

요한복음에서 요한은 그가 아버지와의 관계에서 드러난 아들의 영광, 아버지가 아들을 향한 사랑을 보여 주신 방식, 그 사랑에 화답한 아들(3:35; 10:17)을 어떻게 목격했는지를 내내 언급한다. 제자들은 아직 이 모든 사실을 보지 못하고 있었다. 하지만 예수님은 제자들에게 성령님이 오실 때 그들을 기다리고 있는 특권을 암시하고 계셨다.

성령님이 제자들에게 예수님과 아버지의 관계에 대한 깊은 것을 알려 주신다면, 예수님과 그들의 관계에 대한 깊은 것도 알려 주실 것이다. 예수님은 "그날에는 내가 아버지 안에, 너희가 내 안에, 내가 너희 안에 있는 것을 너희가 알리라"라고 말씀하신다. 우리 주님과 아버지의 관계 그리고 제자들이 그분과 맺을 관계 사이에 유사성이 있다. 보혜사가 오시면 이것도 경험하게 될 것이다.

마치 예수님은 이렇게 말씀하고 계신 것 같다. "내 사역을 통해 나는 너희와 함께 있었지만, 항상 너희 밖에 있었다. 너희는 나를 볼 수 있고 나는 너희를 만질 수 있다. 너희는 내 말을 듣는다. 하지만 성령님이 나와 같은 분으로 오시면, 내 안에 계시는 그분이 너희 안에 계실 것이다. 성령님은 너희 안에 사시면서 그 안에서부터 너희에게 변화와 능력을 주실 것이다."

예수님이 물리적으로 제자들과 함께 계시는 한에는 그들 안에 거하실 수 없다. 그분이 그들 안에 거하시려면 그들을 떠나셔야만 한다.

얼마나 놀라운 약속인지 모른다. 제자들은 예수님이 그들을 떠나시면 그분과의 관계가 끝이 날까 두려워한다. 오히려 그 반대가 맞다. 예수님이 떠나시고 성령님이 오시면 그들은 서로 그 안에 거하게 될 것이다.

성령님이 허락하신 주 예수님과 그 백성의 연합은 복음의 큰 신비

중 하나다. 그러나 바울이 지적한 대로 그 신비가 그리스도인의 삶의 핵심이다.

만일 너희 속에 하나님의 영이 거하시면 너희가 육신에 있지 아니하고 영에 있나니 누구든지 그리스도의 영이 없으면 그리스도의 사람이 아니라 또 그리스도께서 너희 안에 계시면 몸은 죄로 말미암아 죽은 것이나 영은 의로 말미암아 살아 있는 것이니라 예수를 죽은 자 가운데서 살리신 이의 영이 너희 안에 거하시면 그리스도 예수를 죽은 자 가운데서 살리신 이가 너희 안에 거하시는 그의 영으로 말미암아 너희 죽을 몸도 살리시리라(롬 8:9-11).

성령님의 내주하심은 그리스도가 친히 우리 안에 거하셔서, 바울이 묘사한 "너희 안에 계신 그리스도시니 곧 영광의 소망"(골 1:27)을 경험하는 것과 같다.

이는 예수님이 성령님에 대해 하신 수수께끼 같은 말씀을 설명하는 데 도움이 된다. "너희는 그를 아나니 그는 너희와 함께 거하심이요 또 너희 속에 계시겠음이라"(요 14:17).

전치사

성령님은 "너희와 함께 거하심이요 또 너희 속에 계시겠음이라."

예수님 말씀은 그분이 옛 언약과 새 언약 제도를 믿는 신자들 사이의 차이를 묘사하는 방식으로 해석되는 경우가 많다. 성령님은 (오로지) 구약 언약 시대의 신자들과 '함께' 거하셨지만, 이제 신약의 언약에서는 그들 '속에' 계신다.

하지만 이것만으로는 부족해 보인다. 이는 구약 언약 아래 성령님의 사역이 외적인 것에 불과했다고 암시한다. 성령님이 하나님의 목적들을 성취하시기 위해 외적으로 역사하시며, 그분이 모든 좋은 은사의 근원이신 것은 맞다. 하지만 사도들의 기록은, 새 언약 아래 성령님이 신자들에게 내주하신 열매가 옛 언약 아래 신자들의 삶에 이미 나타났다고 가르친다. 신약성경이 복음의 은혜와 그 열매를 설명하면서 옛 언약 아래 살았던 사람들을 얼마나 자주 예로 드는지 생각해 보라. 새 언약에서 성령님이 믿는 자들 '안에' 계셔서 이루어지는 일이 옛 언약에서는 그저 성령님이 '함께' 계시는 것만으로 완전히 가능하다면, 참으로 이상할 것이다. 물론, 성령님이 그리스도의 영으로 오실 때 그분의 사역이 온전해지기는 하지만, 성령님이 신자들과 관계를 맺는 방식에는 확실히 연속성이 있다.

그렇다면 예수님의 말씀은 무슨 뜻이었을까? 이런 뜻일 가능성이 높다. "너희는 보혜사, 진리의 성령님을 이미 아는데, 내게 내주하시는 그분이 너희와 함께 계셨기 때문이다. 하지만 내가 아버지에게서 성령님을 보낼 때 그분(동일한 그 성령님)은 너희 안에 함께 거하실 것이다. 33년 동안 내 삶에 함께하시면서 (거룩함과 사랑, 그분의 모든 자원을 내 삶에 나타내신) 동일한 성령님이 너희 안에 계실 것이다."

예수님께 기름을 부으신 동일하신 한 분 성령님이 모든 그리스도인에게 내주하신다!

이렇게 한번 생각해 보자. 성령님은 예수님 안에 거하신다. 그리고 이제 그분의 제자들 안에 거하신다. 얼마나 많은 성령님이 계시는 것인가? 두 분? 예수님 안에 거하시는 성령님과 신자들 안에 거하시는 성령님?

아니다. 한 분뿐이다.

혹은 질문을 한번 바꿔 보자. 성령님이 모든 그리스도인에게 내주하신다면, 얼마나 많은 성령님이 계시는 것인가? 수백 분, 수천 분, 수백만 분? 신자 한 사람당 한 성령님?

아니다. 한 분뿐이다.

성령님은 한 분, 보혜사는 한 분뿐이시다. 동일하신 한 분 성령님이 모든 신자 안에 거주하신다. 그리고 그분은 성자 하나님의 성육신한 삶에 함께하셨던, 동일하신 한 분 성령님이시다.

우리는 이 신학을 아주 쉽게 설명할 수 있다. 하지만 누가 그 함의를 이해할 수 있겠는가? 성령님이 한 분뿐이시라면, 주 예수님이 제자들에게 보내 주겠다고 약속하신 성령님은 그분 안에 거하셨던 성령님과 같은 분이셔야 한다. 예수님이 승천 후에 교회에 보내신 성령님은 33년간 그분의 삶에 함께하셨던 성령님이시다. 성령님이 우리 안에 거하신다면, 우리는 그분과 더할 나위 없이 깊은 교제를 누리는 셈이다. 다른 사람들과의 교제도 마찬가지다. 우리는 그리스도는 물론이고 다른 사람들과도 한 성령님을 공유한다.

이것이 예수님이 제자들에게 하고 계신 약속이다. 그들은 선생님을 '잃는' 대신, 전혀 새로운 방식으로 그분을 '얻고' 있다.

나중에 성령님이 어떻게 해서 우리 선생이 되시는지 더 자세히 살펴볼 것이다. 여기서는 그분이 우리 안에 거하시면, 모든 선생이 제자들을 위해 하고자 하는 일을 하실 수 있다는 점만 언급하려 한다. 곧, 그저 외부에서 '계시'를 제공하는 방식으로 가르치실 뿐 아니라, 우리 내부에서 '조명'하셔서 가르치실 수 있다. 예수님이 보내신 보혜사—선생은 바로 그렇게 하실 것이다. 그분은 신약성경의 계시를 주시고 깨달음을 허락하신다. 따라서 그분을 통해 우리는 계시를 이해하고 마음이 뜨거워져 그 계시를 받을 수 있다. 이런 의미에서, 성령님은 예수님이 엠마오로 가는 길에서 하셨던 사역을 계속해서 하고 계신다. 그분은 우리의 이해를 밝히시고 우리의 마음을 '희한하게 뜨겁게' 하신다(눅 24:13-35을 보라). 이렇게 예수님은 친히 순종하는 제자들을 찾아오셔서 그들 가운데 그분을 나타내실 것이다(요 14:21).

다음 단계

예수님은 이 가르침을 마무리하면서 제자들에게 "여기를 떠나자"라고 말씀하신다(요 14:31). 많은 학자가 예수님 일행이 이 시점에 다락방을 떠나서 성전을 거쳐 겟세마네 동산으로 갔을 것이라고 주장했다. 하지만 요한은 그에 대해 아무런 언급도 하지 않고, 그 일은 오히려 나중이라고 암시한다(18:1에서). 그래서 이 말씀은 다소 혼란스럽게 느껴진다.

우리도 곧 떠난다고 말해 놓고 대화를 이어 가듯이, 대화가 계속되었을 수도 있다. 하지만 다른 가능성도 있다. 예수님은 마귀의 공격이 임박했다고 이제 막 말씀하셨다. "이 세상의 임금이 오겠음이라." 그러나 사탄이 "이 세상의 임금"일지는 몰라도, 주 예수님에 대해서는 아무런 권위가 없다. "그는 내게 관계할 것이 없으니 오직 내가 아버지를 사랑하는 것과 아버지께서 명하신 대로 행하는 것을 세상이 알게 하려 함이로라 일어나라 여기를 떠나자[agōmen] 하시니라"(14:30-31).

요한이 여기서 사용한 동사 '아고멘'은 때로 군대가 적에 맞서기 위해 행군하는 맥락에서 사용되었다("기상, 돌격 준비!"). 요한이 이런 뜻을 염두에 두었다면, 예수님은 일행의 이동이 아니라, 그분 앞에 닥친 충돌을 말씀하고 계신 것이다. 지리적 이동이 아니라 영적 움직임을 가리키고 계셨다. "적이 다가오고 있으니 가서 맞서자."

요한은 "온 세상은 악한 자 안에 처한 것"(요일 5:19)을 알았다. 제자들은 이제 그 악한 자가 다스리는 '밤'으로 들어갈 참이었다. 하지만 예수님은 다락방의 빛 가운데서뿐 아니라 어두운 예루살렘 밤 가운데서도 주님이시다. 제자들의 장래에 어두운 날들이 닥치겠지만, 예수님은 그들에게 "또 다른 보혜사"를 보내사 그들과 영원히 함께하게 하겠다고 약속하셨다. 마지막 전투가 시작되었지만, 그들은 안전할 것이다.

7. 참 포도나무

요한복음 15장 1–17절

¹나는 참 포도나무요 내 아버지는 농부라 ²무릇 내게 붙어 있어 열매를 맺지 아니하는 가지는 아버지께서 그것을 제거해 버리시고 무릇 열매를 맺는 가지는 더 열매를 맺게 하려 하여 그것을 깨끗하게 하시느니라 ³너희는 내가 일러 준 말로 이미 깨끗하여졌으니 ⁴내 안에 거하라 나도 너희 안에 거하리라 가지가 포도나무에 붙어 있지 아니하면 스스로 열매를 맺을 수 없음같이 너희도 내 안에 있지 아니하면 그러하리라 ⁵나는 포도나무요 너희는 가지라 그가 내 안에, 내가 그 안에 거하면 사람이 열매를 많이 맺나니 나를 떠나서는 너희가 아무것도 할 수 없음이라 ⁶사람이 내 안에 거하지 아니하면 가지처럼 밖에 버려져 마르나니 사람들이 그것을 모아다가 불에 던져 사르느니라 ⁷너희가 내 안에 거하고 내 말이 너희 안에 거하면 무엇이든지 원하는 대로 구하라 그리하면 이루리라 ⁸너희가 열매를 많이 맺으면 내 아버지께서 영광을 받으실 것이요 너희는 내 제자가 되리라 ⁹아버지께서 나를 사랑하신 것같이 나도 너희를 사랑하였으니 나의 사랑 안에 거하라 ¹⁰내가 아버지의 계명을 지켜 그의 사랑 안에 거하는 것같이 너희도 내 계명을 지키면 내 사랑 안에 거하리라 ¹¹내가 이것을 너희에게 이름은 내 기쁨이 너희 안에 있어 너희 기쁨을 충만하게 하려 함이라 ¹²내 계명은 곧 내가 너희를 사랑한 것같이 너희도 서로 사랑하라 하는 이것이니라 ¹³사람이 친구를 위하여 자기 목숨을 버리면 이보다 더 큰 사랑이 없나니 ¹⁴너희는 내가 명하는 대로 행하면 곧 나의 친구라 ¹⁵이제부터는 너희를 종이라 하지 아니하리니 종은 주인이 하는 것을 알지 못함이라 너희를 친구라 하였노니 내가 내 아버지께 들은 것을 다 너희에게 알게 하였음이라 ¹⁶너희가 나를 택한 것이 아니요 내가 너희를 택하여 세웠나니 이는 너희로 가서 열매를 맺게 하고 또 너희 열매가 항상 있게 하여 내 이름으로 아버지께 무엇을 구하든지 다 받게 하려 함이라 ¹⁷내가 이것을 너희에게 명함은 너희로 서로 사랑하게 하려 함이라

포도나무와 가지. 익숙하고 널리 사랑받는 본문이다. 이 본문으로 수많은 책이 쓰였다. 때로는 그리스도인의 삶에 대한 전체 신학이 이 주제들(특히 '그리스도 안에 거함'이라는 개념) 위에 세워지기도 했다.

예수님은 그분이 성령님의 내주하심을 통해 제자들과 맺게 될 새로운 관계에 대해 이미 말씀하셨다. "너희가 내 안에, 내가 너희 안에 있는 것을 너희가 알리라"(요 14:20). 이제 그분은 제자들이 모두 잘 이해할 수 있는 확장된 비유로 그 관계를 설명하신다. 예수님은 포도나무요, 그들은 가지다. 아버지 하나님은 포도나무를 기르는 분이신데, 그분의 목적은 그들이 "더 열매를 맺게" 하는 것이다. 그러려면 그리스도와의 연합과 아버지의 가지치기, 이 두 가지가 꼭 필요하다.

요한복음 14장 15절부터 이어지는 예수님의 가르침에서 강조점을 잘 드러내는 좋은 방법은 아마도 이 질문을 던지는 것일 것이다. 신약성경에서 그리스도인을 표현하는 가장 흔한 방법은 무엇인가? 희한하게도, 그 답은 '그리스도인'이 아니다. 신약성경을 대강만 훑어보아도 '그리스도인'이라는 단어가 거의 등장하지 않는다는 것을 알 수 있다. 정확히 말하자면, 딱 세 번 나온다.

사도행전 11장 26절: "제자들이 안디옥에서 비로소 그리스도인이라 일컬음을 받게 되었더라."

사도행전 26장 28절: "아그립바가 바울에게 이르되 네가 적은 말로 나를 권하여 그리스도인이 되게 하려 하는도다."

베드로전서 4장 16절: "만일 그리스도인으로 고난을 받으면 부끄러워하지 말고 도리어 그 이름으로 하나님께 영광을 돌리라."

이 중에 적어도 두 경우(어쩌면 세 경우 모두)는 '그리스도인'이 모욕적인 말로 쓰인 듯하다. 마치 17세기의 청교도나 오늘날의 '근본주의자'라는 말이 함의하는 바와 비슷하게 말이다. 그리스도를 믿는 사람들은 '그리스도인', 곧 그리스도의 사람들로 불렸다. 정작 그들은 '성도'나 '제자', '신자' 같은 다른 호칭을 선호했던 것 같다.

그러나 그중에도 신약성경에 가장 흔히 나오는 표현은 없다. 그 영예는 '그리스도 안에'라는 표현에 돌아간다. '그리스도 안에'(와 그와 비슷한 '그분 안에')는 200여 차례 등장한다.

우리와 그리스도의 연합은 그리스도인의 삶의 심장 박동과 같은데, 여기 요한복음 15장에서 예수님은 제자들이 그 의미를 깨닫도록 돕고 계신다. 성령님이 오셔서 제자들과 함께 거하실 때 그들이 주님과 더 친밀한 관계를 경험하게 된다고 설명하시면서 그분은 이미 그 작업을 시작하셨다. 서로 그 안에 거함으로써 그들은 주님과 하나가 될 것이다("너희가 내 안에, 내가 너희 안에", 요 14:20).

게다가, 이는 예수님이 그들을 떠나 아버지께 돌아가셔서 성령님을 보내사 그들과 함께 거주하게 하셔야만 성취될 수 있었다. 그 성령님은 예수님의 어머니 마리아의 태에서부터 그분이 무덤에서 부활하사 아버지께 올라가실 때까지 평생 그분과 함께하셨다.

우리 안에 성령님이 거하신다는 것은 우리 안에 예수님이 친히 거하시는 것과 같다.

이 모든 사실이 제자들에게는 굉장히 이상했을 것이다. 그래서 이제 그들의 선생이신 예수님이 그 말씀의 뜻과 함의를 이해하도록 도와주신다.

나는 누구인가?

당신은 자기 자신을 어떻게 생각하는가? 요즘 표현을 사용하자면, 당신의 자아상은 어떤가? 당신은 스스로 '그리스도 안에' 있는 사람, 그분과 연합한 사람으로 생각하는가? 성령님을 통해 주님의 영광이 당신에게 거하고 있는가?

우리가 처음 그리스도인이 된 것은 대개 죄 사함과 새 생명이 필요하다고 느꼈기 때문이다. 그리스도가 그 필요에 대한 하나님의 답이라고 깨닫는다. 하지만 우리가 믿음을 갖게 된 순간에 그리스도인의 삶에 대해 알아야 할 것을 다 알게 된다는 생각은 착각이다! 그리스도인의 삶은 용서와 거듭남뿐 아니라 새로운 정체성이 필요하기 때문이다. 그리스도인이 되면 우리의 정체성과 자아상이 바뀐다. 우리는 다음과 같은 말씀을 여전히 발견해야 한다. "누구든지 그리스도 안에 있으면 새로운 피조물이라 이전 것은 지나갔으니 보라 새것이 되었도다"(고후 5:17).

예수님은 제자들이 이 사실을 깨닫도록 돕기 위해 익숙한 비유를 드신다. 바로 포도 열매가 풍성히 달린 포도나무다.

포도나무는 하나님 백성이 그 땅에 정착한 이후로 그들에게는 흔한 풍경이다(수 24:13). 실제로, 성경은 그 백성을 포도에 자주 비유하곤 했다.

주께서 한 포도나무를 애굽에서 가져다가
민족들을 쫓아내시고 그것을 심으셨나이다
주께서 그 앞서 가꾸셨으므로
그 뿌리가 깊이 박혀서 땅에 가득하며
그 그늘이 산들을 가리고
그 가지는 하나님의 백향목 같으며

그 가지가 바다까지 뻗고

넝쿨이 강까지 미쳤거늘(시 80:8-11).

요한복음 14장 31절("일어나라 여기를 떠나자") 말씀을 예수님과 제자들이 다락방을 떠나 예루살렘으로 출발하는 신호로 생각하는 주석가들은 예수님이 성전의 포도나무를 보시고 이 말씀을 하게 되셨는지 궁금해했다. 유대 문서 「미도트」(Middoth)에 따르면, "금 포도나무가 성소 입구에 서 있었고, 들보 꼭대기에 매달려 있었다. 누구든지 포도나무 잎이나 열매, 포도송이에 서원하면 그것을 가져다가 거기에 달았다."[1]

하지만 제자들이 어디에 있었는지는 이 가르침에서 부차적인 문제였다. 중요한 것은 그 뜻이다. 예수님은 포도나무 이미지를 사용하여 성령님이 창조하시는 새로운 실재를 제자들에게 가르치고 계신다. "나는 포도나무요 너희는 가지다. 너희는 성령님이 허락하신 나와의 연합을 통해 자란다. 내가 너희 안에 있으며 너희에게 생명을 준다. 너희가 내 안에 있으며 너희는 내 자원을 끌어다가 내 아버지의 영광을 위해 열매를 맺는다. 이 관계에서 하늘 아버지는 포도나무를 돌보시는 농부와 같다. 그러니 네 삶에 일어나는 모든 사건과 환경은 (가지치기도 포함하여) 너희가 더 풍성한 열매를 맺기를 바라시는 그분의 포도 재배의 일부라고 생각하라!"

이 그림에는 몇 가지 중요한 원리가 숨어 있다.

풍성한 열매의 근원

첫 번째 원리는 풍성한 열매, 곧 그리스도인의 삶의 성장이 주 예수님과의 연합에 달려 있다는 것이다. 가지는 포도나무에 의지하여 좋은 포도를 생산할 수 있다.

바울은 이 사실을 깨달았다. 그는 "내게 능력 주시는 자 안에서[en tō] 내가 모든 것을 할 수 있느니라"(빌 4:13)라고 썼다. 이 말은 그가 마음먹은 것은 무엇이든 다 할 수 있다는 뜻이 아니다. 그의 생명이 "그리스도와 함께 하나님 안에 감추어졌[기]"(골 3:3) 때문에 어떤 일이든 감당할 수 있는 자원이 있다는 뜻이다. 그는 '그리스도 안에' 있기에 부나 가난, 높임이나 굴욕에 어떻게 대처해야 하는지 안다. 그 결과, 그의 삶이 다른 사람들에게 영향을 미치고, 그들에 대한 영향력에서 '열매를 맺으며', 그들에게 주님을 가리켜 보여 주게 된다.

하지만 가지에 병이 들면 열매를 맺을 수 없다. 깨끗하고 건강한 가지만 좋은 열매를 맺는다. 제자들도 마찬가지다. 예수님 말씀으로 그들은 이미 깨끗해졌지만, 가지치기를 통해 더 깨끗해질 것이다. 그들이 예수님의 자원을 계속해서 의지하지 않는다면 아무 소용이 없다. "나를 떠나서는 너희가 아무것도 할 수 없음이라"(요 15:5). 그래서 그들은 예수님 안에 '거해야' 한다.

그런데 '그리스도 안에 거한다'라는 것은 무슨 뜻인가? 그 뜻을 제대로 설명하려면 책 한 권이 필요할 것이다. 하지만 요한복음 15장의 맥락에서 그것은 하나님의 아들이 우리를 사랑하시고 우리를 위해 그분을 주셨으며, 성령님을 통해 그분이 우리 안에 거하시고, 이제 우리는 우리 생명이 더는 우리 것이 아니라 그분 것임을 깨닫고 살아간다는 뜻이다. 우리는 그리스도를 믿었다(believe into). (바울은 그리스도와의 연합을 설명하면서 이 전치사를 사용한다.) 그분 안에 있는 모든 자원이 이제 우리 것이고, 우리는 그것을 의지해야 한다.

그래서 우리는 그분 안에서 받은 새로운 정체성을 스스로 자주 일깨워야 한다. 나는 이제 그리스도 안에 있는 사람, 영광의 주님이 오셔서 거하시는 사람이다.

이 사실을 깨달으면 우리가 자신에 대해 생각하는 방식이 바뀔 뿐 아니라, 교회의 다른 형제자매들에 대해 생각하고 그들을 대하는 방식도 바뀐다. 우리가 상대를 보면서 '영광의 주님이 이 사람 안에 거하기를 부끄러워하시지 않는다!'라고 생각한다면, 서로를 대하는 방식이 달라지지 않겠는가? '그리스도가 이 사람을 존중하셨다면, 나도 그를 똑같이 존중해야 하지 않겠는가?' 그럴 때 초대교회의 풍성한 결실이 우리 교회 가족 가운데서도 나타나고, 우리 교제를 통해 사람들이 그리스도께 나아오게 될 것이다.

아버지의 가지치기

포도원 농부는 가지치기를 한다. 우리 주님의 비유가 탁월한 이유 중 하나는 거기에 다면적 성격이 있기 때문이다. 포도나무는 토양과 태양, 비의 영향으로 자란다. 하지만 전지가위도 중요한 역할을 한다. "무릇 열매를 맺는 가지는 더 열매를 맺게 하려 하여 그것을 깨끗하게 하시느니라"(요 15:2).

캘리포니아에 사는 친구가 그의 포도원을 구경시켜 준 적이 있다. 잔가지가 바닥을 뒤덮고 있었는데 그의 일꾼들이 잘라 낸 흔적이었다. 가지치기 철이라는 증거가 여기저기 눈에 띄었다. 전지가위는 포도나무를 망가뜨리는 것이 아니라 오히려 열매를 더 많이 맺게 해 준다.

원예학이나 정원 가꾸기에 문외한인 사람에게는 덩굴이나 관목을 잘라 내는 행위가 아무 생각 없이 식물을 망치는 것처럼 보일 수도 있다. 하지만 가지치기는 건강한 성장에 꼭 필요한데, 식물이 더 튼튼해지며 더 좋은 열매를 맺게 된다.

포도나무 가지는 고통을 느끼지 못하지만, 인간은 느낀다. 하지만 포도나무처럼, 우리도 농부가 하는 일을 모두 이해하지는 못한다. 그래서 우리는 가지치기를 당하면 이렇게 질문한다. "왜 하나님은 이렇게 하실까? 하나님은 내게 관심이 없으신 것인가?" 가지치기라고 하면 자연스레 이런 반응이 나온다. "제발, 그만 좀 하세요! 제가 아파하는 게 안 보이시나요?"

이 대목에서 예수님이 우리를 도와주신다. 물론, 하나님 아버지가 전지가위를 사용하시는 포도원 농부라는 사실을 이해한다고 해서 고통이 줄어들거나 알쏭달쏭한 인생의 모든 문제가 해결되지는 않는다. 인간의 정신은 너무나도 제한적이어서 무한하신 만유의 주님이 하시는 일을 온전히 이해하기 어렵다. 하지만 우리가 그분과의 연합에 대한 예수님의 가르침을 이해한다면, 우리가 보기에는 아프고 쓸데없는 것처럼 보이는 일이 우리의 영적 발전과 성장에 꼭 필요함을 깨닫게 될 것이다. 이렇게 해서 하나님은 우리 안에 성령님의 열매가 자라게 하신다(갈 5:22-23).

웨스트콧 주교(Bishop Westcott)가 이 점을 잘 표현했다. "열매 맺기에 필요한 생명력을 앗아 가는 것은 가지에서 모두 잘려 나간다."[2] 성장을 방해하는 요소를 모두 잘라 냄으로써 우리는 그리스도를 더 많이 닮아 가며 그분을 더 잘 섬길 수 있다.

에이미 카마이클(Amy Carmichael, 1867-1951)은 이 교훈을 스스로 깨닫고 다른 사람들에게도 가르쳐 준 사람이었다. 그는 50년 넘게 인도 선교사로 섬기면서 수많은 고통을 목격하고 직접 경험하기도 했다. 하지만 이 본문을 묵상하면서 카마이클은 다음과 같은 지혜로운 말을 남겼다.

연둣빛 잎이 바닥에 흩어져 있고, 날카로운 칼로 백 군데나 상처 입은 줄기가 앙상하게 드러나 있는 모습을 보면, 얼마나 낭비처럼 보이는가. 그러나 숙련되고 신뢰할 만한 농부의 손에서는 단 한 번의 가지치기도 아무렇게나 이루어지지 않는다. 남겨 두는 것이 손해가 되고 잘라 내는 것이 유익이 되는 것 외에는 아무것도 제거하지 않는다.[3]

그리고 그는 이렇게 기도했다. "선하신 주님, 제 마음을 빼앗는 모든 것을 제거해 주소서."

포도원 농부가 전지가위를 사용하시면 그 결과가 아플 수도 있고 그분의 궁극적인 목적은 드러나지 않는다. 하지만 그분은 절대 실수하시지 않는다. 쓸데없는 가지치기는 단 한 번도 없다. 여기서 예수님은 이전에 시몬 베드로에게 하신 말씀을 다시 한번 하실 수도 있었을 것이다. "내가 하는 것을 네가 지금은 알지 못하나 이후에는 알리라"(요 13:7).

베드로의 발을 씻기실 때 적용되었던 말씀이 하나님의 가지치기 하나하나에도 적용된다.

말씀의 영양분

예수님은 세 번째 중요한 원리를 덧붙이신다. 그리스도의 말씀이 그분과의 연합에 영양분을 공급한다. "너희는 내가 일러 준 말로 이미 깨끗하여졌으니"(요 15:3).

예수님은 제자들이 '깨끗하다'는 것을 이미 확인해 주셨다. 하지만 그들이 계속해서 그리스도와 깨끗한 연합을 유지하여 하나님의 뜻에 합당하게 기도할 수 있으려면, 그리스도의 말씀이 그들 가운데 역사하실 수 있는 여지를 마련해야 한다. "너희가 내 안에 거하고 내 말이 너희 안에 거하면 무엇이든지 원하는 대로 구하라 그리하면 이루리라"(7절).

　이 말씀은 그리스도 안에 거하는 것이 무슨 뜻인지를 암시하기에 매우 중요하다.

　그러나 바로 이 지점에서 예수님 말씀에 대한 해석이 엇나갈 수 있다. 우리는 '거하다'라는 단어를 보자마자 그 말씀에서 다른 데로 눈을 돌리려는 유혹을 거부해야 한다. "저는 '그리스도 안에 거하다'라는 말을 이렇게 생각하고 싶습니다…."라는 말 때문에 성경 공부 소그룹의 논의가 산으로 가는 경우가 얼마나 많은가. 우리가 '이렇게 생각하고 싶다'라는 것은 적절한 요인이 아니다! 오히려 우리는 본문을 향해 "당신은 어떻게 생각합니까?"라고 물어야 한다. 대개는 계속해서 본문에 초점을 맞추면 그 세부 내용이 분명해진다. 여기서도 마찬가지다. 왜냐하면 예수님이 친히 우리에게 '거하는' 법을 말씀해 주시기 때문이다. 그리스도의 말씀이 우리 안에 거하게 함으로써 우리는 그리스도 안에 거할 수 있다.

　여기 나타나는 양식은 신약성경 다른 곳에서도 찾아볼 수 있다. 바울은 우리와 그리스도의 연합을 다음과 같이 표현한다. "그러므로 너희가 그리스도 예수를 주로 받았으니 그 안에서 행하되"(골 2:6). 하지만 어떻게 그렇게 할 수 있을까? 그의 대답은 한 장 뒤에 나온다. "그리스도의 말씀이 너희 속에 풍성히 거하여…"(골 3:16).

　따라서 당신이 그리스도 안에 거하고 싶다면, 그리스도의 말씀이 당신 속에 풍성히 거하게 하라. 삶의 어떤 공간도 잠가 두지 말고, 어떤 찬장도 닫아 두지 말라. 그 말씀이 당신 머리에 빛을 비춰 주고, 그리스도를 향한 마음을 뜨겁게 달구게 하라. 그 말씀이 당신 뜻을 그분 뜻에 순복하게 하라. 그리스도의 말씀은 그리스도와의 연합을 길러내고 우리를 그리스도의 형상대로 변화시키기 위해 그리스도의 영이 사용하시는 그분의 도구다. "우리가 다 수건을 벗은 얼굴로 거울을 보는 것같이 주의 영광을 보매 그와 같은 형상으로 변화하여 영광에서 영광에 이르니 곧 주의 영으로 말미암음이니라"(고후 3:18).

이 원리를 마무리하기 전에, 우리가 주목해야 할 또 다른 측면이 하나 더 있다.

때로 눈에 보이지 않는 질병이 그리스도인의 혈류에 침입한다. 그 사람은 이런 식으로 생각한다. 우리가 하는 성경 공부(설교든 소그룹이든 개인이든)가 우리가 무슨 일을 할지 가르쳐 준다. 그러면 가서 그대로 하면 된다.

물론, 성경에는 여러 명령이 나온다. 예수님이 하신 이런 말씀도 이미 살펴보았다. "너희가 이것을 알고 행하면 복이 있으리라"(요 13:17). 순종은 꼭 필요하다.

하지만 말씀 그 자체가 우리에게 역사한다는 사실을 놓쳐서는 안 된다. 그래서 예수님은 "너희는 내가 일러 준 말로 이미 깨끗하여졌으니"(15:3)라고 말씀하셨다. 나중에 예수님이 하신 기도에서도 같은 주제가 반복된다. "그들을 진리로 거룩하게 하옵소서 아버지의 말씀은 진리니이다"(17:17).

핵심 교훈은? 거룩해지려면 하나님 말씀이 우리에게 말씀하는 대로 행해야 한다. 하지만 하나님 말씀을 행하는 것보다 더 근본적인 것은 하나님 말씀이 우리에게 하시는 일이다! 우리는 하나님을 위해 '일어나 행하라'라는 부르심을 받았다. 그러나 하나님 말씀이 우리에게 온전히 역사하실 때만이 그 일이 가능하다.

바울은 데살로니가 사람들에게 똑같은 원리를 말한다. 그는 기뻐했는데, 그들이 하나님 말씀을 "사람의 말로 받지 아니하고 하나님의 말씀으로 받음이니 진실로 그러하도다 이 말씀이 또한 너희 믿는 자 가운데에서 역사하느니라"(살전 2:13).

그래서 우리가 꾸준히 하나님 말씀을 듣고, 우리를 가르치는 사람들이 잘 가르칠 수 있도록 격려하며, 하나님이 그들의 설교에 복 주시기를 기도하는 것이 중요하다. 진정한 설교자라면 이렇게 말하는 성도들을 보고 기뻐할 것이다. "더 먹여 주세요! 그리스도의 말씀이 제 안에 풍성히 거함으로 그리스도와의 교제와 연합이 더 풍성하게 열매 맺기를 원합니다."

이것이 부족하면 빈혈에 걸린다. 하지만 때로 우리는 자신의 약점을 눈치채지 못할 수도 있다. 우리는 그동안 먹던 영적 식단에 맞추어져서 그것이 정상인 양 거기에 적응해 버린다. 그리고 나서 우리가 정상적인 그리스도인의 삶을 살고 있다고 가정한다. 하나님 말씀이 온전히 제대로 선포되는 상황이 되어서야 비로소 우리가 영적 기아 상태로 버텨 왔음을 깨닫는다. 그런 일이 생기지 않도록 조심하라!

지금까지 세 가지 중요한 원리를 살펴보았다. 첫째, 우리와 그리스도의 연합이 풍성한 열매의 근원이다. 둘째, 이 연합에는 아버지의 가지치기가 필요하다. 셋째, 이 연합은 말씀으로 유지되어야 한다.

이제 마지막 원리를 살펴볼 차례다.

사랑의 우선순위

우리와 주 예수님의 연합이라는 토양에서 자라는 가장 기본적인 열매는 사랑이다.

어쩌면 우리는 "서로 사랑해야 한다."라는 말에 싫증을 낼지도 모르겠다. 너무 모호한 표현이다. 가끔은 그냥 이 정도 뜻이 아닌가 싶기도 하다. "나를 사랑한다면 내가 하고 싶은 대로 하도록 그냥 내버려두세요. 내 행동이 잘못되었다고 지적하지도 말고요."

하지만 예수님 말씀을 귀 기울여 잘 들어 보라. "아버지께서 나를 사랑하신 것같이 나도 너희를 사랑하였으니 나의 사랑 안에 거하라 내가 아버지의 계명을 지켜 그의 사랑 안에 거하는 것같이 너희도 내 계명을 지키면 내 사랑 안에 거하리라"(요 15:9-10).

예수님에 따르면, 예수님이 하늘 아버지를 사랑하셔서 그분의 계명에 순종하셨듯이, 우리가 예수님을 진정으로 사랑하면 그분의 계명을 지키게 된다. 예수님이 친히 십계명을 사랑하시고 거기에 순종하셨다!

사랑하라는 주님의 말씀은 우리에게 요구하시는 기준을 낮추는 것이 아니다. 오히려 그 반대인데, "내가 너희를 사랑한 것같이 너희도 서로 사랑하라"(15:12)라는 것이 우리의 사랑에 대한 새로운 기준이기 때문이다. 주님은 그들을 어떻게 사랑하셨는가? "끝까지 사랑하시니라"(13:1). 그분은 "친구를 위하여 자기 목숨을 버리[실]" 것이다(15:13).

하지만 그분의 명령이 은혜로 가득 차 있다는 점을 놓치지 마라. 주님은 그 명령을 '친구들'에게 주신다. 그들은 그분의 제자요 종이었다. 주님의 의도를 알 권리가 없었다. 하지만 이제 주님은 그분의 계획을 그들과 함께 나누고 계신다. 이제 그들은 '친구'가 되었다. 주님은 그들을 택하고 부르셔서 친구 삼으셨다. 그 사실이 우리에게 순종을 불러일으켜야 한다.

게다가, 예수님은 그들을 그분의 '절친' 성령님께 소개해 주셨다. 이제 예수님은 성령님을 보내려고 그들을 떠나실 것이다. 이 교제 가운데 주님의 말씀이 그들 안에서 깨끗하고 거룩하게 하는 역사를 하실 것이다.

예수님은 말씀하신다. "너희 혼자 힘으로는 이렇듯 풍성한 사랑의 열매를 맺을 수 없다. 하늘 아버지께 너희 삶을 드려 그분 뜻에 따라 기도할 수도 없지. 하지만 성령님이 내주하셔서 너희가 나와 연합하면, 더는 고아가 아니라 친구가 될 수 있다. 이 모든 일이 가능해질 거야. 그러니 친구들아, 내가 말하노니 서로 사랑해라"(15:17을 보라).

예수님은 그들의 "열매가 항상 있게" 하겠다고 약속하셨다.

그리고 정말 그렇게 되었다. 우리가 바로 그 열매이기 때문이다!

하지만 먼 훗날 그 열매가 있기 전에, 또 다른 성령님의 열매가 제자들 가운데 맺힐 것이다. 은혜로 주님과 연합하고, 믿음으로 주님 안에 거하며, 주님 말씀이 순종으로 그들 가운데 거할 때 기쁨이 흘러넘친다. "내가 이것을 너희에게 이름은 내 기쁨이 너희 안에 있어 너희 기쁨을 충만하게 하려 함이라"(15:11).

 예수님은 제자들이 그분의 기쁨의 근원이 되게 하시려고 이 말씀을 하신 것일까? 아니면, 그분이 제자들의 기쁨의 근원이 되시겠다는 뜻이었을까? 아마도 후자일 것이다. 그러나 사실, 둘 다 맞다. 어느 쪽이든, 그들의 기쁨이 충만할 것이다.

*Lessons
from the
Upper
Room*

8. 미움을 받지만 도움도 받는

요한복음 15장 18-27절

[18] 세상이 너희를 미워하면 너희보다 먼저 나를 미워한 줄을 알라 [19] 너희가 세상에 속하였으면 세상이 자기의 것을 사랑할 것이나 너희는 세상에 속한 자가 아니요 도리어 내가 너희를 세상에서 택하였기 때문에 세상이 너희를 미워하느니라 [20] 내가 너희에게 종이 주인보다 더 크지 못하다 한 말을 기억하라 사람들이 나를 박해하였은즉 너희도 박해할 것이요 내 말을 지켰은즉 너희 말도 지킬 것이라 [21] 그러나 사람들이 내 이름으로 말미암아 이 모든 일을 너희에게 하리니 이는 나를 보내신 이를 알지 못함이라 [22] 내가 와서 그들에게 말하지 아니하였더라면 죄가 없었으려니와 지금은 그 죄를 핑계할 수 없느니라 [23] 나를 미워하는 자는 또 내 아버지를 미워하느니라 [24] 내가 아무도 못한 일을 그들 중에서 하지 아니하였더라면 그들에게 죄가 없었으려니와 지금은 그들이 나와 내 아버지를 보았고 또 미워하였도다 [25] 그러나 이는 그들의 율법에 기록된 바 그들이 이유 없이 나를 미워하였다 한 말을 응하게 하려 함이라 [26] 내가 아버지께로부터 너희에게 보낼 보혜사 곧 아버지께로부터 나오시는 진리의 성령이 오실 때에 그가 나를 증언하실 것이요 [27] 너희도 처음부터 나와 함께 있었으므로 증언하느니라

1927-1928년 스코틀랜드에서 개최된 길포드 강연에서 수학자요 철학자인 알프레드 노스 화이트헤드(Alfred North Whitehead)는 "유럽 철학 전통을 일반적으로 정의하는 가장 안전한 방법은 그것이 플라톤에 대한 일련의 주석으로 되어 있다고 말하는 것이다."라는 자신의 견해를 밝혔다.[1] 그의 말은 플라톤의 저술에 나타난 핵심 주제들이 다가올 시대의 담론 방향을 설정했다는 뜻이었다.

우리도 이와 비슷하게 말할 수 있을 것 같다. "성경의 서사를 일반적으로 정의하는 가장 안전한 방법은 그것이 창세기 3장 15절에 대한 일련의 주석으로 되어 있다고 말하는 것이다." 하나님은 아담과 하와를 죄에 빠뜨린 뱀에게 말씀하신다. "내가 너로 여자와 원수가 되게 하고 네 후손도 여자의 후손과 원수가 되게 하리니 여자의 후손은 네 머리를 상하게 할 것이요 너는 그의 발꿈치를 상하게 할 것이니라."

두 후손의 충돌이 구약성경의 뼈대를 이룬다. 구약성경 이야기에는 여러 다양한 충돌이 등장한다. 가인은 아벨을 무너뜨리려 한다. 보디발의 아내는 요셉을 무너뜨리려 한다. 바로는 모세를 무너뜨리려 한다. 골리앗은 다윗을 무너뜨리려 한다. 바벨론은 예루살렘을 무너뜨리려 한다.

신약성경 서두에도 이 충돌이 이어진다. 헤롯은 그리스도를 무너뜨리려 한다. 그 충돌은 "용 … 곧 옛 뱀이요 마귀요 사탄"(계 20:2)을 정복할 때 절정에 달한다. 이런 것들은 개별적인 사건이 아니라, 여자의 후손과 뱀의 후손 사이의 근본적인 갈등이 극적으로 전개되어 가는 연속적인 사건이다.

이 드라마의 결론은 그리스도의 재림을 기다린다. 하지만 다락방에서 이미 그 대단원이 다가오고 있다. 예수님은 아버지가 모든 것을 그분 손에 주셨으며 어둠의 권세들에 대한 승리가 이미 보장되었음을 아셨다. 하지만 그 전투의 이 시점에서, 제자 중 하나가 그분을 배신할 것도 아셨다. 예수님이 떡 조각을 유다에게 건네실 때 그분을 노려보는 뱀의 시선을 느끼셨을까? "사탄이 그 속에 들어간지라"(요 13:27).

예수님은 이런 일들이 벌어질 것을 오래전부터 아셨다. 그분은 사역 초기에 "내 때가 아직 이르지 아니하였다"(2:4; 7:6, 8)라고 말씀하시곤 했다. 그러나 표적의 책 거의 끝부분에 가면, 헬라인 몇이 "예수를 뵈옵고자" 요청하는데 그것이 그분께 복음이 이방 세계에 침투할 약속의 때가 도달했다는 신호탄이 되었다. 그분은 이렇게 말씀하셨다. "이제 이 세상에 대한 심판이 이르렀으니 이 세상의 임금이 쫓겨나리라 내가 땅에서 들리면 모든 사람을 내게로 이끌겠노라." 그다음에 요한은 이렇게 덧붙인다. "이렇게 말씀하심은 자기가 어떠한 죽음으로 죽을 것을 보이심이러라"(12:30-33). 어둠이 다가오고 있었다.

이는 "일어나라 여기를 떠나자"라는 요한복음 14장 31절 말씀에 군사적인 함의가 있을 가능성을 더 설득력 있게 만든다. "적에 맞서러 가자!"

제자들은 이 충돌의 여파에 휘말릴 수밖에 없었다. 그들은 주님과 하나였다. 이미 그 사실을 감지한 제자들도 있었을 것이다. 하지만 이제 예수님은 그것을 확실히 밝히고 계셨다. 제자들이 이전에 느낀 지하의 진동이 이제 표면으로 드러나고 있었다. 예수님이 진원지인 그 갈등에 휘말리게 될 것이다. 그들은 그리스도의 소유이므로 미움을 받을 것이다. 하지만 그와 동시에 그분의 소유이기에 도움도 받을 수 있다.

이것이 이 단락의 간단한 주제다. 제자들은 포도나무 가지처럼 그리스도와 연합했으므로 그분의 경험을 일부 공유할 것이다. 하지만 아버지가 포도나무인 아들을 돌보시듯이, 그들도 돌보실 것이다. 그들의 주님이 보혜사 성령님의 임재를 경험하셨듯이, 그들도 그러할 것이다. 하지만 주님이 반대를 겪으셨듯이, 그들도 반대를 겪을 것이다.

그렇다면 여기에 제자도의 근본 원리가 있다. 반대를 예상하지 않는 그리스도인은 그리스도인의 삶의 본질을 아직 이해하지 못한 것이다.

물론, 때로는 우리가 그리스도를 닮아서가 아니라 닮지 못해서 반대와 비판에 직면한다는 사실을 솔직하게 인정해야 한다. 우리 그리스도인들은 완고하고 모나고, 심지어 복음을 대적하는 세상과 너무 닮아 있을 때도 있다. 그런 경우에는 우리가 어리석고 모순되며 그리스도를 닮지 않은 모습으로 행동하기 때문에 비판과 반대가 생기는 것이다.

하지만 여기서 예수님은 제자들이 그분께 속하고 그분을 닮아 가기에 마땅히 기대해야 하는 반대에 초점을 맞추고 계신다.

"세상이 너희를 미워하면…"은 문법학자들이 1차 가정법이라고 부르는 구문이다. '…하면'은 '너희가 어쩌면 미움을 받고 어쩌면 미움을 받지 않을 것'이라는 뜻이 아니라 '너희가 미움을 받을 것이기 때문에'라는 뜻이다. 그 후손을 향한 뱀의 극심한 혐오가 그의 제자들에게도 쏟아질 것이다.

요한은 밧모섬 환상에서 이것이 극적으로 표현된 것을 보았다. 거기서 창세기 3장의 뱀은 큰 붉은 용이 되어 있었다.

하늘에 큰 이적이 보이니 해를 옷 입은 한 여자가 있는데 그 발 아래에는 달이 있고 그 머리에는 열두 별의 관을 썼더라 이 여자가 아이를 배어 해산하게 되매 아파서 애를 쓰며 부르짖더라 하늘에 또 다른 이적이 보이니 보라 한 큰 붉은 용이 있어 머리가 일곱이요 뿔이 열이라 그 여러 머리에 일곱 왕관이 있는데 그 꼬리가 하늘의 별 삼분의 일을 끌어다가 땅에 던지더라 용이 해산하려는 여자 앞에서 그가 해산하면 그 아이를 삼키고자 하더니 여자가 아들을 낳으니 이는 장차 철장으로 만국을 다스릴 남자라 그 아이를 하나님 앞과 그 보좌 앞으로 올려 가더라 그 여자가 광야로 도망하매 거기서 천이백육십 일 동안 그를 양육하기 위하여 하나님께서 예비하신 곳이 있더라

하늘에 전쟁이 있으니 미가엘과 그의 사자들이 용과 더불어 싸울새 용과 그의 사자들도 싸우나 이기지 못하여 다시 하늘에서 그들이 있을 곳을 얻지 못한지라 큰 용이 내쫓기니 옛 뱀 곧 마귀라고도 하고 사탄이라고도 하며 온 천하를 꾀는 자라 그가 땅으로 내쫓기니 그의 사자들도 그와 함께 내쫓기니라 내가 또 들으니 하늘에 큰 음성이 있어 이르되 이제 우리 하나님의 구원과 능력과 나라와 또 그의 그리스도의 권세가 나타났으니 우리 형제들을 참소하던 자 곧 우리 하나님 앞에서 밤낮 참소하던 자가 쫓겨났고 또 우리 형제들이 어린양의 피와 자기들이 증언하는 말씀으로써 그를 이겼으니 그들은 죽기까지 자기들의 생명을 아끼지 아니하였도다 그러므로 하늘과 그 가운데에 거하는 자들은 즐거워하라 그러나 땅과 바다는 화 있을진저 이는 마귀가 자기의 때가 얼마 남지 않은 줄을 알므로 크게 분 내어 너희에게 내려갔음이라 하더라

용이 자기가 땅으로 내쫓긴 것을 보고 남자를 낳은 여자를 박해하는지라 그 여자가 큰 독수리의 두 날개를 받아 광야 자기 곳으로

날아가 거기서 그 뱀의 낯을 피하여 한 때와 두 때와 반 때를 양육
받으매 여자의 뒤에서 뱀이 그 입으로 물을 강같이 토하여 여자를
물에 떠내려가게 하려 하되 땅이 여자를 도와 그 입을 벌려 용의
입에서 토한 강물을 삼키니 용이 여자에게 분노하여 돌아가서 그
여자의 남은 자손 곧 하나님의 계명을 지키며 예수의 증거를 가진
자들과 더불어 싸우려고 바다 모래 위에 서 있더라(계 12:1-17).

성경 시대 사람들은 용이 영국의 수호성인 조지가 죽인 것과 같은
불을 내뿜는 괴물이라고 생각하지 않았다. 오히려 인도네시아의 치
명적인 코모도왕도마뱀 같은 거대한 뱀을 상상했다.

요한은 용("옛 뱀 곧 마귀라고도 하고 사탄이라고도 하며", 12:9)이 여자의 후손
을 무너뜨리지 못하자 "여자에게 분노하여 돌아가서 그 여자의 남은
자손 곧 하나님의 계명을 지키며 예수의 증거를 가진 자들과 더불어
싸우려고"(17절)라고 묘사한다.

요한은 여기서 예수님의 다락방 설교의 '영화 버전'이라고 할 만한
광경을 지켜보고 있었다. 그리스도가 마귀를 물리치셨지만, 패한 원
수는 그가 "불과 유황 못"(20:10)에 던져지고 에덴이 회복되고 영광스
러워지기까지(21-22장) 계속해서 싸울 것이다. 지금으로서는 뱀이 그
리스도를 무너뜨릴 힘이 없지만 그는 그분의 친구들과 교회를 무너
뜨리려 할 것이다.

때로는 우리가 이를 매우 부적절하게 이해하는 듯하다. 우리는 반
대를 받고 놀란다. 교회 내부에 싸움과 갈등이 있으면, "우리 같은

[복음주의!] 교회에 이런 일이 생겨서는 안 되지!"라고 말한다. 우리는 전적으로 수평적인 방식으로 상황을 분석하고, 개인을 비난한다. 물론, 대체로 우리에게 그 책임이 있을지도 모른다. 하지만 그리스도와의 연합과 그분에 대한 신실함이 원수의 포화를 불러온다는 점도 깨달아야 한다. 더군다나 우리 원수는 "들짐승 중에 가장 간교"하기에(창 3:1) '친근한 포화'를 사용할지도 모른다.

사탄은 끊임없이 거짓과 속임수를 사용한다. 사탄은 '디아볼로스'(diabolos, 던지는 자, 고발자)라는 이름을 유지함으로써 우리에게 존재를 숨기는 경우가 많다. 그러면 어떤 상황에서 그의 손길을 추적하기 힘들어진다. 우리는 전적으로 수평적인 용어로 갈등, 난관, 반대를 분석하는 경향이 있다. 그리고 나서 (세상과 똑같이) "다투고 싸우[며]"(약 4:2), 교회 가족을 무너뜨리려 하는 원수의 손을 분별하기보다는 서로 비난하고 책임을 전가하기 시작한다.

아기 이름의 뜻을 소개하는 한 웹사이트에 실린 다음 내용에 이 미묘함이 잘 드러난다. 요즘에도 드물지만 간혹 남아와 여아 이름으로 사용하는 디아볼로스라는 이름 아래에 그 의미를 정확히 설명해 놓고도, 이어지는 설명에서는 그 의미를 가볍게 여긴다.

이름 디아볼로스

디아볼로스는 마귀의 한 형태다. 상세 내용은 '마귀' 항목을 보라.

많은 부모가 선택하는 디아볼로스는 따뜻하고 발랄한 이름이다. 다정하면서도 매력적인 이 이름은 개성과 재능을 잘 조합했다. 특이하기는 해도 세련된 이 이름은 확실히 기억에 남는 이름이 될 것이다.[2)]

"따뜻하고 발랄하며, 다정하면서도 매력적인 … 세련된 디아볼로스"라니. 정말로 마귀는 광명의 천사로 가장할 때가 많다!(고후 11:14) 그러니 우리는 깨어 있어 잘 분별해야 한다.
이제 예수님이 그 이유를 설명해 주신다.

설명

제자들은 마음에 '근심하지' 않는 것이 중요했다. 하지만 그와 동시에, 예수님 말씀의 논리를 진지하게 받아들여야 했다. "세상이 너희를 미워하면 너희보다 먼저 나를 미워한 줄을 알라 너희가 세상에 속하였으면 세상이 자기의 것을 사랑할 것이나 너희는 세상에 속한 자가 아니요 도리어 내가 너희를 세상에서 택하였기 때문에 세상이 너희를 미워하느니라"(요 15:18-19).

제자들은 새 언약 공동체의 초기부터 이 사실을 경험했다. 성령님을 보내겠다는 예수님의 약속(요 14:16)은 정말로 성취되었다(행 2:33). 3천 명이 회심했다(행 2:41). 교회는 활발한 새 공동체가 되었고, 서로 사랑이 흘러넘치며 날마다 성장을 경험했다(행 2:42-47). 하지만 다락방에서 하신 말씀도 똑같이 성취되었다. 초대교회의 삶은 축복인 동시에 고난이었다. 복음이 열매를 맺을 때 그 열매에 대한 반대도 항상 있을 것이다.

초기 예루살렘 교회는 마귀가 반복해서 사용하는 세 가지 근본 전략을 잘 보여 준다.

첫째로 박해의 형태로 사람들을 겁박한다(행 3-4장).

교회가 담대하게 서 있으면 두 번째 전략을 사용한다. 아나니아와 삽비라가 속임수로 호의를 얻으려 했듯이(행 5:1-11) 평판을 얻고자 하는 야망이다.

다음으로, 교회가 신실하여 그마저도 실패하면, 뱀은 교회가 자비 사역을 실천할 때 분열을 주입하려 한다(행 6:1-7). 하지만 교회는 실용적인 지혜로 거기에 대응한다. 세 공격이 모두 수포가 되면, 마귀는 첫 번째 전략부터 다시 시도한다. 하지만 스데반을 '무너뜨리려' 한 시도는 다소의 사울이 회심하는 길을 열어 주었을 뿐이다(행 7-9장).

우리는 사탄이 선수 치지 않도록 조심해야 한다. 여기서 원리는 '유비무환'이다. 사도행전에 나오는 이 내용을 읽는다면, "우리로 사탄에게 속지 않게 하려 함이라 우리는 그 계책을 알지 못하는 바가 아니로라"(고후 2:11). 우리가 이 세상에 사는 한에는, 개인적인 그리스도인의 삶이나 공동체적인 교회의 삶에 반대와 적대감이 없으리라고 기대하지 않을 것이다.

왜 그런가?

"너희는 세상에 속한 자가 아니[기]" 때문이다(요 15:19).

그건 지나친 경건이 아닌가? 아니다. 이는 예수님이 하신 말씀이다. 우리는 이 세상에 속하지 않고, 그리스도 안에 있는 새로운 피조물, 곧 다른 질서의 현실에 속한다(고후 5:17). 예수님은 우리가 어떤 존재인지, 우리의 새로운 정체성을 깨닫기를 요청하고 계신다.

우리나 우리 교회가 세상과 비슷하면 비슷할수록 세상이 우리를 사랑할 것이다. 혹은 적어도 비교적 무해한 존재로 용인될 것이다. 하지만 우리는 진정한 정체성을 잃어버리고 세상에 별다른 영향을 미치지 못할 것이다.

예수님은 제자들(과 우리)에게 세상이 그들을 사랑하리라고 기대하지 말아야 한다고 말씀하고 계신다. 고대 그리스도인들은 '새로운' 혹은 '제3의 인종'[3)]에 속한 사람들로 여겨져 박해를 받았으며, 이방인이나 유대인 모두에게 환영받지 못했다. 세상은 세상과 다른 사람들을 정죄할 테지만, 그들을 통해 세상이 '소란해질' 것이다(행 17:6, 새번역). 아니, 정확히 말하자면, 세상이 바로잡힐 것이다.

가끔은 복음서에서 가장 받아들이기 힘든 요소가 우리가 십자가에 못 박힌 구세주를 따른다는 사실이라는 생각이 들지 않는가? 주님은 우리가 십자가를 지고 그분을 따르지 않으면 그분의 제자가 될 수 없다고 말씀하셨다. 여기서 예수님은 그 이유를 강조하고 계신다. 바로 그들이 그분을 십자가에 못 박았기 때문이다. 부분적으로는 예수님의 삶과 말씀이 그들을 정죄한다고 느꼈기 때문이었다. 그들의 죄책감이 적대감을 불러일으켰다. 예수님이 암시하시듯이, 그럴 때가 자주 있다. "내가 와서 그들에게 말하지 아니하였더라면 죄가 없었으려니와 지금은 그 죄를 핑계할 수 없느니라"(요 15:22). 그들은 예수님이 곁에 계셔서 정죄 받는다고 느꼈다.

그들의 박해를 통해 여자의 후손인 그 씨가 열매를 맺었다(12:24). 우리 주님이 그러셨다면, 그 양식은 그분의 종들에게도 나타날 것이다(15:20).

그리스도인이 되면 그 즉시 '이 세상'에 속하지 않은 존재로 여겨지고, 그 결과 고통스러운 박해를 받게 되는 지역을 생각해 보자(대개 그들이 가장 훌륭한 시민에 속하는데도 불구하고 말이다). 하지만 그런 곳에서 복음이 풍성한 열매를 맺는 경우가 많다. 왜 그럴까? 상당 부분, 그리스도의 제자들이 그 주님을 닮아 갔다는 증거가 있기 때문이다.

초대교회에서도 마찬가지였다. 십자가를 짊어진 제자들은 예수님의 이름으로 고난받기 "합당한 자"로 여겨짐을 기뻐했다(행 5:41). 다락방에 있던 사람들은 예수님의 경고를 들을 수 있었다는 사실에 감사하면서 그때를 되돌아봤을 것이다. "내가 너희에게 종이 주인보다 더 크지 못하다 한 말을 기억하라"(요 15:20).

자, 이제 예수님의 삼단논법을 정리해 보자.

종이 주인보다 크지 못하다.
내가 너희의 주다.
그들은 나를 박해했다.

따라서 그들이 너희도 박해할 것이다.

이것이 제자들이 반대를 경험하는 이유다. 그렇다면 그들은 어떻게 도움을 받게 되는가?

정체를 드러내다

이제 예수님은 중요한 작업을 시작하신다. 반대 세력의 정체를 드러내시는 것이다.

우리 믿음의 반대 세력은 너무 크고 강력하고 단호하며 무적처럼 보일 때가 많다. 그 덕에 우리는 작고 약하다고 느끼고 의기소침해질 것이다. 위협은 사탄이 그리스도인의 증언을 멈추기 위해 사용하는 핵심 무기다. 대다수 사람은 내면이 쪼그라드는 듯 느낀다.

하지만 예수님은 말씀하신다. "이게 현 상황의 실제 모습이 아님을 너희가 알았으면 한다. 너희에게는 새로운 렌즈가 필요하다. 그래야 하나님 나라가 얼마나 큰지, 그 나라가 반드시 승리할 것을 볼 수 있을 테니 말이다."

엘리사가 어떻게 기도했는지 기억하는가? 어느 날 아침, 그의 사환이 밖에 나갔다가 그들이 있던 도단이 아람 군대에 포위된 것을 알게 되었다.

하나님의 사람의 사환이 일찍이 일어나서 나가보니 군사와 말과 병거가 성읍을 에워쌌는지라 그의 사환이 엘리사에게 말하되 아아, 내 주여 우리가 어찌하리이까 하니 대답하되 두려워하지 말라 우리와 함께한 자가 그들과 함께한 자보다 많으니라 하고 기도하여 이르되 여호와여 원하건대 그의 눈을 열어서 보게 하옵소서 하니 여호와께서 그 청년의 눈을 여시매 그가 보니 불말과 불병거가 산에 가득하여 엘리사를 둘렀더라(왕하 6:15-17).

예수님은 제자들의 눈을 열어 주신다. 그분은 그들이 더 분명히 보게 도와주신다. 사실상 예수님은 이렇게 말씀하고 계신다. "이 사람들을 보거라! 그냥 그들을 보아라. 너희가 누구인지 분명히 생각해야 한다. 하나님의 위대하심과 내 부활의 능력, 확실히 임할 하나님 나라, 그들이 해를 끼치고 무너뜨리기 위해 하는 일을 사용하여 내가 나의 교회를 세울 것이라는 사실에 비추어 그들을 보아야 한다. 그렇게 본다면, 너희 눈앞에서 그들이 쪼그라들기 시작할 것이다!"

제1원리들

우리는 가장 기초적인 원리로 우리 삶에 대해 생각하는 법을 배워야 한다. 예수님은 그중 세 가지에 제자들의 초점을 모으신다.

제1원리 1: 하나님의 아버지 되심

첫째, 예수님은 제자들에게 그들을 박해하는 이들은 아버지를 알지 못하지만, 그들은 안다고 말씀하신다. "그러나 사람들이 내 이름으로 말미암아 이 모든 일을 너희에게 하리니 이는 나를 보내신 이를 알지 못함이라"(요 15:21). 이것은 어떤 차이를 만들까?

반대와 위협을 받으면 나는 왜소하고 소외되고 외롭다고 느낀다. 하지만 내게는 큰 특권이 있다. 나는 하늘 아버지의 자녀다. 참새는 거의 헐값에 팔리지만, 하나님은 그중 하나도 잊으시지 않는다. 나는 많은 참새보다 귀한 존재다(눅 12:6-7). 나는 두려워할 필요가 없다. 그분이 나를 세심하게 돌보시고 지켜 주신다.

하이델베르크 요리문답이 확인해 주듯, 이것이 "살아서나 죽어서나 [나의] 유일한 위로"다.

살아서나 죽어서나 나는 나의 것이 아니요,
몸도 영혼도 나의 신실한 구주 예수 그리스도의 것입니다.
그리스도께서는 그의 보혈로 나의 모든 죗값을 완전히 치르고
나를 마귀의 모든 권세에서 해방하셨습니다.
또한 하늘에 계신 내 아버지의 뜻이 아니면
머리털 하나도 땅에 떨어지지 않도록 나를 보호하시며,
참으로 모든 것이 합력하여
나의 구원을 이루도록 하십니다.
그러하므로 그분은 그의 성신으로 나에게 영생을 확신시켜 주시고,

이제부터는 마음을 다하여 즐거이 그리고 신속히
그를 위해 살도록 하십시오. (제1문)

나는 이보다 더 안전할 수 없다!

이제 나는 내 신앙에 적대적인 이들이 거인으로 보이지 않고, 복음에 나타난 하나님의 은혜를 전혀 알지 못하는 불쌍한 사람으로 보인다. 하늘에 계신 우리 아버지와 비교하면, 그들은 작고 무의미한 존재일 뿐이다. 그분이 나의 궁극적 유익을 위해 사용하실 수 없는 어떤 것도 내게 할 수 없는 무력한 존재다.

이 부분을 묵상하다 보니 어릴 적 기억이 한 가지 떠오른다. 어릴 때 길거리에서 축구를 하곤 했다. 그중 한 친구의 아버지가 스코틀랜드 프로 축구팀의 선수 출신이었다. 때로 그 아버지는 일찍 퇴근해서 우리와 함께 놀아 주셨는데, 지고 있는 팀에 합류하시곤 했다! 그분이 같은 팀이면, (아무리 큰 점수 차로 지고 있더라도) 승리를 확신할 수 있었다! 이 친구 아버지를 이길 수 있는 팀은 아무도 없었다!

"무한히 위엄하신 아버지"[4)]의 아들 예수 그리스도의 친구들도 마찬가지다. 그분은 우리 아버지시고 이제 우리는 그분의 자녀다. 우리는 고아처럼 남겨지지 않았다! 그 사실이 평안과 위로를 준다. 그 자녀들의 믿음과 결실을 무너뜨리려는 자들은 하늘 아버지가 그들이 해를 끼치려 하는 모든 행위를 유익을 끼칠 도구로 바꾸실 것을 깨닫지 못한다.

너를 치려고 제조된 모든 연장이 쓸모가 없을 것이라
일어나 너를 대적하여 송사하는 모든 혀는 네게 정죄를 당하리니
이는 여호와의 종들의 기업이요
이는 그들이 내게서 얻은 공의니라 여호와의 말씀이니라 (사 54:17).

제1원리 2: 하나님의 심판

계속해서 예수님이 말씀하신다. "내가 와서 그들[그분의 반대자들]에게 말하지 아니하였더라면 죄가 없었으려니와 지금은 그 죄를 핑계할 수 없느니라 나를 미워하는 자는 또 내 아버지를 미워하느니라 내가 아무도 못한 일을 그들 중에서 하지 아니하였더라면 그들에게 죄가 없었으려니와 지금은 그들이 나와 내 아버지를 보았고 또 미워하였도다"(요 15:22-24).

우리를 위협하는 모든 '거인'은 하늘 아버지의 의로우신 심판을 받을 것이다. 그들에게 불리한 증거가 다 법정으로 소환될 것이다. 거기에는 그들이 주 예수님과 그 제자들의 말씀과 행동에 어떻게 반응했는지도 포함될 것이다.

예수님이 말씀하지 않거나 행동하지 않으셨다면 그들에게 "죄가 없었으려니와"(22, 24절)라는 말씀은 무슨 뜻이었을까? 여기서 주님은 법정 용어로 말씀하고 계신다. 그들의 경우에 예수님의 자기 계시(와 그들의 거부)가 '유죄' 판결을 확정한다. 그리스도 안에 나타난 은혜가 그들의 죄를 밝혀 주었다.

햇빛을 받아 꽃이 피고 달콤한 향기를 낸다. 하지만 햇빛 때문에

오염수가 말라붙어 유독한 악취를 풍길 수도 있다. 의로운 태양이신 그리스도의 빛도 영적으로 똑같은 효과가 있다. 제자들은 성령님의 좋은 열매를 맺지만, 그로 인해 마음이 굳어지고 하나님에 대한 적대감이 확연해지는 사람들도 있다.

바울은 복음에 대한 반대를 "하나님의 공의로운 심판의 표"(살후 1:5)라고 말하고, 박해자들에 대한 그리스도인의 침착한 대응을 "그들에게는 멸망의 증거"(빌 1:28)라고 언급하면서 이를 되새긴다.

"이는 우리가 다 반드시 그리스도의 심판대 앞에 나타나게 되어"(고후 5:10). 제자들은 그들의 현재 경험을 미래의 관점에서 보는 법을 배워야 한다. 그렇게 하면 거대해 보이던 것들이 작아지고, 인간의 자만심은 사라질 것이다. 고통스러운 박해를 다른 각도에서 보게 될 것이다. "그러므로 우리가 낙심하지 아니하노니 … 우리가 잠시 받는 환난의 경한 것이 지극히 크고 영원한 영광의 중한 것을 우리에게 이루게 함이니 우리가 주목하는 것은 보이는 것이 아니요 보이지 않는 것이니 보이는 것은 잠깐이요 보이지 않는 것은 영원함이라"(4:16-18).

그런 관점이 순교자 스데반에게 안정감을 주어서 그는 자신의 증언에 반대하는 압도적인 세력에도 흔들리지 않을 수 있었다. "보라 하늘이 열리고 인자가 하나님 우편에 서신 것을 보노라"(행 7:56).

그래서 우리는 (위협하는 '거인'이 우리를 두렵게 할 때마다) 그 대상을 넘어서 그 거인 배후에 드리워진 그리스도 심판대의 그림자를 보는 법을 배워야 한다. 그런 관점을 지니면 거인은 난쟁이가 되고 만다. 그

거인이 걷고 있는 길은 멸망으로 이어질 뿐이다.

이를 통해 우리는 반대에 맞서 우리를 지켜 줄 세 번째 '제1원리'에 도달하게 된다.

제1원리 3: 놀라지 말라

첫 번째 제1원리가 우리는 하나님 아버지를 알고 교회를 박해하는 이들은 알지 못한다는 것이요, 두 번째 제1원리가 그리스도의 원수들이 심판을 받게 된다는 것이라면, 세 번째 제1원리는 제자들이 반대에 부딪힐 때 이렇게 말할 수 있다는 것이다. "놀랍지 않아요. 당신이 올 줄 알고 있었습니다."

반대가 있더라도 놀라지 말자. 뜻밖의 대상에게서 반대가 올 수 있다. 하지만 그 출처가 어디든 간에, 우리는 반대가 있다는 사실 자체에 놀라서는 안 된다. 왜 그런가? 예수님이 그 이유를 설명해 주신다. 예수님을 반대하는 이들이 있었다면, 그분을 믿고 따르는 이들을 반대하는 세력도 당연히 있을 것이다.

이 원리를 알면 큰 힘이 된다. 우리가 사탄의 유혹을 받거나 비그리스도인들의 반대를 경험하거나 교회 공동체의 교제를 위협하는 이기적인 개인을 만날 때 완전히 상황이 달라진다. 우리는 이렇게 말할 수 있다. "어디서 반대가 올지 몰랐습니다. 그 반대가 어떤 구체적인 형태를 띨지도 확실하게 예상할 수 없었습니다. 하지만 반대가 올 것은 알고 있었습니다. 예상했습니다. 그래서 놀라지 않았고 충분히 준비되어 있습니다."

이렇게 되면 반대가 닥쳐도 공포에 빠지지 않을 것이다. 초조하여 손을 비비면서 이렇게 말하지도 않을 것이다. "뭐가 잘못된 거죠? 이런 일이 나와 우리 교회에 생겨서는 안 되죠!" 우리는 이렇게 생각할 정도로 순진하지 않다. '저 사람들이 나 같은 사람에게 반대하는 이유가 뭘까? 나는 그냥 평범한 그리스도인으로 살려고 애쓰고 있는데 말이야. 저들에게 아무런 해도 끼치지 않았다고!' 아니다. 우리는 반대를 예상한다. 놀라지 않는다. 공포에 빠지지 않는다. 왜냐하면 주 예수님도 그분(과 우리)에 대한 이런 반대에 당황하시지 않는 것을 우리가 알기 때문이다. 그 반대가 궁극적으로는 우리를 향한 것이 아니라 그리스도를 향한 것임을 우리가 기억하는 한, 아무 문제가 없을 것이다. 우리는 이렇게 말할 수 있다. "주님, 이 반대는 주님을 향한 것입니다. 저는 주님이 이 반대를 다루실 수 있다고 믿습니다."

이게 사실이라면, 당황할 사람은 우리가 아니라 그리스도를 대적하는 자들이다! 그들은 당연히 우리를 장악하고 손쉽게 무너뜨릴 수 있으리라고 가정한다. 스스로 더 똑똑하고, 논쟁에 더 강하며, 그리스도인들보다 더 '현대적'이고 '문명화되었다'고 믿는다. 물론, 그들의 노련함이 우리를 주눅 들게 만들 때가 자주 있다. 하지만 그들은 그리스도를 믿지 않기 때문에 복음의 능력이나 보혜사의 임재를 알지 못한다. 그리스도인들이 '그렇게 행동하는 이유'를 알 수 없다. 그를 비하하는 반대 세력에 대해 잘 알고 있었던 존 번연(John Bunyan)이 말한 원칙에 대해서도 아무것도 모른다.

낮은 자는 떨어질까 봐 두려워할 필요가 없다네.
낮은 자는 교만이 없네.
겸손한 자에게는 언제나
하나님이 인도자가 되어 주시네.[5]

우리는 하늘 아버지의 자녀다. 우리를 보호해 주시는 크신 하나님이 계신다. 주 예수님은 우리에게 반대를 예상하라고 가르쳐 주셨다. 우리는 그 반대가 우리가 아니라 궁극적으로 그분을 향한 것임을 안다. 그래서 우리도 스데반처럼, 반대를 받을 때 넉넉히 위협을 벗어나 이렇게 기도할 수 있다. "주여 이 죄를 그들에게 돌리지 마옵소서"(행 7:60).

이 부분에서 마지막으로 강조할 점이 하나 더 있다.

증언

요한복음 15장을 마무리하는 말씀은 언뜻 엉뚱해 보이기도 한다. 예수님이 (지금까지 계속 언급되지 않았던) 성령님을 다시 언급하시기 때문이다. 앞에서 예수님은 성령님을 제자들의 '파라클레토스' 혹은 '보혜사'라고 말씀하셨다(14:16, 26). 이제 그분은 같은 주제로 돌아가서 더 발전시키신다. "내가 아버지께로부터 너희에게 보낼 보혜사 곧 아버지께로부터 나오시는 진리의 성령이 오실 때에 그가 나를 증언하실 것이요 너희도 처음부터 나와 함께 있었으므로 증언하느니라"(요 15:26-27).

이 말씀은 무슨 뜻인가? 핵심은 분명하다.

보혜사가 오셔서 그리스도에 대해 증언하실 것이다.

제자들도 그리스도를 증언할 것이다.

예수님이 성령님에 대해 이전에 가르치신 것과 같이 이 말씀은 약속인 동시에 예언이다. 이 말씀은 오순절에 맨 처음 성취되었다. 사도들이 그리스도를 증언했는데(행 2:4), 특히 베드로가 길게 증언했다(14-36절).

그런데 무엇이 이들의 증언을 그토록 효과적으로 만들었을까?(그날 3천 명이 믿음을 고백했다.) 베드로의 성경 신학 때문은 아니다(물론 그가 예수님의 '부활 이후 세미나'에서 많이 배운 것은 틀림없다, 행 1:3). "학문 없는 범인"(4:13)이었지만 그의 가르침에는 진정한 복음이 들어 있었으나, 그의 능변 때문도 아니었다. 성령님이 오셨기 때문이다. 그분은 제자들의 증언을 통해 예수님을 증언하셨다.

예수님이 그분 말씀에 어떻게 평행 구조를 심어 두시는지 주목해 보자.

제자들은 증언한다.

누가 그들의 증언에 권위를 주는가?

제자들은 '처음부터' 주님과 함께 있었다.

실제로, 그들은 예수님의 가장 가까운 '친구'다(요 15:15).

따라서 각 제자는 예수님의 '파라클레토스'가 될 자격이 있다!

그러나 제자들만 처음부터 예수님과 함께 있었던 것은 아니다.

성령님은 '나를 증언하실' 것이다(15:26).

누가 그분의 증언에 권위를 주는가?

성령님도 '처음부터' 예수님과 함께 계셨다.

실제로, 그분은 예수님의 가장 가까운 '친구'시다.

따라서 성령님은 예수님의 '파라클레토스'가 될 자격이 있으시다.

사실, 성령님은 제자들보다 더 오랫동안 주 예수님과 함께 계셨다. 그분의 경우에, '처음부터'는 제자들이 주님을 안 '처음'보다 훨씬 이전이다. 성령님은 예수님이 모태에 계실 때부터 그분과 함께 계셨다. 하지만 마리아에게 잉태되신 때보다 훨씬 더 거슬러 올라가는 '처음'이 있다. 예수님이 "아버지께로부터 … 보낼" 성령님은 "아버지께로부터 나오시는" 증인이시기 때문이다(15:26). 그리고 이 나오심은 영원부터다!

'보내다'와 '나오시다'라는 동사의 시제 차이를 유의하여 보라.

보내심은 미래다(오순절).

나오심은 현재다.

오랫동안 최고의 성경 주석가들은 이 나오심이 단순히 성령님과 아버지의 '경륜적' 관계(역사 속에서 성령님의 오심)를 가리키지 않고 '존재론적'이요 영원한 관계를 가리킨다고 보았다. 곧 성령님은 항상 영원 전부터 아버지께로부터 '나오신다'는 뜻으로 말이다.

예수님은 제자들에게 '시간이 없었던 시간'을 가리키고 계신다. 이 위태로운 밤에 예수님은 휘장을 걷어 삼위일체의 신비를 보여 주신다. 그분 안에서 제자들이 그 아들이 얼굴을 맞대고 사시며, 그분에게서 성령님이 나오시는 아버지를 알게 되었다고 말씀하고 계신다. 더 나아가서, 예수님은 그분이 친히 아버지로부터 이 동일한 성령님을 그들에게 보내실 것이라고 선언하고 계신다. 그분이 하나님의 아들이셔야만 그렇게 하실 권한을 가지실 수 있다. 한낱 사람은 하나님을 보낼 권위가 없다!

예수님 말씀을 잘 따라오고 있는가?

성경에서 삼위일체 교리가 중요하다고 설득하는 본문이 있다면 바로 이 본문일 것이다. 삼위일체 교리는 기독교 교리 중에 가장 사변적이고 현실과 동떨어졌다고 여겨지지만, 사실은 정반대다. 그렇지 않다면, 왜 예수님이 이런 절체절명의 시간에 이를 가르치셨겠는가? 사실, (그 의미를 정확히 이해할 수만 있다면) 삼위일체는 가장 근본적이고 실용적인 성경의 진리가 틀림없다.

지금, 이 암흑 같은 시간에, 예수님은 제자들을 위해 하나님의 존재의 중심부에 닻을 내리고 계신다. 마치 이렇게 말씀하고 계신 것 같다. "친구들이여, 반대가 심할 것입니다. 하지만 마음에 근심하지 마십시오. 나를 믿으세요. 그리고 무슨 일이 있든 나를 증거하십시오. 경계를 늦추지 말고 박해와 혐오에 대비하십시오. 하지만 여러분의 적수가 여러분보다 더 큰 자원을 가지고 있다고 생각하지 마십시오. 계속해서 내 증인이 되어 주십시오. 여러분은 혼자가 아닙니다. 보혜사가 함께하십니다. 그분이 오셔서 당신 안에 거하실 것입니다. 그리고 잊지 마십시오. 여러분처럼, 성령님도 내 사역의 처음부터 나와 함께 계셨습니다. 하지만 (여러분과 달리) 그분은 더 앞서서, 나 곧 말씀이 육신이 되었을 때부터 나와 함께 계셨습니다. 사실, 그분은 그보다 더 앞서서부터, 곧 처음이 없었던 처음, 내가 '아버지 품속에' 있던 '태초'(요 1:1, 18), '태초에 하나님'(창 1:1)만 계시던 때부터 나와 함께 계셨습니다."

C. S. 루이스의 표현을 빌리자면, 제자들은 "태초의 심오한 마법"[6]에 접근하고 있었다고 말할 수 있겠다. 보혜사가 오실 때 그들은 하늘의 자원을 받고 삼위일체 하나님께 닻을 내릴 것이다. 그분 앞에서 모든 인간 대적은 쪼그라든다.

따라서 이 젊은이들은 무서워하거나 무너지지 않고 대담해질 것이다. 그들은 '모든 족속'에게 증인으로 보내졌다(눅 24:47-48). 신약성경 나머지 부분은 그들이 정말로 그렇게 되었다고, 교회 전통은 그들이 구세주를 위해 기꺼이 자기 삶을 바쳤다고 말해 준다.

얼마 있지 않아, 제자들은 스데반이 순교할 때 그들과 함께 다락방에 있지 않았던 사람에게 예수님의 약속이 성취되는 것을 보게 된다. 누가 보더라도 실패 같은 이 사건은, 살인자들이 자기 겉옷을 벗어 그 발 앞에 놓았던 또 다른 젊은이가 열방을 향한 그리스도의 증인으로 거듭나는 수단이 되었다.

따라서 다소 사람 사울의 회심으로부터 증언의 새 시대가 시작되었고, 예수님이 다락방에서 주신 약속이 종말까지 계속해서 성취될 것이 분명해졌다. 다음 장으로 넘어가기 전에, 잠시 멈춰서 우리가 지금까지 알아차리지 못했던 특권을 곰곰이 생각해 보고 감사하는 시간을 가져 보자. 우리는 요한복음의 이 부분을 읽으면서 "아버지께로부터 나오시는 진리의 성령이 오실 때에 그가 나를 증언하실 것이요 너희도 … 증언하느니라"라는 예수님의 약속의 효과를 경험하고 있다.

다른 모든 것에 더해서, 이는 사도들이 성령의 능력으로 모든 시대 교회를 위해 그리스도에 대한 최종적 증언, 곧 신약성경을 공급하게 되리라는 약속이기도 했다. 여기에 사도들과 성령님의 공동 증언이 있다. 그들은 처음부터(사도들의 경우에는 예수님의 공생애 처음부터, 성령님의 경우에는 예수님의 생애 처음부터) 그리스도와 함께 계셨으므로 우리는 그들의 말씀을 의지할 수 있다.

요한복음 13-15장을 되돌아보면서 우리는 예수님이 이미 주신 가르침에 정말로 감사하게 된다. 하지만 아직 가르침이 더 남아 있다.

그런데 예수님은 왜 이 모든 가르침을 그제야 다락방에서 사도들에게 주셨을까? 다음 장은 이 질문에 대한 대답으로 시작한다.

9. 왜? 왜? 왜?

요한복음 16장 1-16절

¹내가 이것을 너희에게 이름은 너희로 실족하지 않게 하려 함이니 ²사람들이 너희를 출교할 뿐 아니라 때가 이르면 무릇 너희를 죽이는 자가 생각하기를 이것이 하나님을 섬기는 일이라 하리라 ³그들이 이런 일을 할 것은 아버지와 나를 알지 못함이라 ⁴오직 너희에게 이 말을 한 것은 너희로 그때를 당하면 내가 너희에게 말한 이것을 기억나게 하려 함이요 처음부터 이 말을 하지 아니한 것은 내가 너희와 함께 있었음이라 ⁵지금 내가 나를 보내신 이에게로 가는데 너희 중에서 나더러 어디로 가는지 묻는 자가 없고 ⁶도리어 내가 이 말을 하므로 너희 마음에 근심이 가득하였도다 ⁷그러나 내가 너희에게 실상을 말하노니 내가 떠나가는 것이 너희에게 유익이라 내가 떠나가지 아니하면 보혜사가 너희에게로 오시지 아니할 것이요 가면 내가 그를 너희에게로 보내리니 ⁸그가 와서 죄에 대하여, 의에 대하여, 심판에 대하여 세상을 책망하시리라 ⁹죄에 대하여라 함은 그들이 나를 믿지 아니함이요 ¹⁰의에 대하여라 함은 내가 아버지께로 가니 너희가 다시 나를 보지 못함이요 ¹¹심판에 대하여라 함은 이 세상 임금이 심판을 받았음이라 ¹²내가 아직도 너희에게 이를 것이 많으나 지금은 너희가 감당하지 못하리라 ¹³그러나 진리의 성령이 오시면 그가 너희를 모든 진리 가운데로 인도하시리니 그가 스스로 말하지 않고 오직 들은 것을 말하며 장래 일을 너희에게 알리시리라 ¹⁴그가 내 영광을 나타내리니 내 것을 가지고 너희에게 알리시겠음이라 ¹⁵무릇 아버지께 있는 것은 다 내 것이라 그러므로 내가 말하기를 그가 내 것을 가지고 너희에게 알리시리라 하였노라 ¹⁶조금 있으면 너희가 나를 보지 못하겠고 또 조금 있으면 나를 보리라 하시니

아마 다락방에서는 시간이 멈춘 듯했을 것이다. 예수님이 그들의 발을 씻기시는 모습을 보고 있었던 제자들은 느린 화면을 보는 것 같은 느낌이었을 것 같다. 초반에 격분한 베드로를 제외하고는, 당혹스러운 침묵이 온 방을 휩쓸고 있었다.

예수님은 몇 번이나 대야에 물을 받아 오셨을까? 베드로에게 하신 말씀 이외에 다른 말씀도 하셨을까? 혹시 유다도 무슨 말을 하지는 않았을까? 요한은 이 모든 세부 사항은 우리 상상에 맡긴다. 그 내용이 얼마나 흥미로울지는 몰라도, 우리가 알아야 할 정도로 중요하지는 않다. 여기서는 예수님의 행동(제자들의 발을 씻어 주시고 유다에게 떡 조각을 주시며 그를 내보내신 것)과 말씀, 이 두 가지만 중요하다.

발을 씻기신 것과 마찬가지로, 주님의 가르침은 인격적이고 친밀하며 은혜로 가득했다. 이날 저녁은 온전히 정결하게 하는 시간이었다. 그분은 물로 제자들의 발을 깨끗하게 하시고, 말씀으로 그들의 삶을 깨끗하게 하셨다(요 15:3).

우리는 그 깨끗하게 하는 말씀에서 중요한 부분을 이제 막 묵상했다. 뜻밖일 수도 있지만, 예수님은 이 순간을 삼위일체에 대해 말씀하시는 기회로 삼으셨다.

이 자체만으로도 그분이 계속해서 하시려는 말씀이 제자들에게는 믿기 어려운 일처럼 느껴졌을 것이다. "내가 아직도 너희에게 이를 것이 많으나 지금은 너희가 감당하지 못하리라"(16:12).

정말인가? 그분은 이제 막 신학자들이 말하는 존재론적·경륜적 삼위일체에 대해 말씀하셨는데, 더 하실 말씀이 있으시단 말인가? 여기서 "주님, 이제 그만하세요!"라고 끼어드는 제자가 있다면 당신도 공감하고도 남았을 것이다.

예수님의 가르침은 아직 끝나지 않았다. 하지만 그분은 제자들이 이해할 수 있는 한도까지만 데려가셨다. '지금은' 말이다. 나중에 성령님이 예수님의 가르치시는 역할을 이어받으시면 배울 게 더 많을 것이다. "이후에는 알리라"(13:7).

예수님은 현명하고 자기 관리가 철저한 선생이셨다. 우리는 이 점에서 그분께 배울 게 많다.

가르치기를 좋아하는 사람이 있다. 가르치려고 연구하기를 좋아하는 사람도 있다. 하지만 이 둘만으로는 교회에서 가르칠 자격을 얻지 못한다. 더 필요한 것이 있다. 사람들을 사랑하고, 가르침의 은사로 그들을 섬기려는 마음이 있어야 한다. 그리스도도 우리 자신이 아니라 그들의 유익을 위해 그 은사를 허락하셨다.

이것이 없다면, 우리의 가르침은 사역으로 위장한 자기만족의 수단으로 변질되기 쉽다. 사람들을 가르치고 훈련하는 데는 성공할 수 있을지 몰라도, 무언가가 부족할 것이다. 예수님과 사도들의 가르침의 특징인 영적 자양분이 빠져 있다. 예수님처럼 선생이 무릎을 꿇을 때, 겉으로 드러나는 그의 성격이 다음과 같이 말할 때 그 자양분은 온다. "주님은 여러분을 사랑하십니다. 그리고 저도 여러분을 사랑하고 여러분을 섬기기 원하기 때문에 그분이 제게 여러분께 전할 말씀을 주셨습니다."

사도 바울은 그 점을 알아차리고, 다음처럼 강력한 세 말씀으로 그에 대해 깊이 성찰했다. "우리는 우리를 전파하는 것이 아니라 오직 그리스도 예수의 주 되신 것과 또 예수를 위하여 우리가 너희의 종 된 것을 전파함이라"(고후 4:5). "우리가 이같이 너희를 사모하여 하나님의 복음뿐 아니라 우리의 목숨까지도 너희에게 주기를 기뻐함은 너희가 우리의 사랑하는 자 됨이라"(살전 2:8). "이 교훈의 목적은 … 사랑이거늘"(딤전 1:5).

이런 정신의 원래 모델은 예수님 말씀에 표현된 사랑과 인내의 조화에서 볼 수 있다. "내가 아직도 너희에게 이를 것이 많으나 지금은 너희가 감당하지 못하리라"(요 16:12).

이런 배경에서 예수님은 마치 그들의 생각을 읽기라도 하신 듯, 이제 제자들이 말로 표현하지 못한 질문들에 답하려 하신다. 그분은 완벽한 분별력을 지니셨기에 그들의 생각을 읽으시고도 남았다.

분별은 영적 조언에서 중요한 요소다. 분별은 사람들의 말과 질문을 이해할 뿐 아니라, 그 사람들 자체와 '질문 배후에 숨은 질문'을 이해한다는 뜻이다. 예수님은 질문에 대답하실 뿐 아니라 질문하는 자들에게 대답하셨다. 요한이 우리에게 말해 주듯, "그가 친히 사람의 속에 있는 것을 아셨음이니라"(2:25).

성경을 더 많이 이해하고 하나님의 방법을 더 많이 경험하고 영적으로 민감할수록 이 말씀이 그 사람에게 더 해당할 것이다. 예수님의 완벽한 인간성 가운데서 우리는 그런 지식과 이해, 민감함이 완벽하게 조화를 이룬 모습을 찾아볼 수 있다. 여기서 그분은 아마도 제자들이 너무 민망해서 차마 하지 못했던 질문들에 끈기 있고 세심하게 사랑하는 마음으로 답해 주신다. 그들은 스스로에게조차 그 질문을 입 밖에 꺼내기 힘들었을 것이다.

제자들의 심정이 이해가 간다. 예수님은 그들을 한계까지 밀어붙이고 계셨다(어쨌든 그분은 이제 막 삼위일체 내의 관계를 말씀하시면서 우리의 이해를 한계까지 끌고 가시지 않았는가). 그래서 그분은 다음 세 질문에 답하신다.

예수님, 왜 우리에게 이런 말씀을 하시나요?
예수님, 왜 지금 이런 말씀을 하시나요?
예수님, 왜 주님이 우리를 떠날 것이라고 말씀하시나요?

왜 이 말씀을 하시는가?

첫 번째 질문에는 바로 대답하신다. "내가 이것을 너희에게 이름은 너희로 실족하지 않게 하려 함이니"(요 16:1).

우리 주님의 가르침에는 여러 목적이 있었기에, 그분의 말씀 사역은 다양한 차원에서 기능하며 여러 효과가 있다.

앞서 우리는 그중 하나가 기쁨이라는 것을 살펴보았다. "내가 이것을 너희에게 이름은 내 기쁨이 너희 안에 있어 너희 기쁨을 충만하게 하려 함이라"(15:11). 이제 그분은 다가올 고난과 성령님의 도우심에 대한 가르침이 특히 중요한 이유를 강조하셔서 그 균형을 맞추고 계신다. 이 가르침은 제자들이 "실족하지 않게", 또한 그들이 유다처럼 예수님을 배신하지 않도록 보호해 줄 것이다. 위험을 경고하고 거기에 맞서 대비하게 해 준다. 이제 곧 그들은 회당에서 그들을 적대시하는 세력과 마주할 것이다. 사람들은 그들을 박해하고 죽이는 것을 정당하게 느끼고, 엉뚱하게도 그 일을 통해 자신들이 하나님을 섬기고 있다고 확신할 것이다(16:1-2).

예수님 말씀을 주의해서 보라. 그분은 설명을 제시하신다. 제자들은 분별력을 키워야 한다. 그들이 보고 느끼는 바가 있을 것이다. 하지만 그들은 그 배후를 꿰뚫어 볼 수 있어야 한다. "그들이 이런 일을 할 것은 아버지와 나를 알지 못함이라"(16:3).

이것이 그들이 배워야 할 중요한 교훈이다. 예수님은 "사람들이 너희를 박해하겠지만, 그것은 궁극적으로 너희를 향한 것이 아니다!"

라고 말씀하고 계신다.

우리가 그 점을 이해한다면, 박해의 고통이 사라지지는 않더라도 그 독성이 그렇게 쓰라리지 않을 것이다. 우리는 이렇게 말할 수 있다. "주님, 이 박해는 제가 아니라 주님을 향한 것입니다. 그러니 이 짐을 주님께 넘겨 드립니다. 주님이 이 짐과 저를 책임져 주실 수 있습니다!" 이런 이해가 침착한 태도를 낳는다.

예수님도 사전에 경고하신다. "오직 너희에게 이 말을 한 것은 너희로 그때[곧 어둠의 나라의 시간]를 당하면 내가 너희에게 말한 이것을 기억나게 하려 함이요"(16:4).

우리는 앞에서 유비무환이라는 교훈을 이미 들은 바 있다. 반대 세력이 나타나겠지만, 우리가 놀라지 않으면 거기에 압도당하지 않는다. 우리는 이렇게 말할 수 있다. "네가 어디서 나타날지는 몰랐지만, 네가 올 줄은 이미 알고 있었지." 우리는 밀려나지 않는다. 예수님이 하신 경고 말씀으로 무장되어 있기에 실족하지 않는다.

하지만 예수님이 그들을 안심시키려고 말씀하신 '이것'은 과연 무엇이었을까?

첫째, "너희는 마음에 근심하지 말라"(14:1, 27)라는 것이다. 우리가 근심하지 말아야 할 근거는 충분하다. "하나님을 믿으니[신뢰하니] 또 나를 믿으라[신뢰하라]"(1절).

둘째, "내가 아버지께 구하겠으니 그가 또 다른 보혜사를 너희에게 주사 영원토록 너희와 함께 있게 하리니"(16절). 보혜사, 곧 성령님이 우리의 변호사가 되어 지혜를 주실 것이다. 그리고 우리와 함께 계셔서 침묵하지 않게 하실 것이다. "그가 나를 증언하실 것이요 … 너희도 … 증언하느니라"(15:26-27).

여기서 설명하는 원리를 다시 한번 강조하기 위해 잠시 멈춰야 할 것 같다. 예수님 말씀은 제자들에게 그 말씀이 가리키는 바로 그 변화를 가져올 것이다. 여기서 우리는 다시 한번 그리스도의 말씀이 역사하는 것을 본다. 예수님 말씀은 그 명령을 성취한다. 우리가 할 일은 그 말씀이 역사할 여지를 만드는 것이다. 그 말씀이 우리 안에 거하시면 우리를 유지해 주는 자원이 생기고, 반대를 견뎌 낼 방어벽을 우리 안에 만들어 낸다. 분별력이 생겨서 그 배후에 있는 세력을 볼 수 있으며, 거기에 대처하는 데 필요한 지혜를 받을 수 있다.

그래서 예수님은 그분의 말씀을 제자들의 머리와 가슴에 부어 주고 계신다. 그들이 실족하지 않도록 자원을 허락하신다.

그런데 왜 예수님은 하필이면 지금 이 말씀을 하시는 것일까?

왜 '지금' 이 말씀을 하시는가?

어쩌면 제자들은 이렇게 생각했을지도 모른다. "예수님, 왜 진작에 말씀하시지 않고 이제야 말씀해 주시는 거예요?"

예수님이 대답하신다. "오직 너희에게 이 말을 한 것은 너희로 그때를 당하면 내가 너희에게 말한 이것을 기억나게 하려 함이요 처음부터 이 말을 하지 아니한 것은 내가 너희와 함께 있었음이라"(요 16:4).

당신도 사랑하는 사람에게 나쁜 소식을 전해 본 경험이 있을 것이다. 상대방을 생각하면 마음이 무너진다. 그들을 보호해 주고 싶다. 슬픔의 무게를 느낀다. 할 수만 있다면 그 짐을 당신이 대신 져 주고 싶다. 하지만 이 소식을 전하지 않을 수 없다는 것을 안다.

예수님은 오랜 세월 무거운 짐을 지고 계셨지만, 이제 십자가는 눈앞에 닥친 현실이었다. 그분은 여러 차례 제자들에게 그분(과 제자들)을 기다리고 있는 일에 대해 말씀하셨지만, 대부분은 제자들을 보호하려 하셨다. 그들이 얼마나 연약한지 그들보다 더 잘 아셨기 때문이다. 제자들은 그 압박을 견디지 못했을 것이다.

예수님이 지금까지 온전한 가르침을 미루신 이유는 그 때문이었다. 그분을 위해서가 아니라 제자들을 위해서였다. 예수님은 제자들을 보호하기를 원하셨다. 그분이 친히 제자들과 함께 계셨기 때문에 (16:4하) 그렇게 하실 수 있었다. 하지만 이제 그분은 제자들을 떠나셔야 하고, 제자들은 더 알아야 할 게 있었다.

제자들이 자신이 미래를 알았더라면 뭔가 달라졌으리라고 생각했다면 자기기만에 지나지 않았을 것이다. 그들은 알 만큼 알았(고 지금은 더 많이 알았)지만 그렇다고 큰 차이는 없었다. 그들은 예수님이 그들을 얼마나 보호하려 하셨는지(혹은 그들에게 주님의 보호가 얼마나 필요했는지) 깨닫지 못했을 것이다(가끔 베드로는 자신이 예수님을 보호할 수 있다고 생각했던 것 같다!).

예수님이 사역 마지막에 그분을 기다리고 있는 모든 부담을 스스로 짊어지시고, 제자들이 감당할 수 없는 짐으로부터 그들을 보호하신 모습을 보면 감탄이 절로 나온다. 이사야서 말씀대로, "그는 목자 같이 양 떼를 먹이시며 어린양을 그 팔로 모아 품에 안으시며 젖먹이는 암컷들을 온순히 인도하시리로다"(사 40:11).

자녀들이 어릴 적에는 부모가 아이들을 안고 다닌다. 하지만 아이들이 걷는 법을 배워야 할 때가 온다. 안절부절못하고 계속 안아 주기를 원하는 아이들도 있다. 하지만 배워야 한다. 여기서도 마찬가지다. 제자들은 그들을 인도하고 지켜 줄 예수님이 곁에 계시지 않을 때도 위험한 길을 걷는 법을 배워야 한다. 예수님은 성령님을 통해 그들과 함께 계실 것이다. 하지만 그들은 그분을 신뢰하는 법을 배워야 한다. 도움이 필요할 때 넉넉한 은혜가 있을 것이다. 하지만 내일의 은혜가 오늘 찾아오지는 않는 법이다.

이것이 "예수님, 왜 진작에 말씀하시지 않고 이제야 말씀해 주시는 거예요?"라는 질문에 대한 답이다. 날마다 그날에 충분한 악이 있고, 그날 공급되는 은혜는 그날에 충분하다. 이것이 믿음으로 사는 삶이다.

왜 지금 떠나시는가?

세 번째 질문은 이것이다. "앞으로 이런 일이 닥칠 텐데, 예수님, 왜 지금 우리를 떠난다고 말씀하시나요?"

이제 주님은 제자들에게 이미 가르치신 내용을 더 직설적으로 말씀하시지만, 제자들은 여전히 이해하지 못했다. "그러나 내가 너희에게 실상을 말하노니 내가 떠나가는 것이 너희에게 유익이라 내가 떠나가지 아니하면 보혜사가 너희에게로 오시지 아니할 것이요 가면 내가 그를 너희에게로 보내리니"(요 16:7).

이 말씀이 얼마나 반직관적인 이야기로 들렸겠는가! 제자들이 이런 위기를 맞닥뜨리게 되었는데 어떻게 주님은 그들을 떠나신다고 말씀하실 수 있는가? 어떻게 그분이 떠나가는 것이 그들에게 유익할 수 있단 말인가?

앞에서 살펴보았듯이, 그 답은 이렇다. 예수님이 사역을 마치고 하늘 보좌에 오르실 때야 비로소 그분의 영을 제자들에게 보내실 수 있기 때문이다. 이렇게 한번 생각해 보면 어떨까. 주님이 우리에게 필요한 '완전한' 구세주가 되셨을 때만 그분의 제자들을 그분의 형상대로 온전히 변화시키는 데 필요한 도구를 성령님께 제공하실 것이다.

그러나 성령님의 오심이 제자들에게 유익이 되는 더 직접적인 뜻이 있다. "그가 와서 죄에 대하여, 의에 대하여, 심판에 대하여 세상을 책망하시리라 죄에 대하여라 함은 그들이 나를 믿지 아니함이요 의에 대하여라 함은 내가 아버지께로 가니 너희가 다시 나를 보지 못함이요 심판에 대하여라 함은 이 세상 임금이 심판을 받았음이라"(16:8-11).

책망하시는 영

우리는 이 말씀을 대개 일반적인 약속으로 생각해서 현대에 즉각 적용한다. 물론, 현대인도 이 말씀을 적용할 수 있다. 그러나 다시 한번 말하지만, 2천 년을 훌쩍 뛰어넘어 우리 시대로 곧바로 넘어오려는 충동을 자제해야 한다. 우선, 예수님 말씀은 구체적인 예언이기 때문이다. 몇 주 안에, 제자들은 오순절에 (베드로가 설교한 결과로) 그 예언의 성취를 목격할 것이다.

실제로, 오순절에 일어난 일은 예수님의 예언이 구구절절 이루어진 것이었다.

1. 오순절에 성령님이 '세상'을 책망하셨다(요 16:8). 요한이 말하는 '세상'은 '유대인뿐 아니라', 예루살렘에 모였던 사람들 같은 '이방 세계 사람들'도 포함하는 듯하다. "천하 각국으로부터" 온 사람들이 "바대인과 메대인과 엘람인과 또 메소보다미아, 유대와 갑바도기아, 본도와 아시아, 브루기아와 밤빌리아, 애굽 및 구레네에 가까운 리비야 여러 지방에 사는 사람들과 로마로부터 온 나그네 … 그레데인과 아라비아인들" 등 각 사람이 난 곳 방언으로 복음이 선포되는 것을 듣게 되었다(행 2:5-11).

2. 오순절에 성령님은 '죄에 대하여' 세상을 책망하셨다. "죄에 대하여라 함은 그들이 나를 믿지 아니함이요"(요 16:9). 예수님은 사람들이 그분을 믿지 않으면 죄인이 된다고 말씀하시는 것이 아니다. 오히려 예수님 말씀은 그분을 믿지 않은 그들의 죄가 오순절에 분명해질

것이라는 뜻이다. 성령님은 예수님을 변호하는 변호인이자 죄인들의 현실을 고발하는 변호인 역할을 모두 행하실 것이다.

베드로의 오순절 설교는 대담하고 단순명쾌했다. 그는 거기 모인 사람들을 강력하게 비난했다. "너희가 … [이 예수를] 못 박아 죽였으나"(행 2:23). 그들은 예수님을 믿기를 거부하고 그분을 정죄하고 죄인 취급하여 십자가에 못 박았다. 하지만 하나님은 그분에 대해 최종 판결을 선언하셨다. "하나님께서 그를 사망의 고통에서 풀어 살리셨으니"(24절). 이제 그들의 죄가 여실히 드러났다. 그들은 하나님의 메시아를 거절한 죄인이었다. 불신의 죄를 선고받은 "그들이 이 말을 듣고 마음에 찔려 베드로와 다른 사도들에게 물어 이르되 형제들아 우리가 어찌할꼬 하거늘 베드로가 이르되 너희가 회개하여…"(37-38절). 당연한 절차다.

3. 오순절에 성령님은 '의에 대하여' 책망하셨다. "의에 대하여라 함은 내가 아버지께로 가니 너희가 다시 나를 보지 못함이요"(요 16:10). 왜 예수님이 아버지께로 가신다는 사실이 성령님이 의에 대하여 책망하시는 이유가 되는가? 이는 그들의 불의를 책망하신다는 말씀인가? 부분적으로는 그럴 것이다. 하지만 여기에는 더 많은 함의가 있다. 성령님은 예수님께 해당하는 어떤 사실, 곧 그분이 "아버지께로 가[신]"다는 것 때문에 책망하신다. 여기에는 그분의 죽음과 장사되심, 부활과 승천이 포함된다(14:12, 28; 16:28을 보라).

예수님은 요한복음 내내 그분을 지켜보는 세상 앞에서 시험을 받으셨다. 요한은 피고의 다양한 증인을 소개했다. 우물가의 여인(4장),

베데스다 못가의 병자(5장), 날 때부터 눈먼 자(9장), 나사로(11장) 등이 있다. 이들은 모두 다른 방식으로 예수님의 진정한 정체성과 의로우심을 증언했다. 하지만 이런 증거에도 불구하고, 그분의 '재판'이 판결로 이어지는 과정에서 유다와 안나스, 가야바, 헤롯, 로마 군대, 군중, 본디오 빌라도에게 넘겨진 그분은 '유죄' 판결을 받게 된다.

그러나 이제 성령님이 친히 증거를 주신다. (바울이 로마서 1장 4절과 디모데전서 3장 16절에서 언급한 대로) 성령님이 예수님의 부활과 승천을 통해 그분의 무죄를 입증하신다. 부활과 승천이 그리스도의 의로우심을 드러낸다. 하나님은 예수님의 부활을 통해 그분의 의로우심을 선언하셨고, 이제 성령님의 부으심을 통해 예수님이 의로우신 분임을 온 세상에 선포하신다! 그리고 지금, 성령님은 이렇게 그리스도의 의를 나타내셔서 그들의 불의를 책망하신다.

4. 오순절에 성령님은 '심판에 대하여' 책망하셨다. "심판에 대하여라 함은 이 세상 임금이 심판을 받았음이라"(요 16:11). 예루살렘에 모인 많은 사람은 하나님이 모든 심판을 아들에게 맡기셨다는 예수님의 주장(5:22)을 경시했다. 하지만 예수님이 약속하신 대로, 십자가에서 "이 세상 임금"은 심판을 받았다. "이제 이 세상에 대한 심판이 이르렀으니 이 세상의 임금이 쫓겨나리라"(12:31; 골 2:15-16을 보라). 그리스도를 정죄했던 존재가 이제는 심판을 받고 정죄를 당한다. 그렇다면 구세주를 대적하여 그와 한편이 되었던 자들에게도 똑같은 운명이 기다리고 있을 것이다. 그들의 처지는 절망적이었다!

책망을 받고 정죄당한 이들에게도 소망이 있었을까?

물론이다. 성령님은 그들을 거듭나게 하려고 책망하신다. 책망을 받은 사람들이 회개하고 그리스도를 믿으면, 죄를 용서받고 세례를 통해 그분의 가족이 되었다는 표지를 받을 수 있었다. 그들도 죄 사함과 새 생명을 얻을 수 있었다!

이 모두가 오순절에 제자들에게 '유익'이 될 것이다. 하룻밤 만에 제자의 숫자가 120명(행 1:15)에서 3,120명(2:41)으로 폭발적으로 늘었다! 이 수치는 대략 예수님이 씨 뿌리는 자의 비유에서 약속하신 '삼십 배'에 해당한다. '육십 배'와 '백 배'도 곧 이루어질 것이다(마 13:8; 행 2:41, 47; 5:14; 6:1, 7을 보라).

하지만 성령님의 오심은 제자들에게 더 큰 유익을 가져다줄 것이다.

깨달음의 영

그들은 사도였지만 여전히 모르는 것이 많았고, 예수님도 그들에게 가르치실 것이 많았다(요 16:12).

예수님은 부활절과 오순절 사이 40일 동안 "하나님 나라의 일"(행 1:3)을 가르치실 '부활 후 세미나'를 생각하셨을지도 모를 일이다. 하지만 부활주일에 나타나시고 후에 베드로를 회복하신 일(요 20-21장)을 제외한다면 요한복음은 그에 대해 언급하지 않는다.

따라서 예수님은 다른 것을 염두에 두셨던 것 같은데, 다음 말씀에서 그 점을 확인해 주신다. "진리의 성령이 오시면 그가 너희를 모든 진리 가운데로 인도하시리니"(요 16:13).

여기서 다시 한번 우리는 다락방에서 우리 집 거실로 건너뛰지 않도록 주의해야 한다! 예수님은 우리가 아니라 사도들에게 말씀하고 계셨다. 이 말씀을 이해하려면 우리는 먼저 이렇게 질문해야 한다. "어떻게 이 약속이 그들에게 성취되었는가?" 그런 다음, 이 말씀이 우리에게 어떤 함의가 있는지 질문해야 한다.

그날 밤 예수님의 말씀을 들은 사도들은 교회에서 독특하고 반복되지 않을 역할을 부여받았다.[1] 그들에게 '승계 계획' 같은 것은 없었다.

이런 생각은 사도들에게 주신 예수님 말씀을 우리에게도 적용할 수 있지만 직접적으로 우리를 향한 말씀은 아니라는 사실을 우리가 이해하도록 도와준다. 따라서 예수님이 "진리의 성령이 오시면 그가 너희를 모든 진리 가운데로 인도하시리니…"라고 말씀하실 때 우리도 예수님이 직접 말씀하시는 대상에 포함된다고 착각하지 않도록 주의해야 한다. 우리는 성령님의 직접 계시를 기대하지 않는다. 오히려 이렇게 물어야 한다. "성령님은 어떤 방식으로 사도들에게 이 약속을 지키셨는가? 그리고 이는 오늘날의 교회와 어떤 관련이 있는가?"

몇몇 실마리가 우리에게 그 답을 가리킨다. 예수님은 성령님이 오셔서 그분의 영광을 나타내신다고 말씀하신다(요 16:14). 하지만 어떻게 그렇게 하신다는 말씀일까?

1. 성령님은 그리스도의 것을 가지고 그것을 사도들에게 알리심으

로써 예수님의 영광을 나타내신다(16:14).

우리도 성령님이 그들에게 알리신 것을 알 수 있는가? 앞서 14장에 등장한 장면을 떠올려 보자. 예수님이 그분 말씀의 중요성을 얼마나 강조하셨는지 기억해 보자(14:10, 21, 23, 24, 25, 26). 그분은 성령님이 "모든 것을 가르치고 내가 너희에게 말한 모든 것을" 생각나게 하리라는 말씀으로 사도들을 안심시켜 주셨다(26절).

우리가 어디쯤에서 이 가르침을 접할 수 있을지가 더 명확해지고 있는가? 그렇다. 예수님 말씀은 사실상 성령님이 사도들에게 예수님 말씀과 사복음서에 기록된 내용을 어떻게 기억하게 하실지에 대한 예언이다.

2. 성령님은 그들을 "모든 진리 가운데로" 인도하심으로써 그렇게 하신다(16:13).

우리는 이 진리에 접근할 수 있는가? 물론이다. 하지만 어디에서? 다시 한번 예수님 말씀을 묵상해 보자. 예수님 말씀은 사실상 사도들의 행전과 신약성경 서신서에 기록된 사건들을 예언한 것이다. 실제로, 바울은 에베소 사람들이 "그리스도를 그같이 [배웠다]"라고 말한다. "진리가 예수 안에 있는 것같이 너희가 참으로 그에게서 듣고 또한 그 안에서 가르침을 받았을진대"(엡 4:20-21).

3. 성령님은 사도들에게 "장래 일"을 보여 주심으로써 그렇게 하신다(16:13). 우리는 이것에도 접근할 수 있는가? 당연하다! 하지만 어디에서? 신약성경의 다양한 책, 그중에서도 특히 요한계시록에 기록된 예언에서 찾아볼 수 있다. 요한계시록 첫마디는 예수님이 다락방

에서 하신 말씀을 떠올리게 할 정도다. "예수 그리스도의 계시라 이는 하나님이 그에게 주사 반드시 속히 일어날 일들을 그 종들에게 보이시려고…"(계 1:1).

이런 실마리들을 합쳐 보면 어떻게 되는가? 복음서, 사도행전, 서신서, 요한계시록, 바로 신약성경이다!

예수님이 제자들에게 주신 가르침에는 그들의 주요한(어쩌면 주님이 그들에게 직접 말씀하셨더라면 그들이 '감당할' 수 없었을) 사명이 성령님의 사역을 통해, 그리고 성령님이 그들 가운데 역사하심으로 신약성경을 기록하는 것이었다는 점이 포함되어 있었다. 그들은 주님에 대해 증언하고, 성령님도 동시에 그분에 대해 증언하실 것이다. 성령님은 제자들이 그분의 능력으로 쓰게 될 내용을 통해 계속해서 어두운 마음을 밝히사 기록된 말씀에 계시된 그리스도의 얼굴을 알아보게 하시고, 듣지 못하는 귀가 그분의 목소리를 듣고 그분을 믿게 하실 것이다.

그래서 예수님은 우리가 아니라 사도들에게 말씀하고 계신다.

그러나 이 말씀이 우리에게 직접 하신 것은 아니더라도, 우리에게 적용할 점은 있다. 우리도 진리로 인도를 받아야 하기 때문이다. 구세주가 하신 말씀을 알아야 하기 때문이다. 장래 일의 관점에서 현재를 살아갈 방법을 알아야 하기 때문이다. 이제 신약성경이 있어서 우리도 그렇게 할 수 있다!

그렇다면 우리가 성령님을 통해 영광을 드러내신 그리스도를 보기 원한다면 어떻게 해야 하는가? 요한복음에서 읽는 내용을 그대로 하면 된다. 성경을 읽고 그 말씀이 우리 속에 풍성히 거하게 하는 것이다(골 3:16). 이렇게 성령님은 오늘날에도 우리 마음속에서 일하셔서, 예수님이 어떤 분이고 우리에게 무엇을 가르쳐 주시는지 우리가 깨닫고, 또한 우리가 그분을 공경하고 영화롭게 하는 법을 배우도록 도와주신다!

당신의 유익을 위해

그렇다면 여기에는 예수님이 제자들을 떠나시면서 그 대신 성령님을 보내 주시는 '유익'의 또 다른 측면이 있다. 어떤 의미에서, 예수님은 '밖에서부터' 그들을 가르치셨다. 그들은 "미련하고 선지자들이 말한 모든 것을 마음에 더디 믿는" 자들이었다(눅 24:25). 우리도 마찬가지다. 하지만 주님은 그분의 영을 우리에게 보내 주셨다. 성령님은 기록된 하나님 말씀인 신약성경에 그리스도를 계시하셨을 뿐 아니라, 계속해서 신자들 안에 거하시며 '안에서부터' 그들의 지식을 일깨워 주신다.

제자들은 큰 두려움에 사로잡혔다. 그들은 예수님이 떠나시면 그분과 멀리 떨어져 있다고 느낄까 봐 두려웠다. 예수님에 대한 기억은 점점 흐릿해지고, 그분에 대한 지식도 줄어들 것이다. 하지만 예수님은 오히려 그 반대라고 약속하고 계셨다. 그분은 어느 때보다도 더 가까이 계실 텐데, 성령님이 주님의 가르침에 대한 그들의 기억을 새롭게 하시고 그들이 그것을 깨닫게 하실 것이기 때문이다. 제자들은 그분을 더 잘 알게 될 것이다. 그래서 그중 한 제자는 미래의 모든 제자를 격려하는 글을 이렇게 남길 수 있었다. "예수를 너희가 보지 못하였으나 사랑하는도다 이제도 보지 못하나 믿고 말할 수 없는 영광스러운 즐거움으로 기뻐하니"(벧전 1:8).

예수님이 그들을 떠나시는 것은 정말로 그들에게 '유익'했다.

그리고 그것은 (우리가 처음으로 그분을 얼굴과 얼굴을 맞대어 볼 때까지) 우리에게도 유익하다.

그리스도는 우리에게도 아직 하실 말씀이 많다. 하지만 그분이 그 말씀을 어떻게 전하실지 보지 못하는 일이 없도록 하자. 우리에게 주신 신약성경을 통해 이 그리스도의 말씀이 우리 안에 풍성히 거하게 하자!

10. 깨달음 이전의 혼란

요한복음 16장 17-33절

¹⁷제자 중에서 서로 말하되 우리에게 말씀하신 바 조금 있으면 나를 보지 못하겠고 또 조금 있으면 나를 보리라 하시며 또 내가 아버지께로 감이라 하신 것이 무슨 말씀이냐 하고 ¹⁸또 말하되 조금 있으면이라 하신 말씀이 무슨 말씀이냐 무엇을 말씀하시는지 알지 못하노라 하거늘 ¹⁹예수께서 그 묻고자 함을 아시고 이르시되 내 말이 조금 있으면 나를 보지 못하겠고 또 조금 있으면 나를 보리라 하므로 서로 문의하느냐 ²⁰내가 진실로 진실로 너희에게 이르노니 너희는 곡하고 애통하겠으나 세상은 기뻐하리라 너희는 근심하겠으나 너희 근심이 도리어 기쁨이 되리라 ²¹여자가 해산하게 되면 그때가 이르렀으므로 근심하나 아기를 낳으면 세상에 사람 난 기쁨으로 말미암아 그 고통을 다시 기억하지 아니하느니라 ²²지금은 너희가 근심하나 내가 다시 너희를 보리니 너희 마음이 기쁠 것이요 너희 기쁨을 빼앗을 자가 없으리라 ²³그날에는 너희가 아무것도 내게 묻지 아니하리라 내가 진실로 진실로 너희에게 이르노니 너희가 무엇이든지 아버지께 구하는 것을 내 이름으로 주시리라 ²⁴지금까지는 너희가 내 이름으로 아무것도 구하지 아니하였으나 구하라 그리하면 받으리니 너희 기쁨이 충만하리라 ²⁵이것을 비유로 너희에게 일렀거니와 때가 이르면 다시는 비유로 너희에게 이르지 않고 아버지에 대한 것을 밝히 이르리라 ²⁶그날에 너희가 내 이름으로 구할 것이요 내가 너희를 위하여 아버지께 구하겠다 하는 말이 아니니 ²⁷이는 너희가 나를 사랑하고 또 내가 하나님께로부터 온 줄 믿었으므로 아버지께서 친히 너희를 사랑하심이라 ²⁸내가 아버지에게서 나와 세상에 왔고 다시 세상을 떠나 아버지께로 가노라 하시니 ²⁹제자들이 말하되 지금은 밝히 말씀하시고 아무 비유로도 하지 아니하시니 ³⁰우리가 지금에야 주께서 모든 것을 아시고 또 사람의 물음을 기다리시지 않는 줄 아나이다 이로써 하나님께로부터 나오심을 우리가 믿사옵나이다 ³¹예수께서 대답하시되 이제는 너희가 믿느냐 ³²보라 너희가 다 각각 제 곳으로 흩어지고 나를 혼자 둘 때가 오나니 벌써 왔도다 그러나 내가 혼자 있는 것이 아니라 아버지께서 나와 함께 계시느니라 ³³이것을 너희에게 이르는 것은 너희로 내 안에서 평안을 누리게 하려 함이라 세상에서는 너희가 환난을 당하나 담대하라 내가 세상을 이기었노라

신학교에서 설교와 커뮤니케이션을 가르치는 교수들은 상대를 이해시키는 것이 얼마나 중요한지 강조한다.

때로 사람들은 설교자들에게 말한다. "예수님이 가르치신 것처럼, 우리가 잘 이해할 수 있게 좀 더 쉽게 가르쳐 주세요!" 하지만 만약 예수님이 설교학 수업을 들었다면 어떤 평가를 받으셨을지 궁금해해 본 적이 있는가? 예수님의 가장 신실한 제자들은 이제 3년간 그분 말씀을 들었다. 그분은 어려운 단어를 사용하시지 않았지만, 그렇다고 해서 그분이 하신 모든 말씀을 제자들이 분명히 이해한 것은 아니었다. 제자들의 지성이 부족하지도 않았다. 하지만 여기 다락방에서 그들은 예수님께 그분이 하신 말씀이 무슨 뜻인지 여쭈어야 했다. 그러고도 그들은 여전히 혼란스러웠다. 더군다나, 예수님은 그들이 더 알아야 할 것이 있지만 지금은 감당하지 못할 것이라고 말씀하셨다(요 16:12).

예수님은 자신의 뜻을 전달하는 데 서투르셨던 것일까? 전혀 아니다. 성경은 "많은 사람이 즐겁게 듣더라"(막 12:37)라고 말한다. 그렇다고 해서 그들이 주님 말씀을 다 이해했다는 뜻은 아니다. 둘은 다르다.

이것은 지적 능력의 문제가 아니었다. 난해한 단어나 불명확성의 문제도 아니었다. 영적인 문제였다. 제자들은 통찰력이나 영적 이해, 혹은 예수님이 하나님 나라에 대해 하신 말씀을 이해할 수 있는 분별력이 부족했다. 그들에게는 깨달음이 필요했다. 그제야 비로소 진리가 드러날 것이다. 그제야 비로소 "이제 알 것 같아요!"라고 말할 수 있을 것이다.

제자들은 아직 그 단계에 이르지 못했다. 여전히 혼란스러워했다. 예수님이 그들을 떠나 아버지께 가지만 다시 돌아오신다는 말씀은 무슨 뜻이었을까? "조금 있으면"이라는 말씀은 도대체 무슨 뜻인가? 하나같이 아리송한 말씀들뿐이었다. 예수님이 마치 수수께끼를 내고 계신 것 같았다!

하지만 고무적인 일이 하나씩 일어나기 시작했다. 제자들은 혼란스러운 가운데서도 서로 이렇게 말하기 시작했다. "도대체 주님이 하신 말씀이 무슨 뜻이지? 나는 하나도 모르겠어. 너는 알겠니?" "아니, 나도 마찬가지야. 너무 혼란스럽네."

방을 치우기 시작했는데, 그 과정에서 방이 정돈되기는커녕 더 어지럽혀진 그런 경험이 있을지 모르겠다. 때로 혼란은 명료함으로 가는 데 꼭 필요한 단계이기도 하다. 우리가 안전하다고 느껴 왔던 잘

못된 생각에서 벗어나고 있다는 뜻일 수 있기 때문이다. 하지만 그 과정에서 일종의 정신적 불확실성, 심지어 공포까지 생길 수 있다.

우리가 퍼즐 조각을 잘못 맞춘 것이 문제다. 퍼즐을 잘못 맞추면 엉뚱한 그림이 나온다. 그러면 다시 해체해야 한다. 지금은 퍼즐 조각이 뒤죽박죽인 것 같다. 혼란을 느낀다. 머릿속이 밝아지면서 조각들이 제대로 들어맞기 시작할 때까지는 말이다. 그제야 비로소 그림을 제대로 볼 수 있다. 우리는 그 과정을 뒤돌아보면서, 문제가 명료해지기 전까지 그 혼란스러운 단계가 꼭 필요했음을 깨닫게 된다.

그래서 예수님도 제자들이 혼란스러워서 주고받는 대화에 끼어들어 그들을 도우려 하신다. 불과 며칠 뒤에 예루살렘에서 엠마오로 가는 길에서 만난 두 제자에게도 똑같은 일을 하신다(눅 24:13-35).

요한은 우리가 그 대화를 엿듣게 해 준다.

제자들이 서로 묻는다. "우리에게 말씀하신 바 조금 있으면 나를 보지 못하겠고 또 조금 있으면 나를 보리라 하시며 또 내가 아버지께로 감이라 하신 것이 무슨 말씀이냐"(요 16:17).

우리는 예수님이 말씀하시는 "아버지께로 감"이 그분의 수난과 죽음, 매장과 부활, 그리고 승천하여 아버지 우편에 앉으심을 의미하는 것을 안다. 불과 몇 시간 후에 그분은 죽어서 장사되시고, 제자들은 "조금 있으면" 그분을 보지 못할 것이다. 사실, 그들은 그분을 다시는 보지 못하리라고 느끼게 될 것이다. 그러나 또 "조금 있으면" 주님이 부활하실 때 그분을 다시 볼 것이다.

영국의 어느 저명한 경제학자가 어느 해 12월에 경제를 전망해 달라는 요청을 받고 이렇게 사랑스러운 말을 남겼다. "성탄절의 의미는 부활절이 되어서야 비로소 확실해질 겁니다." 물론, 그의 언급은 경제학자들이 성탄절 특수가 얼마나 효과가 있는지(와 성탄절을 위해 돈을 빌린 것이 어떤 영향을 미칠지!) 계산하려면 시간이 좀 걸린다는 뜻이었다. 부활절까지는 그 그림이 분명해질 것이다. 그러나 가야바가 그랬듯(요 11:49-52), 이 경제학자는 자신의 의도보다 훨씬 더 심오한 진리를 말한 셈이다. 예수님이 제자들에게 하고 계신 말씀이 바로 이것이었다. 예수님의 부활에 이르러서야 성육신의 의미가 분명해질 것이다. 성탄절의 의미를 이해하려면 부활절이 있어야 한다. 부활이 없다면 전체 이야기는 혼란 속에 막을 내리고 만다.

여기서도 마찬가지다. 제자들이 혼란스러운 이유는 예수님의 죽음과 부활을 빼놓고 그분을 이해하려 하고 있기 때문이다. 부활이 없다면 그분의 죽음은 그들에게 말이 안 되는 이야기다. 바울이 강조하듯이, 부활이 빠진 복음은 전혀 복음이 아니다(고전 15:12-19). 예수님이 떠나신다는 이유로 생겨난 두려움은 그분이 부활하셔서 다시 오신다는 사실을 아는 것으로만 해결될 수 있다.

예수님 특유의 강조 표현("아멘, 아멘", "진실로 진실로")이 암시하듯이, 그분은 이런 원리에서 현실적이고 중요한 교훈을 끌어내신다. 주님은 그림을 그려 보여 주듯이 말씀하신다.

내가 진실로 진실로 너희에게 이르노니 너희는 곡하고 애통하겠으나 세상은 기뻐하리라

> 너희는 근심하겠으나 너희 근심이
> 도리어 기쁨이 되리라
> 여자가 해산하게 되면
> 그때가 이르렀으므로 근심하나
> 아기를 낳으면
> 세상에 사람 난 기쁨으로 말미암아
> 그 고통을 다시 기억하지 아니하느니라
> 지금은 너희가 근심하나
> 내가 다시 너희를 보리니
> 너희 마음이 기쁠 것이요
> 너희 기쁨을 빼앗을 자가 없으리라(요 16:20-22).

해산하는 고통이 끝나고 아기가 태어나면 얼마나 기쁜가! 마찬가지로, 제자들도 슬퍼한 뒤에 기쁨이 따를 것이다.

예수님의 묘사는 한층 더 심오한 진리, 곧 모든 제자도를 지배하는 원리를 전달하기 위해 의도된 것이다. 아기가 태어난 기쁨은 해산의 고통 뒤에만 따라오는 것이 아니라, 그 고통 가운데서도 출산의 기쁨이 있다. 마찬가지로, 제자들의 고통과 기쁨의 관계는 시간 순서를 따를 뿐 아니라 인과관계이기도 할 것이다. 고통이 기쁨을 낳는다. 제자들의 삶에는 "고통 가운데서 나를 찾아오는 기쁨"[1]이 있다.

이것이 시련과 기쁨, 고난과 영광의 관계에 대한 신약성경의 일관된 가르침이다. 지금은 고난을 받지만, 그때에는 영광을 받을 것이다. 하지만 그보다 더 중요한 것은, 해산하는 여자의 고통을 통해 새 생명이 찾아오듯 고난이라는 재료에서 영광이 만들어진다는 것이다. 그리스도인에게는 어둠 속에서도 목적이 있고, 그래서 의미가 있다. 우리는 하나님의 방법을 자세히 이해하지 못할 수도 있지만, (어둠에 대해 잘 알았던) 윌리엄 카우퍼(William Cowper)가 옳았다.

참 슬기로운 그 솜씨
다 측량 못 하네
주님 계획한 그 뜻은
다 이뤄지도다

검은 구름 우리들을
뒤덮을지라도
그 자비하신 은혜로
우리를 지키네.[2]

카우퍼는 "주 하나님 크신 능력 참 신기하도다 바다와 폭풍 가운데 주 운행하시네"라고 쓴다. 그는 아삽의 시편을 반영하고 있었다.

주의 길이 바다에 있었고
주의 곧은 길이 큰 물에 있었으나
주의 발자취를 알 수 없었나이다(시 77:19).

카우퍼처럼 아삽도 우울한 기질이 있었던 것 같다. 그는 어둠 속에 하나님의 임재하심이라는 쉽지 않은 질문을 던진다. 우리는 어떻게 "바다와 폭풍 가운데 운행하시는" 그분의 길을 볼 수 있을까? 대개 그 발자취가 금세 사라질 텐데 말이다.

우리가 하나님이 하시는 일이나 그분이 가시려는 곳을 항상 이해할 수 있다고 생각한다면 순진한 그리스도인일 것이다. 하지만 우리에게는 그 자녀들을 위해 모든 것이 합력하여 선을 이루게 하시는 아버지가 계신다. 예수님은 고난이 아버지의 손에 들린 원재료가 되어, 그분이 거기에서부터 영광을 창조하신다고 제자들에게 가르치고 계신다. 슬픔이 기쁨이 될 것이다.

하나님은 토기장이시고 우리는 그 손에 들린 살아 있는 진흙이다. 때로 하나님이 우리 삶을 반죽하고 빚으시는 과정이 아플 수 있다. 그러나 그분은 우리를 그리스도의 형상으로 바꾸시는 것을 염두에 두고 계신다. 우리를 "영광에서 영광에" 이르도록 바꾸고 계신다(고후 3:18). 우리를 영원히 아름다운 존재로 빚고 계신다. "우리가 잠시 받는 환난의 경한 것이 지극히 크고 영원한 영광의 중한 것을 우리에게 이루게 함이니." 그러나 우리가 이를 볼 수 있으려면 올바른 방향을 바라보아야 한다. "우리가 주목하는 것은 보이는 것이 아니요 보이지 않는 것이니 보이는 것은 잠깐이요 보이지 않는 것은 영원함이라"(4:17-18).

우리가 사는 동안에는 고난과 영광 사이의 시간이 길어 보일지 모른다. 하지만 여기서 예수님은 제자들이 조금만 있으면 이 말씀을 경험할 것이라고 그들을 안심시키신다. 금요일 오후부터 일요일 아침까지 고작 두어 날 사이에 다 설명이 될 것이다. 그 시간이 마치 영원처럼 느껴지겠지만, "조금 있으면" 제자들의 시련은 기쁨과 영광으로 변할 것이다. "지금은 너희가 근심하나 내가 다시 너희를 보리니 너희 마음이 기쁠 것이요 너희 기쁨을 빼앗을 자가 없으리라"(요 16:22).

"그 앞에 있는 기쁨을 위하여 십자가를 참으사 부끄러움을 개의치 아니하시더니"(히 12:2). 예수님께 해당하는 것은 제자들에게도 해당할 것이다. 그리고 제자들의 삶에서 그다음 며칠은 그들(과 우리) 평생의 패러다임이 될 것이다. 이를 이해한 제자들은 고난을 견딜 수 있다.

우리는 고난을 피하려 한다. 그리스도인들은 고난을 즐기지 않는다. 우리는 압박을 받으면 당황하고 주저앉기 쉽다. 하지만 우리는 눈에 보이지 않는 것을 볼 수 있다. 아버지가 그분의 목적을 이루시려고 우리를 위해, 우리 안에서, 우리를 통해, 우리를 초월하여 언제나 일하고 계신 것을 볼 수 있다. 그분은 우리 안에 그분의 영광을 각자 반영하는 모습을 형성하고 계신다. 그렇다면 우리는 우리를 빚어 가시는 그분께 굴복하고 이렇게 기도하는 법을 배우도록 격려받을 수 있다. "아버지, 아프고 힘듭니다. 하지만 이를 통해 제 안에서 영광을 만들어 주세요."

이 패러다임은 사실상 예수님이 부활 이후에 제자들에게 가르치신 첫 번째 교훈이었다. 주님이 엠마오로 가는 길에서 만난 두 제자에게 하신 말씀을 기억하는가? "그리스도가 이런 고난을 받고 자기의 영광에 들어가야 할 것이 아니냐"(눅 24:26).

우리 주님이 그러셨다면, 그분의 제자들도 (최소한 그보다는 축소된 형태로) 마찬가지일 것이다.

하지만 예수님께서는 아직도 가르치실 것이 더 남아 있었다. 이것도 중요한 교훈이었기에 그분의 트레이드마크인 '진실로 진실로'로 시작하신다. "그날에는 너희가 아무것도 내게 묻지 아니하리라 내가 진실로 진실로 너희에게 이르노니 너희가 무엇이든지 아버지께 구하는 것을 내 이름으로 주시리라 지금까지는 너희가 내 이름으로 아무 것도 구하지 아니하였으나 구하라 그리하면 받으리니 너희 기쁨이 충만하리라"(요 16:23-24).

제자들이 더는 그분을 볼 수 없는 때가 다가오고 있다. 하지만 그분을 곧 다시 볼 것이므로 그 기간은 짧을 것이다. 하지만 그날을 지나서, 제자들이 이 세상에서 그분을 다시는 보지 못할 날이 오고 있다. 그러면 어떻게 되는가? 더는 주님께 변호나 지혜, 인도나 위로를 구할 수 없는 때가 오면 그들은 어떻게 해야 할까?

예수님의 대답은 그분이 제자들에게 주고 계신 놀라운 특권을 자세히 설명해 주시는 것이었다. 그들은 아버지께로 갈 수 있다! 그리고 그들이 아버지께로 갈 때는 예수님의 이름으로 구할 수 있다!

제자들은 이전에는 "우리 아버지, … 예수님의 이름으로 간구합니다."라고 기도해 본 적이 없었다. 사실, 그전까지는 아무도 그렇게 기도한 적이 없었다. 하지만 이 특권은 주님이 제자들에게 남기신 기업의 일부다. 제자들은 그들이 아버지의 임재 가운데 들어가서 그 아들의 이름으로 기도하면 자신들에게 필요한 모든 도움을 받으리라는 것을 의심할 필요가 없다!

예수님은 이를 설명하시면서, 더는 "비유로" 말씀하시지 않고 "아버지에 대한 것을 밝히 이르리라"라고 제자들에게 말씀하신다(요 16:25).

예수님은 공생애 기간에 비유로 말씀하셨다. 그분은 생수를 주셨고, 그분은 생명의 떡이요 세상의 빛이셨다. 제자들과 그분의 연합에 대해 말씀하실 때는 포도나무와 가지라는 확장된 비유를 사용하셨다. 그들이 받을 고난에 대해 말씀하실 때는 해산하는 산모의 비유를 사용하셨다. 하지만 비유 없이 말씀하실 시기가 왔다. 이제 주님은 아버지에 대한 것을 '밝히' 이르고 계신다.

아버지

하늘에 아버지가 계신다. 예수님의 사역 핵심에는 그분의 제자들, 곧 '친구들'에게 그분의 아버지를 그들의 아버지로 알리려는 그분의 목적이 자리 잡고 있었다.

옛 언약의 신자들은 하나님이 세상의 창조주요 이스라엘의 창조주라는 의미를 제외하고는 하나님을 '우리 아버지'라고 부르지 않았다. 하지만 이제 하나님의 계시는 새로운 단계에 도달했다. 이제 그 아들이 오셔서 우리가 아버지를 알 수 있다.

구약성경의 하나님은 신약성경의 하나님과 동일하시다. 그분은 변함이 없으시다. 하지만 그분에 대한 계시는 점점 더 발전한다. 요한은 요한복음 서두에서, 하나님의 아들이 오셔야만 우리가 그분을 확실하게 볼 수 있다고 이미 설명했다.

말씀이 육신이 되어 우리 가운데 거하시매 우리가 그의 영광을 보니 아버지의 독생자의 영광이요 은혜와 진리가 충만하더라 … 우리가 다 그의 충만한 데서 받으니 은혜 위에 은혜러라 율법은 모세로 말미암아 주어진 것이요 은혜와 진리는 예수 그리스도로 말미암아 온 것이라 본래 하나님을 본 사람이 없으되 아버지 품속에 있는 독생하신 하나님이 나타내셨느니라(요 1:14, 16-18).

그 아들이 계시된 지금에서야 비로소 '아버지'의 존재가 확실해진다.

워필드(B. B. Warfield)는 유용한 설명을 제시한다.

구약성경은 가구를 잘 갖추고 있지만 조명이 어두운 방에 비유할 수 있다. 빛이 들어온다고 해서 그 방에 전에 없던 다른 것이 새로 생기는 것은 아니다. 하지만 빛이 있으면, 방에 있지만 이전에는 희미하거나 아예 보이지 않던 것이 더 선명하게 보인다. … 따라서 구약성경에 나오는 하나님의 계시는 그 이후에 나오는 온전한

계시로 바로잡히는 것이 아니라, 온전해지고 확장되며 확대될 뿐이다.[3]

구약성경에서 하나님 아버지가 '거의 모습을 드러내시는 듯한' 곳이 두어 군데 있다. 시편 103편 13절이 한 예다. "아버지가 자식을 긍휼히 여김같이 여호와께서는 자기를 경외하는 자를 긍휼히 여기시나니." 하지만 우리가 구약과 신약 사이의 빈 면을 넘기는 순간부터, 하나님 아버지가 등장하는 장면이 넘쳐 난다.

신약성경을 처음부터 대충 훑어보자. 대여섯 쪽만 넘기면 산상수훈이 나오는데, 거기에는 "너희 아버지"라는 표현이 자주 등장한다.[4] 이 설교 한 편에만도 아버지라는 표현이 구약성경 전체를 합친 것보다 더 많이 등장한다! 하나님은 영원히 성부, 성자, 성령이셨다. 그러나 그 아들이 이 땅에 나타나셔야 비로소 그 점이 분명해진다. 사도들이 돌아보았을 때 옛 언약의 성도들이 소유한 하나님에 대한 지식은(그것도 물론 놀랍긴 하지만) 장성하여 자신의 유산을 누리는 것과 비교하면 집안의 종에게 이끌려 초등학교에 가는 경험과 비슷해 보였을 것이다.[5]

이제 제자들은 하나님을 "아빠 아버지"(롬 8:15; 갈 4:6)라고 부른다.

기독교 교회에서 하나님 '아버지'라는 호칭은 아주 흔하다. 하지만 여기서 잠시 멈춰서 그 호칭의 중요한 두 측면을 살펴볼 만하다. 첫째는 우리의 변증[6]과 관련이 있고, 둘째는 우리 자신의 영적 건강과 관련이 있다.

변증적 사고

예수님이 '아버지'에 대해 말씀하실 때는 은유를 사용하고 계신 것이 아니다. '아버지'는 신인동형론(anthropomorphism, 인간에게 해당하는 용어로 하나님에 대해 말하는 방식)이 아니다. 사실, 어떤 의미에서 인간 아버지를 가리켜 '아버지'라는 단어를 사용할 때 은유적 표현을 사용하는 것은 우리다. 인간 아버지는 하나님 아버지에 대한 모델이 아니다. 오히려 그 반대다. 하나님의 아버지 되심이 인간 아버지의 모델이라고 할 수 있다. 그분이 진품이고 우리는 복사품이다. 이런 의미에서, 우리가 '아버지'라고 말할 때는 신형인성론(theomorphism, 원래 하나님께 속한 용어로 인간에 대해 말하는 방식)을 사용하고 있는 것이다.

이 원리를 이해하는 것은 중요한데, 이것이 기독교 신앙에서 흔한 비난 중 하나인 '투사주의'(projectionism)에 직면해서 우리 사고를 명료하게 해 주기 때문이다. 투사주의란 하나님 아버지에 대한 신앙이 인간의 필요를 투사한 데 불과하다는 개념이다.

기독교 신앙에 대한 이런 비판의 뿌리는 복잡하지만, 대중문화에서는 카를 마르크스(Karl Marx, 1818-1883)와 오스트리아 심리학자 지그문트 프로이트(Sigmund Freud, 1856-1939) 같은 사상가에게까지 거슬러 올라갈 수 있다. 하나님 아버지는 소원을 들어주는 한 가지 형태에 불과하다는 것이다.

하지만 이런 투사주의에는 더 근본적인 뿌리가 있는데, 이는 루트비히 포이어바흐(Ludwig Feuerbach, 1804-1872)까지 거슬러 올라간다.[7]

그러나 그 너머에는 사실상 이런 사상가들의 관점에 영향을 미친 유럽 신학이 자리하고 있다. 이들 사상가들 배후에는 신학자 프리드리히 슐라이어마허(Friedrich Schleiermacher, 1768-1834)의 작업이 있다. 그는 진정한 종교의 정수는 궁극적 의존이라는 개념에 있다고 가르쳤다.

슐라이어마허는 유럽 계몽주의, 특히 [예를 들면, 임마누엘 칸트(Immanuel Kant, 1724-1804)의 사상에 표현된] 하나님에 대한 객관적 지식의 가능성을 부정하는 철학에 반발했다. 슐라이어마허는 자신이 "종교를 멸시하는 교양인"[8]이라고 묘사한 지식인들로부터 사실상 기독교를 구원하고 있다고 생각했다. 본질적으로 그는 그들이 종교의 진정한 정수가 개인의 의식에 있다는 점을 이해하지 못했기 때문에 핵심을 놓쳤다고 주장했다. 따라서 하나님에 대한 객관적 지식의 가능성을 부정하는 사람들은 핵심을 놓친 것이다!

슐라이어마허는 자신의 신학 상점의 내용물을 지킬 수 있다고 생각했지만, 실상은 그것을 내어주는 위험에 처해 있었다. 신학이 우리의 주관적 의식에 근거한다면, 그것은 신학이 우리의 필요를 투사한 것이라는 말과 별 차이가 없는 것이다. 우리가 하나님을 하늘에 계신 아버지로 의지한다는 생각은 그런 존재가 실제로 있다는 것을 가리킨다기보다 그분의 존재를 투사한 우리의 필요를 암시할 뿐이다. 거기에서 하나님이라는 개념을 투사해 내는 것은 한 발짝에 불과하고, 거기서 다시 "종교는 민중의 아편"이라는 결론에 도달하는 것도 몇 발짝 되지 않는다. 이 비유는 카를 마르크스 덕분에 유명해졌지만, 아편에 관심이 많던 19세기에 널리 사용된 표현이었다.

이것이 오늘날 그리스도인들이 처한 환경이기에, 우리가 하나님을 아버지로 묘사한 표현을 현대 세계의 관점이 만들어 낸 렌즈로 해석하지 않는 것이 중요하다. 성경신학은 늘 그 반대 방향으로 작용하기 때문이다. 그것은 하나님에게서 출발한다. 하나님이 그분의 피조물인 사람에게 그분을 '투사하신다.' "하나님이 이르시되 우리의 형상을 따라 우리의 모양대로 우리가 사람을 만들고 … 하나님이 자기 형상 곧 하나님의 형상대로 사람을 창조하시되 남자와 여자를 창조하시고"(창 1:26-27).

하나님은 그 자녀들의 아버지시다. 따라서 이 자녀들은 그분을 아버지로 원하고 필요로 하도록 창조되었다. 하나님은 바로 우리를 창조하신 그 방식을 통해 우리가 이 사실을 이해하도록 도우신다. 우리는 인간 아버지의 모습에 빗대어 하나님의 아버지 되심을 상상하지 않고, 그분의 아버지 되심에 우리의 필요를 투사하지도 않는다. 오히려 이 '필요'는 우리가 그분의 형상대로 창조된 것을 불가피하게 암시한다. 물고기에게 물이 필요한 이유와 똑같은 이유로, 우리에게도 그분이 '필요하다.' 우리는 그렇게 창조되었다.

따라서 하나님의 아버지 되심이 원형(진품)이고 인간의 아버지 됨은 모형(복사품)이다.

다시 말해서 우리가 투사된 존재다!

그래서 여기 다락방에서 예수님이 하신 말씀이 우리 사고를 명료하게 해 준다. 그분은 우리가 아버지께 갈 수 있다고 말씀하신다. 은

유나 직유를 비롯하여 다른 어떤 비유도 사용하시지 않는다. 아버지가 계신다. 그리고 그분은 분명히 아셔야 하는데, 그분이 아들이시기 때문이다!

그런데 하나님을 아버지로 계시하신 것은 목회적으로도 중요하다.

목회적 처방

주님이 하나님을 아버지로 아는 것을 강조하신 말씀은 부활 후 첫 대화에 다시 등장한다. 예수님은 마리아에게 이렇게 말씀하면서 그 중요성을 강조하신다. "너는 내 형제들에게 가서 이르되 내가 내 아버지 곧 너희 아버지, 내 하나님 곧 너희 하나님께로 올라간다 하라"(요 20:17).

주 예수님은 다락방에서 가르치신 진리를 확인하고 적용하고 계신다. 제자들은 하나님의 아들을 그들의 구원자와 주님으로 알고 사랑하게 되었다. 따라서 그들은 "아버지께서 친히 너희를 사랑하[셔서]"(16:27) 안심할 수 있다. 이제 그들도 예수님처럼 하나님을 "아빠 아버지"라 부를 수 있다.

제자 중에 "하늘에 계신 우리 아버지…"라고 기도하라고 부모에게서 배운 사람은 아무도 없었다. 하지만 이제 아들이 하나님 아버지를 계시해 주셨으니 그들 스스로 아버지께 직접 나아갈 수 있다. 그들이 할 일은 예수님의 이름을 사용하는 것뿐이다. 그러면 예수님이 말씀하신 대로 "아버지께서 친히 너희를 사랑하심"(16:27)을 알게 될 것이다.

당신이 그리스도인 친구에게 줄 카드에 쓸 말을 찾고 있다면, (그들이 어떤 상황에 있든지) 이보다 더 좋은 표현이 있을까? 이 말씀에는 강력한 목회적 처방이 들어 있다.

수 세기에 걸쳐 영성 생활의 대가들은 많은 그리스도인이 불길한 증후군, 곧 하나님 아버지에 대한 뿌리 깊고 해로운 의심으로 고통받는 것을 목격했다. 그 의심은 마음속 깊은 곳에 도사리고 있기에 그 증상을 인식하고 그에 대한 복음 처방을 적용할 수 있는 능력이 중요하다.

그 의심은 다양한 방식으로 나타난다.

성자 하나님이 당신을 사랑하신다고 확신하면서도 성부 하나님이 정말로 당신을 사랑하시는지는 확신하지 못할 수도 있다.

혹은 더 흔하게, 당신은 하나님 아버지가 당신을 사랑하시는 이유가 단지 예수님이 당신을 위해 죽으셨기 때문이라고 생각할지도 모른다.

때로는 슬프게도, 목회자들이 설교하면서 후자의 메시지를 성도들에게 교묘하게 전달하기도 한다.

예를 들어, 한 설교자가 이렇게 말한다. "여러분은 죄를 지었습니다. 하지만 여기 복음의 좋은 소식이 있습니다. 하나님은 여러분을 사랑하시는데, 그것은 바로 그리스도께서 여러분을 위해 죽으셨기 때문입니다."

우리는 이 말씀의 함의를 곰곰이 생각해 보아야 하는데, 이 말씀은 사실상 복음과는 정반대이기 때문이다.

 요한복음 3장 16절 말씀을 묵상해 보면 이 점이 분명해진다. "하나님이 세상을 이처럼 사랑하사 독생자를 주셨으니 이는 그를 믿는 자마다 멸망하지 않고 영생을 얻게 하려 하심이라." 요한의 문장은 '하나님'을 언급할 때 아버지를 뜻한다는 점을 분명히 드러내는데, 그분이 "독생자를 주셨으니"라고 말하기 때문이다. 따라서 사실상 요한은 "하나님(아버지)이 너희를 사랑하시는데, 그것은 바로 그리스도께서 너희를 위해 죽으셨기 때문이다."와 정반대로 말하고 있다. 오히려 그는 진정한 진리를 말해 준다. "하나님(아버지)이 너희를 사랑하시기 때문에 그 아들이 너희를 위해 죽으셨다."

 단순한 신학적 형식에 불과할까? 그렇지 않다. 복음을 잘못 전달하는 것은 절대 단순한 기술적 문제에 그치지 않기 때문이다. 이 경우에, 이 표현의 신학적 함의는 성자 하나님이 성부 하나님을 설득하여 너희를 사랑하게 하셨다는 것이다. 그리고 이 사실은 다시 우리에게 우리 스스로는 절대 인식하거나 제대로 표현하지 못했을 마음속 깊은 감정을 주입한다. 우리는 주 예수님의 사랑을 전적으로 신뢰할 수 있지만, 아버지의 사랑은 그렇지 않을 수도 있다는 것이다. 만약 예수님이 어떤 행동으로 하나님을 설득하셨기 때문에만 그분이 우리를 사랑하신다면, 우리가 어떻게 그 사랑을 신뢰할 수 있겠는가?

 그런 생각이 지속되는 한, 이 불길한 증후군은 사라지지 않을 것이다. 그것은 잠복해 있거나 잠시 가라앉을 수는 있겠지만, 의심과 불안, 연약한 믿음, 확신과 기쁨의 부족 등 해로운 증상으로 나타날 준비를 한 채 항상 존재할 것이다.

하지만 여기 치료제가 있다. 예수님은 이렇게 말씀하셨다. "나와 아버지는 하나이니라"(10:30). "나를 본 자는 아버지를 보았거늘"(14:9). 또한 날마다 복용하면 낫게 되는 신학적 묘약도 있다. "아버지께서 친히 너희를 사랑하심이라"(16:27).

당신을 향한 예수님의 사랑을 본 사람은 아버지의 사랑도 본 것이다. 볼 수 있는 것은 다 본 셈이다!

여기에 지난 세대의 한 영적 거장이 그것을 어떻게 표현했는지 소개하려 한다. 존 오웬(John Owen)의 다음 글은 시간을 들여 천천히 곱씹을 만하다.

> 그렇다면, 이 하나님의 사랑을 어떻게 받아야 그분과의 교제를 누릴 수 있는가? 믿음으로 가능하다. 하나님의 사랑을 받는 것이 곧 믿는 것이다. 하나님은 온전하고도 탁월하게 그분의 사랑을 나타내셨으므로 믿음으로 그것을 받을 수 있다. …
> 믿음이 즉각적으로 아버지께 작용하는 것이 아니라, 아들을 통해 이루어지는 것이 사실이다. …
> 아버지의 사랑에 관한 한, 예수 그리스도는 빛줄기요 시냇물일 뿐이다. 실제로 우리의 모든 빛과 위로가 거기에 있지만, 그분을 통해 우리는 그 근원, 곧 영원한 사랑의 태양으로 인도된다. 신자들이 이 진리를 훈련한다면, 하나님과의 동행에서 영적으로 크게 성장하게 될 것이다.

이것이 바로 목표다. 이 점에서 여러 어둡고 혼란스러운 생각이 떠오르기 쉽다. 믿음으로 자신의 마음과 생각을 이 높이까지 끌어올려 아버지의 사랑 안에 영혼이 안식하는 사람은 드물다. 대부분은 그 아래, 희망과 두려움, 폭풍과 구름이 뒤섞인 불안한 영역에서 살아간다.

거기는 고요하고 조용하다. 하지만 어떻게 거기까지 이를 수 있는지 사람들은 모른다. 하나님의 뜻은, 그분이 언제나 인자하고 자비롭고 온유하고 사랑이 많으며 그 사랑 안에서 결코 변하지 않는 분으로 비치기를 원하신다는 것이다. 특히 아버지로서, 곧 모든 은혜로운 의사소통과 사랑의 열매가 흘러나오는 큰 근원과 샘으로서 그렇게 인식되기를 원하신다.

이것이 곧 그리스도께서 오셔서 드러내신 바, 곧 하나님을 아버지로 계시하신 것이다.[9]

우리가 받은 자비와 특권을 알지 못하는 것은 우리의 고통일 뿐 아니라 죄이기도 하다. … 이는 우리가 기뻐할 수 있는 자리에서 무겁게 걷게 만들고, 주 안에서 강할 수 있는 곳에서 오히려 약하게 만든다. 얼마나 소수의 성도만이 사랑 안에서 아버지와 직접 교제할 수 있는 이 특권을 실제로 경험하며 살아가는가! 그분을 바라볼 때 얼마나 많은 염려와 의심이 그 마음을 사로잡는가! 그분의 선하심과 자비하심에 대해 얼마나 많은 두려움과 의문이 있는가! 기껏해야, 많은 사람이 우리를 향한 하나님의 달콤함도 오직 예수님의 피라는 엄청난 대가를 치르고서야 겨우 얻어진 것이라고 생각한다. 물론 그것만이 우리에게 사랑이 전해지는 유일한 통로인 것은 맞다. 그러나 그 모든 사랑의 무한한 근원과 샘은 아버지의 품속에 있다.[10]

이 말이 우리 속의 무언가를 건드린다면, 우리는 예수님 말씀에 생각을 고정하고 그 말씀이 우리 가슴에 흘러넘치게 해야 한다. "아버지께서 친히 너희를 사랑하심이라."

우리가 날마다 자신에게 해 주어야 할 말이 있다. 단순한 말이지만, 우리 삶을 변화시키고 평안을 주며 침착함을 유지하게 해 준다. 성령님이 오셔서 제자들에게 이를 깨닫게 해 주신다면, 예수님이 그들을 떠나 아버지께로 가시는 이유에 대해 광명을 비춰 줄 것이다(16:28). 지금까지는 다락방 밖에서 잠시 이야기를 나누었다. 이제 다시 돌아갈 때다.

아마도 지금쯤이면 제자들은 성령님이 오셔서 무슨 일을 하실지 알고는 예수님이 떠나가는 것이 그들에게 '유익'이라고 깨달았을 것이다. 주님은 아버지께 그분이 하신 약속을 지켜 달라고 요청하실 것이다. 그러면 주님은 그분의 영을 그들에게 보내 주실 것이다. 성령님이 오시면 제자들은 (나중에 바울처럼) "우리에게 주신 성령으로 말미암아 하나님의 사랑이 우리 마음에 부은 바 됨이니"(롬 5:5)라고 말할 수 있을 것이다. 아버지가 그들을 사랑하심을 알게 될 것이다. 그리고 그들은 안전할 것이다.

제자들의 반응은 고무적이다. "제자들이 말하되 지금은 밝히 말씀하시고 아무 비유로도 하지 아니하시니 우리가 지금에야 주께서 모든 것을 아시고 또 사람의 물음을 기다리시지 않는 줄 아나이다 이로써 하나님께로부터 나오심을 우리가 믿사옵나이다"(요 16:29-30).

분위기가 달라졌다! 새로운 확신이 생겼다. 하지만 예수님이 "이제 알았으니 절대 놓치지 않겠습니다."라는 반응을 목격하신 것은 이번이 처음이 아니었다. 그래서 그분은 제자들 앞에 놓인 시험을 다시 한번 상기시키신다. "이제는 너희가 믿느냐 … 너희가 다 각각 제 곳으로 흩어지고…"(요 16:31-32).

예수님의 시험과 비교하면 제자들의 시험은 상대적으로 작을 것이다. 그들은 "다 각각 제 곳으로 흩어[질]" 것이다(32절). 하지만 예수님은 '혼자' 그 시험을 맞닥뜨리실 것이다(32절). 그럼에도 그분은 결코 '혼자'가 아니시다. 제자들을 사랑하시는 아버지는 예수님도 사랑하시고, 그분과 함께하실 것이다.

그다음에는 예수님이 이 시간을 제자들과 함께 보내시는 이유를 마지막으로 설명해 주신다. 우리는 그분이 하신 말씀으로 제자들을 깨끗하게 하신 것을 이미 살펴보았다. 그 말씀은 그들에게 기쁨도 주셨다. 이제 주님은 이렇게 덧붙이신다. "이것을 너희에게 이르는 것은 너희로 내 안에서 평안을 누리게 하려 함이라 세상에서는 너희가 환난을 당하나 담대하라 내가 세상을 이기었노라"(33절).

예수님은 가르침을 마무리하면서 제자들에게 두 가지를 약속하신다.

첫 번째는 평안(히브리어 '샬롬')이다. 그리스도 안에 '샬롬'(*shalom*)이 있다. 예수님의 사역을 통해 하나님과 평안을 누리고, 성령님의 사역을 통해 회복이 있을 것이다.

두 번째는 승리다. 예수님이 "세상을 이기[셨다]." 그리스도 안에 승리가 있다. 그들은 주님을 통해 넉넉히 이길 것이다(롬 8:37).

지금까지 요한복음 13-16장에서 우리는 구세주께서 제자들에게 말씀하신 내용을 듣고, 어떻게 그들을 '끝까지'(13:1) 사랑하셨는지 보았다. 이제 마지막 장인 17장에서는 그분의 기도, 곧 영원하신 아들이 그 아버지께 하시는 말씀을 듣게 될 것이다. 이 기도는 성경에 기록된 가장 거룩한 순간 중 하나라고 할 수 있을 것 같다. 제자들이 그분을 따라 이 지성소로 들어갈 때 그들 귀에는 여전히 예수님 말씀이 울려 퍼지고 있었다. "너희가 나를 믿으면 이 불안한 세상 가운데서 평안을 얻고, 복음의 모든 대적을 넉넉히 이길 것이다."

그들을 따르는 것은 우리의 특권이다.

11. 그리스도의 마음이 열리다

요한복음 17장 1-5절

¹예수께서 이 말씀을 하시고 눈을 들어 하늘을 우러러 이르시되 아버지여 때가 이르렀 사오니 아들을 영화롭게 하사 아들로 아버지를 영화롭게 하게 하옵소서 ²아버지께서 아들에게 주신 모든 사람에게 영생을 주게 하시려고 만민을 다스리는 권세를 아들에게 주셨음이로소이다 ³영생은 곧 유일하신 참 하나님과 그가 보내신 자 예수 그리스도를 아는 것이니이다 ⁴아버지께서 내게 하라고 주신 일을 내가 이루어 아버지를 이 세상에서 영화롭게 하였사오니 ⁵아버지여 창세 전에 내가 아버지와 함께 가졌던 영화로써 지금도 아버지와 함께 나를 영화롭게 하옵소서

어떻게 하면 누군가를 잘 알 수 있을까? 그 사람과 얼굴을 맞대고 대화하면 된다. 하지만 때로는 그 사람이 가장 사랑하는 사람과 나누는 대화를 엿듣는 것으로 상대를 더 잘 알 수 있다. 편안한 관계, 마음을 털어놓을 수 있는 자유, 오해할 염려가 없다는 확신, 비밀을 나누는 데 두려움이 없다는 사실, 이 모든 것이 마음에 있는 그대로 표현할 자유, 아무것도 숨기지 않아도 되는 상태를 만들어 낸다.

우리가 주 예수 그리스도를 아는 것도 마찬가지다. 앞 장들에서 우리는 주님이 그분의 '친구들'에게 하시는 말씀을 엿듣고 그분을 잘 알게 된다. 하지만 이 장에서 그분을 가장 잘 알게 되는데, 여기서는 주님이 하늘 아버지와 말씀하시는 내용을 엿들을 수 있기 때문이다. 요한은 그 점을 잘 알았다. 그래서 그는 요한복음의 이 부분에 예수님의 행동과 대화와 가르침(13-16장)뿐 아니라 기도(17장)도 기록한다.

진정한 의미에서 '주의 기도'라고 할 만한 이 기도는 신약성경에서 가장 긴 기도다.

앞에서 제자들은 질문을 잔뜩 품고 있었다. 절반에 가까운 제자들, 곧 시몬 베드로, 요한, 도마, 빌립, 유다가 모두 질문을 던졌다. 하지만 그들은 모두 침묵에 빠졌다(16:5). 예수님의 목소리밖에 들리지 않았다. 그리고 이제 그분도 더는 그들에게 말씀하시지 않는다. 대신, 그분이 하늘 아버지에게 하시는 말씀을 제자들이 듣게 하신다.

어떤 의미에서 13-17장은 요한복음 안의 복음이라고 할 수 있다. 실제로, 이 부분은 요한복음의 전체 형태를 반영한다.

요한복음은 프롤로그로 시작해서 에필로그로 끝난다.

그 중간에 표적의 책과 영광의 책, 이렇게 두 책이 있다.

이와 비슷하게, 13-17장은 예수님이 제자들의 발을 씻겨 주시는 프롤로그로 시작한다.

그 중간에 두 단락이 있다. 13-14장에서 예수님은 제자들에게 그분의 떠나심에 대해 말씀하시고, 성령님을 보내셔서 그들과 함께 거하게 하겠다고 약속하신다.

그다음 15-16장에서는 제자들에게 주님 안에 거하라고 말씀하시고, 제자들에게 다가올 시련 가운데서 그들을 보호하겠다고 약속하신다.

이 단락은 예수님이 자신과 제자들을 위해 기도하시는 에필로그로 끝난다.

종교개혁 때부터 이 장은 그리스도의 '대제사장적 기도'로 알려졌다. 여기서 요한이 예수님을 구체적으로 대제사장으로 묘사하지는 않기 때문에 일부 학자들은 그 표현을 사용하지 않는다. 그럼에도 이 기도는 매년 속죄일에 대제사장이 하는 사역을 지배했던 양식을 따른다.

속죄일

옛 언약 아래서 사람들은 처음에는 성막에서, 나중에는 예루살렘 성전에서 매일 제사를 드렸다. 일 년 내내 제사장들이 팀을 이루어 돌아가면서 봉사했다.

성막과 성전은 기본 평면도가 비슷했다. 뜰이 있고 그 너머로 성소와 지성소라는 두 공간이 있었다.

날마다 성소에서 제사를 드렸다. 하지만 일 년에 한 번, 유대력 일곱째 달인 티쉬리(태양력으로 9-10월경) 10일에는 대제사장이 지성소로 들어갔다. 지성소에는 언약궤를 보관하는데, 지상에 있는 하나님의 보좌의 방으로 여겨졌다. 대제사장은 해마다 이 거룩한 장소로 들어가서 백성의 죄를 대신하여 제사를 드리고 그들을 위해 기도했다.

이는 매우 거룩한 의식이었다. 이스라엘의 다른 누구도 지성소에 들어갈 수 없었다. 대제사장만이 일 년에 단 한 번 그곳에 들어갈 수 있었다.

속죄일 규례는 레위기 16장 1-34절에 자세히 나와 있다. 대제사장은 자신과 제사장들의 죄를 위해 수송아지를 속죄 제물로 삼고 그 피를 속죄소 위와 그 앞 땅에 뿌렸다.

또한 대제사장은 염소 두 마리를 가져다가 제비를 뽑아 각각 구체적인 역할을 맡겼다.

염소 한 마리는 죽여서 속죄제로 드려 그 피를 속죄소에 뿌렸다.

그다음에 나머지 한 마리는 그 머리에 안수하여 백성의 모든 죄를 아뢰었다. 그리고 나서 염소를 광야에 데려가서 놓아주었는데, 이 염소는 상징적으로 모든 이스라엘의 죄를 짊어지고 광야로 들어갔다. "여호와를 위하여" 드린 첫 염소는 백성의 죄를 상징적으로 다루었다. 하지만 두 번째 염소는 "아사셀을 위하여" 드렸다(레 16:8-10). 흠정역은 이 염소를 '희생양'으로 번역했는데, 이 단어는 '다른 사람이 받아야 할 비난을 대신 받은 사람'이라는 뜻으로 우리에게 익숙하다.[1]

예수님 시대에 이르면, 대제사장이 속죄일을 준비하는 절차는 매우 체계적으로 정해져 있었다. 그는 정결 의식으로 스스로 정결하게 하고, 밤새워 기도했다. 대제사장이 기도하는 동안 그가 깨어 있도록 도와줄 사람을 지정하기도 했다. 우리는 여기서 예수님의 자기 성별(요 17:19)과 겟세마네 동산에서 제자들에게 하신 말씀을 떠올리지 않을 수 없다. "시몬아 자느냐 네가 한 시간도 깨어 있을 수 없더냐 시험에 들지 않게 깨어 있어 기도하라"(막 14:37-38).

대제사장의 중보 기도는 세 동심원으로 형성되어 있었다. 첫째, 그는 자신과 자신이 이제부터 하려는 사역을 위해 기도했다. 그다음에는 그와 함께 여호와를 섬기는 일에 성별된 이들을 위해 중보했다.

셋째로는 모든 하나님 백성을 위해 기도했다.

  이 상징은 이제 새 언약의 대제사장이신 주 예수님 안에서 성취될 것이다. 진정한 궁극적 속죄일이 다가오고 있다. 머지않아 옛 언약의 그림자가 실재에 길을 내줄 텐데, 숫양과 염소의 피를 드리거나 죄를 짊어진 염소를 광야로 보내는 방법은 아니다. 이 제사들은 매년 반복해서 드려야 했다. 신약성경이 분명히 보여 주듯, 옛 언약의 신자들은 그런 반복이 그들의 죄책을 영원히 없애 주거나 영적 속박에서 효과적으로 해방할 능력이 없음을 스스로 깨달을 수 있었을 것이다. 단 한 번의 제사가 영원히 그 죄를 없애 줄 때까지 하나님은 죄를 '덮어 주셨을' 뿐이다. 바울이 말한 대로, "하나님께서 길이 참으시는 중에 전에 지은 죄를 간과하[셨다]"(롬 3:25). 그러나 이제, 진정한 궁극적 대제사장이신 예수님이 죄를 없애고 영단번에 속박에서 구원을 가져올 제사를 드리실 것이다. 그분은 자신을 드리시고, 자기 피를 드리실 것이다. 우리 죄를 온전히, 최종적으로 짊어지시고 악한 자를 이기실 것이다.

  이런 배경에서 예수님은 대제사장의 양식을 따르고 계신다.

17장 1-5절: 예수님은 자신과 자신의 사역을 위해 기도하신다.

17장 6-19절: 예수님은 아버지가 그분에게 허락하셔서 공생애 기간에 함께하게 하신 제자들을 위해 기도하신다.

17장 20-26절: 예수님은 기독교 신자가 될 모든 사람을 위해 기도하신다("내가 비옵는 것은 이 사람들만 위함이 아니요 또 그들의 말로 말미암아 나를 믿는 사람들도 위함이니").

여기에는 우리도 포함된다. 그것이 어떤 경로로 우리에게 전해졌든지, 우리가 그분을 믿게 된 것은 지금 신약성경에 기록된 사도들의 말씀을 통해서다.

우리 주님의 기도가 얼마나 폭넓은 범위를 다루는지 모른다. 그 기도는 지금 전개되고 있는 그분의 사역을 포함하며, 다음 세대에 있을 사도들의 사역을 아우르고, 나아가 그분의 중보 기도는 오늘날 교회에까지 미친다. 주님은 그 기도 가운데 우리를 끌어안아 아버지께 데려가신다.

그렇다면 이 순간은 요한복음에서 참으로 거룩한 순간이다. 어떤 의미에서 이 본문은 우리를 요한복음 서두로 다시 데려간다. 거기서 예수님은 '프로스 톤 테온', 곧 하나님과 얼굴을 마주하고, '에이스 톤 콜폰', 곧 "아버지 품속에"(1:1, 18) 계셨다. 이 장 전체는 청진기와 같아서 우리는 이를 통해 구세주의 심장 박동을 들을 수 있다.

이 순간은 진한 감정이 흐르기도 한다. 예수님이 하나님을 "거룩하신 아버지"와 "의로우신 아버지"로 부르신 곳은 여기뿐이다. 그분은 "자기를 비워 종의 형체를 가지사" 이제는 "죽기까지 복종하셨으니 곧 십자가에 죽으심이라"(빌 2:7-8).

예수님이 자신을 위해 기도하시다

이제 드디어 "때가 이르렀[다]"(요 17:1). 예수님은 이전에 두 차례, 식사(가나 혼인 잔치)와 절기(초막절)라는 배경에서 그분의 때가 아직 이르지 않았다고 말씀하신 적이 있다(2:4; 7:6). 하지만 지금 이 마지막 식사 자리에서 그분은 때가 이른 것을 아셨다. 그 주 초반에 헬라인 몇이 예수님을 뵙고자 요청한 것이 그분께 신호가 되었다(12:20-21). 여기 다락방에서 예수님은 마귀가 최후의 공격을 시작한 것을 알아차리셨다(요 13:2, 27). 모든 참가자가 다 자리를 잡았다. 이제 성경 말씀이 곧 이루어질 것이다. 여기에는 예수님의 동료가 그분을 배신할 것이라는 시편의 약속도 포함되었다. 그러나 이제 가장 오래된 약속이 성취되기 직전이었다. 뱀이 예수님의 발꿈치를 상하게 하지만 그분은 그의 머리를 상하게 할 때가 이르렀다.

그렇다면 예수님은 자신을 위해 어떻게, 무엇을 기도하시는가? 다른 방법이 없느냐고 기도하시는가? 아니다. 몇 시간 뒤, 십자가에서 하나님의 버림을 받게 될 주님이 다른 대안이 없느냐고 기도하시게 될 테지만 아직은 아니다("내 아버지여 만일 할 만하시거든 이 잔을 내게서 지나가게 하옵소서", 마 26:39).

그러면 힘을 달라고 기도하시는가? 사실, 주님께는 힘이 필요했고, 이제 곧 "자기를 죽음에서 능히 구원하실 이에게 심한 통곡과 눈물로 간구와 소원을 올[리실]" 것이다(히 5:7). 하나님이 그 기도를 들으시고 천사를 보내셔서 그분께 힘을 더하게 하실 것이다(눅 22:43).

하지만 그 기도도 아직 한두 시간 후 일이다. 현재 그분이 느끼시는 부담은 다르다. "예수께서 이 말씀을 하시고 눈을 들어 하늘을 우러러 이르시되 아버지여 때가 이르렀사오니 아들을 영화롭게 하사 아들로 아버지를 영화롭게 하게 하옵소서"(요 17:1).

"아버지여 … 아들을 영화롭게 하사." 역사상 이런 기도는 또 없을 것이다. 물론, 어떤 의미에서 모든 신자는 바울의 말을 반영하여 이렇게 기도하는 것이 정당하다. "아버지, 저를 '영광에서 영광에 이르도록' 변화시켜 주겠다고 약속하셨으니(고후 3:18을 보라) 그렇게 바꾸어 주십시오." 하지만 이 경우는 다른데, 여기 나오는 영광은 "창세 전에 내가 아버지와 함께 가졌던 영화"(요 17:5)이기 때문이다. 이는 '반영된 영광'이 아니다. 예수님은 그것을 가리켜 "나의 영광"(24절)이라고 말씀하신다.

이 간구에는 몇 가지 특징이 두드러진다.

아들의 신성

예수님 말씀은 그분의 자의식을 강력하게 표현한다. 주님은 그분의 영원하신 정체성을 잘 인식하고 계신다. 자신이 누구인지 아시고, 하나님의 아들이시기에 당연히 영광은 그분의 것이다. 예수님은 태초부터 하나님의 품속에 계시며 그분과 얼굴을 마주하고 계셨던 분이다(요 1:1, 18). 그분은 자신이 하나님께로부터 오셨다가 하나님께로 돌아가실 것과 아버지께서 모든 것을 자기 손에 맡기신 것을 아셨다(13:3). 이런 말은 평범한 인간의 입에서 나온 것이 아니다.

주님은 구약성경을 매우 잘 아셨다. "내 영광을 다른 자에게 주지 아니하리라"(사 48:11)라는 야훼의 말씀을 아셨다. 그날 저녁 늦게, 예수님은 다른 방식으로 기도를 시작하실 테지만("내 아버지여 만일 할 만하시거든 이 잔을 내게서 지나가게 하옵소서…") 여기서는 아니다. 주님은 "내 아버지여 만일 할 만하시거든 나를 영화롭게 하옵소서"라고 기도하시지 않는다. 오히려 하나님의 아들로서 당연한 그분의 권리이자 아버지께서 주겠다고 약속하셨던 것을 직접적으로 요구하신다.

예수님은 하나님 아버지의 아들이시다. 따라서 "네 부모를 공경하라"라는 명령에 항상(시간 속에서뿐 아니라 영원 가운데서) 순종하신다. 인성을 취하신 우리 주님은 이 공경을 순종으로 드러내셨다. 예수님은 영원하신 아버지의 '파이스'(pais), 곧 '자녀', '아들', 혹은 '종'(행 3:13, 26)이시다.[2] 이 아들은 아버지께로 가셔서 이렇게 말씀하신다. "아버지께서 약속하셨으니 이제 그 약속을 지켜 주시겠습니까?"

하지만 이 예수님은 영원하신 아들이기도 하셔서, 아버지와 "본질과 능력과 영원에 있어 하나이신" 분이다. 하나님의 영광("창세 전에 내가 아버지와 함께 가졌던 영화")은 약속과 권리로 그분 것이다.[3]

그런데 이 '영광'은 과연 무엇인가?

영광

성경에서 하나님의 영광은 그분의 존재와 보이지 않는 속성과 완전하심이 외적으로 표현되거나 나타난 것이다. 이는 창조 질서에 드러난 하나님의 존재와 성품의 영원한 장엄함이 만화경처럼 다채롭게 폭발하는 것을 통해 계시된다(시 19:1-6; 29:1-11; 롬 1:19-23). 이런 방식으로 하나님은 마치 '말씀하시듯이' 선언하신다. "나는 보이지 않는 하나님이므로 너희는 나를 보지 못한다. 그러나 내가 이 장엄한 옷을 입어서 내가 얼마나 위엄 있고 영화로운 존재인지 너희가 조금이나마 느낄 수 있게 하겠다."

시편 29편은 이를 극적으로 묘사한다. 거기서는 예배를 드리기 위해 모인 하나님 백성이 우레를 경험하는 장면을 묘사한다. 번개가 하늘을 가르고, 천둥이 요란한 소리를 낸다. 하나님의 장엄하심과 능력을 드러내는 초자연적 불꽃놀이가 펼쳐진다. 하나님 백성은 본능적으로 이렇게 반응한다. "그의 성전에서 그의 모든 것들이 말하기를 영광이라 하도다"(시 29:9).

요한은 가나 혼인 잔치에서 이미 그리스도의 영광을 보았다(요 2:11). 사복음서는 그가 변화산에서 그 영광을 다시 목격했다고 들려준다(눅 9:32). 요한은 밧모섬에서 환상 가운데 그 영광을 한 번 더 보았다. 그런데 성육신하신 성자 하나님은 자기를 '비우셨을' 뿐 아니라 그 영광을 '가리셨다.' 하지만 이제 그분의 '때'가 이르렀다. 그분이 수치를 당하실 시간이다. 동시에 그분이 아버지께로 돌아가실 시간이기도 하다. 주님의 가장 깊은 바람은 가려졌던 장막이 걷히고 그분이 "하나님의 영광의 광채시요 그 본체의 형상이시라 그의 능력의 말씀으로 만물을 붙드시[는]"(히 1:3) 분임이 명명백백해지는 것이다.

우리는 "신약성경은 예수님이 하나님이시라고 가르치는가?"라는 질문을 받으면 요한복음 1장 1절이나 로마서 9장 5절 같은 본문을 제시하는 경우가 많다. 하지만 여기 요한복음 17장에서 예수님은 그분의 신성을 인식하고 계심을 드러내신다. 영광이 그분의 것이요, "모든 사람에게 영생을 주게 하시려고 만민을 다스리는 권세를 아들에게 주셨음이로소이다"(2절). 오로지 하나님만이 스스로 영광을 받으실 수 있으며, 하나님 외에는 죄인에게 영생을 주실 권한이 없으시다!

예수님이 자신의 신성을 인식하고 계셨다는 사실은 그분만이 주실 권한이 있으신 영생을 정의하신 부분에서 더 강조된다. "영생은 곧 유일하신 참 하나님과 그가 보내신 자 예수 그리스도를 아는 것이니이다"(3절). '하나님과 함께 계신 하나님'이신 아들만이 그분을 아는 것과 하나님을 아는 것을 같은 맥락에서 언급할 권리가 있으시다![4)

그런데 예수님 말씀은 그분의 영화와 우리의 축복이 하나로 연결되어 있다고 강조하기도 한다. 우리가 하나님과 예수님을 알고 영생을 경험하는 것은 아버지가 그 아들을 영화롭게 하시는 여러 방법의 하나다!

그분의 영광, 우리의 축복

사람들은 하나님의 영광과 자신의 복이 대립 관계라고 여기고, 심지어 하나님이 의도적으로 그들의 복을 부정하신다고 가정하는 경우가 많다. 마치 하나님이 영광을 얻으실 때마다 그에 비례하여 그들의 행복과 즐거움이 사라진다고 믿는 것 같다(실제로도 그렇게 믿는다). 생각이 제대로 된 사람이라면 도대체 누가 그런 상황에서 하나님을 영화롭게 하고 싶겠는가?

그런데 바로 그 부분이 문제다. 성경은 영적 실재의 문제에서 우리가 태생적으로 제대로 된 생각을 하지 못한다고 말해 준다. "그 생각이 허망하여지며 미련한 마음이 어두워졌나니 스스로 지혜 있다 하나 어리석게 되어 썩어지지 아니하는 하나님의 영광을 … 우상으로 바꾸었느니라"(롬 1:21-23).

그 결과로 18세기 스코틀랜드 변방이나 미국 초기 여러 지역의 아이들이 잘 알았던 진리가 오늘날 대다수 세련되고 지식 있는 불신자들에게는 완전히 수수께끼로 남게 된다. "사람의 제일 되는 목적은 하나님을 영화롭게 하고 그분을 영원토록 즐거워하는 것이다."[5]

하나님의 영광과 우리의 즐거움은 떼려야 뗄 수 없는 관계다! 그러나 이와 대조적으로, "모든 사람이 죄를 범하였으매 하나님의 영광에 이르지 못하더니"(롬 3:23). 우리는 하나님의 법을 깨뜨렸고 그래서 반항하게 되었다. 바울의 이 말씀이 강조하는 것은 우리의 비참한 상황이다. 우리는 하나님의 영광에 이르지 못한다. 길을 잃고 우리가 받은 운명을 빼앗겼다. 이는 우리가 하나님을 즐거워하는 것도 잃어버렸다는 의미다. 기쁨이 없으면 영광도 없다.

회복으로 가는 길

우리가 회복할 방법이 예수님의 기도에 잘 나와 있다. 주님이 회복 사역을 완수하실 '때가 이르렀다.' 그분은 아버지를 영화롭게 하시기 위해 오셨다. 주님이 아버지를 영화롭게 하시려면 아버지께서 그 아들을 영화롭게 하셔야 했다. 어떻게 해야 이 이중 영화가 가능한가? 여기 나오는 예수님의 생각을 따라간다면 그 답은 분명해진다.

주님이 사고하시는 논리가 그분이 말씀하신 순서와 일치하지 않는다는 점을 이해한다면 도움이 될 것이다. 그런 경우는 성경에서 자주 나타나는데, 그것이 우리의 일반적인 대화에서도 자주 있는 일이기 때문이다. 아마도 요한복음 17장 1-5절에 기초한 짧은 요리문답을 통해 이 논리를 가장 잘 풀어낼 수 있을 듯하다.

예수님은 언제 기도하시는가? 아버지가 아들을 영화롭게 하셔서 아들로 아버지를 영화롭게 하실 "때가 이르렀[을]" 때(1절).

주 예수님은 어떻게 아버지를 영화롭게 하시는가? "아버지께서 내게 하라고 주신 일을 내가 이루어 아버지를 이 세상에서 영화롭게 하였사오니"(4절).

이 '일'은 어떤 일인가? "아버지께서 아들에게 주신 모든 사람에게 영생을 주게 하시려고"(2절).

이 영생이란 무엇인가? "영생은 곧 유일하신 참 하나님과 그가 보내신 자 예수 그리스도를 아는 것이니이다"(3절).

주 예수님은 어떻게 이 일을 성취하시는가? "만민을 다스리는 권세를 아들에게 주셨음이로소이다"(2절).

예수님은 언제 이 일을 성취하실 것인가? "아버지께서 내게 하라고 주신 일을 내가 이루어"(4절).

아버지는 어떻게 아들을 영화롭게 하시는가? "창세 전에 내가 아버지와 함께 가졌던 영화로써 지금도 아버지와 함께 나를 영화롭게 하옵소서"(5절).

우리는 앞에서, 요한복음 전체 프롤로그에 나오는 패턴이 이 부분의 프롤로그에서 극적인 형태로 주어진 것을 살펴보았다. 말씀이신 아들은 영광의 세계에 속하시지만, 그분이 돌아갈 영광으로 우리를 이끄시려고 수치의 세계로 들어오신다. 이와 똑같은 양식이 이제 우리 주님의 기도에 대한 '프롤로그'에 나와 있다. 주님은 창세 전에 아버지와 함께 가셨던 영화를 떠나 이곳으로 오셨다. 영원한 죽음에서 그 백성을 구원하시고, 아버지께로 돌아가 하늘의 영광을 누리시기 전에 그들에게 영생을 주시려고 오셨다.

이것이 하나님이 창세기 3장 15절에서 주신 약속의 절정이기에, 여기서 잠시 멈춰서 이 기도의 배경에 성경 줄거리의 출발점이 있다는 점에 주목해야겠다.

하나님은 그분의 형상대로 인간을 창조하셔서 그분의 영광을 본받게 하셨다. 동산을 만드셔서 그들이 돌보게 하셨다(창 2:8, 15). 이 동산은 하나님의 영광을 표현했기에 성막과 이후의 새 예루살렘의 '동산-성-세계'도 이곳을 반영한다(계 21-22장). 그러나 하나님이 지으신 모든 피조물이 "심히 좋았[지만]"(창 1:31) 그 전체가 아직 동산은 아니었다. 아담(과 그와 함께한 혈통)은 이 동산이 '땅끝까지' 도달할 때까지 확장하고 거기에 거주해야 했다. 이 과제를 달성하기 위해 그들은 "만민을 다스리는 권세"를 받았다(요 17:2; 창 1:28을 보라). 성경은 이 과제가 달성될 때 아담과 그의 모든 혈통이 순종이라는 사랑의 선물로 이 동산-성-세계를 하나님께 다시 가져와서 이렇게 말하게 되리라고 암시한다. "아버지께서 내게 하라고 주신 일을 내가 이루어 아버지를 이 세상에서 영화롭게 하였사오니"(요 17:4).

영광스러운 운명을 지닌 참으로 놀라운 부르심이라고 할 만했다. 하지만 아담은 실패하고 타락했다. 그가 지음 받은 땅에 대해 권위를 행사하기보다는 죽음의 붕괴로 그 땅의 일부가 되었다. 흙이니 흙으로 돌아갔다(창 3:19). 자신이 지음 받은 목적인 영생, 하나님의 임재 가운데 그분과 교제하며 그분을 누리며 사는 삶을 영원히 빼앗겨 버렸다.

우리가 원래 창조된 목적인 이 영광스러운 특권을 알 때만이 인간의 현 상태가 얼마나 비참한지 느낄 수 있다. "모든 사람이 죄를 범하였으매 하나님의 영광에 이르지 못하더니"(롬 3:23).

하지만 이제 우리의 회복을 위한 주사위가 던져졌다. 주 예수님이 그분의 죽음과 부활, 승천을 성취하실 사역 단계에 이르셨다. 이제는 돌이킬 수 없다.

그러면 우리가 영생을 얻을 수 있도록 아버지가 그 아들에게 주신 이 '일'은 무엇인가? 우리가 주님의 '일'을 온전한 구속사적 맥락에서 이해할 때만이 그 질문에 대답할 수 있다.

그 '일'

예수님은 "마지막 아담"이요 "둘째 사람"이시다(고전 15:45, 47). 그분은 아담이 한 일을 되돌리고 아담이 실패한 일을 하기 위해 오셨다. 따라서 그분은 아담과 그 후대가 부름 받았지만 실패한, 창조 세계의 대제사장이 되셨다. 이제 곧 주님은 그분의 회복 사역을 시작하는 데 필요한 모든 일을 이루게 되실 것이다. 둘째 사람이요 마지막 아담이신 예수 그리스도께서 이제 첫 사람 아담이 잃어버린, 땅에 대한 권위를 회복하실 것이다(고전 15:22-28, 45-49).

그래서 이제 주 예수님은 아담은 결코 할 수 없었던 말씀을 하실 수 있다. "아버지께서 내게 하라고 주신 일을 내가 이루어 아버지를 이 세상에서 영화롭게 하였사오니"(요 17:4). 24시간이 채 못 되어 그분은 "'테텔레스타이'(*tetelestai*), 다 이루었다"라고 말씀하실 것이다. 아담이 실패한 일을 완성하신 예수님은 그다음에는 아담이 거부한 일을 하셨다. 그가 "머리를 숙이니"(19:30). '성금요일'에 그분은 아담이 죄로 인해 받아야 할 심판을 받으시고, 이 세상의 통치자가 된 뱀의 머리를 상하게 하셨다.

따라서 우리가 예수님의 기도에서 엿듣고 있는 내용은 창세기 첫 세 장에 그 뿌리가 있다. 그러면 당신은 요한이 나중에 막달라 마리아가 부활절에 다시 사신 주님을 만나는 장면에 끼워 넣을 다음 구절에 특별한 의미가 있는지 궁금해할 수도 있다. "마리아는 그가 동산지기인 줄 알고…"(요 20:15).

마리아는 혼란스러웠을 것이다. 예수님이 친근한 어투로 말씀하실 때까지 그분을 알아보지 못했다. 그런데 어쩌면 요한은 여기서 혼란보다는 명료함을 더 봤을지도 모르겠다. 예수님이 바로 아담이 실패한 동산지기이시기 때문이다. 또한 그분은 복음 선포를 통해 부활의 동산을 땅끝까지(마 28:18-20), 아버지가 그분께 주신 모든 사람의 삶까지(요 17:2) 확장하려 하신다.

이렇게 해서 아버지는 아들이 아버지를 영화롭게 하신 것처럼 아들을 영화롭게 하실 것이다.

아들의 기쁨

예수님은 자신의 영광과 함께 기쁨을 위해서도 기도하신다. 히브리서 저자는 주님이 "그 앞에 있는 기쁨을 위하여 십자가를 참으사 부끄러움을 개의치 아니하시더니"라고 말한다(히 12:2).

이것은 우리 구세주가 이 땅에 계시는 동안 기쁨이 전혀 없으셨다는 말이 아니다. 오히려 정반대다. 성경은 "예수께서 성령으로 기뻐하시며"라고 구체적으로 언급한다(눅 10:21). 그러나 주님의 완전한 거룩하심과는 어울리지 않는 세상에서 그분은 결코 온전히 편하거나 정착하실 수 없었다. 죄 많은 이 세상이 아니라 하늘나라의 거룩한 대기에 속한다고 느끼셨을 것이다. 우리가 그분의 심정을 조금이나마 알 수 있는 경우는 고향을 그리는 향수병 정도가 아닐까 싶다.

웨일스어에는 그런 감정을 가리키는 구체적인 단어가 있다. 옥스퍼드 영어 사전은 '히라이스'(hiraeth)를 이렇게 정의한다. "부재하거나 잃어버린 사람이나 물건에 대한 깊은 갈망, 열망, 향수."6)

우리는 죄에 너무 익숙해져 있어서 그 심각한 삐뚤어짐에 민감하지 못하다. 너무 오랫동안 죄 가운데 숨 쉬고 있어서 그 오염을 인지하는 능력을 상실하고 말았다. 죄를 당연하게 생각한다. 그래서 하나님의 아들이 "종의 형체"(빌 2:7)로 오셔서 우리와 같은 공기를 마셨다는 사실에 의아해하지 않는다. 익숙함에 둔감해진 나머지, 주님이 이 땅에서 어떠셨을지를 상상하지 못한다.

다음 우화가 어쩌면 도움이 될 것이다.

스모크랜드의 이방인

하일랜드에 평생 산 이방인이 있었다. 여기는 수정같이 맑은 시냇물이 흐르고, 꽃과 채소가 풍성하며, 산 공기가 깨끗하고, 오염되지 않은 곳이다. 이곳에 사는 사람 중에는 죽은 사람이 없었다.

그런데 이 이방인의 아버지가 그에게 먼 나라 이야기를 들려주었다. 그곳은 공기가 오염되어서 사람들이 일찍 죽는다고 했다. 그곳 시민들은 식물을 말아서 관 모양으로 만들고 거기에 불을 붙여 입에 물고 연기를 들이마셨는데, 그것이 오염과 죽음의 원인이었다. 사람들은 거기에 독성이 있는 줄 모른다. 오히려 그 행위를 즐기고 있다. 그 덕분에 건강을 유지하고 보호를 받기에 그것이 좋은 삶에 꼭 필요하다고 철석같이 믿고 있다.

국회는 이에 관한 어떤 법도 제정한 적이 없지만, 시민이 이것을 피우지 않는 것은 사회 전반에서 용납될 수 없는 일로 여겨진다. 사람들은 이제 불을 붙인 식물에 너무 중독된 나머지, 그것이 그들의 몸과 손과 옷에 남기는 냄새를 더는 맡지 못한다. 자신들의 피부와 눈에 주는 영향이 매력을 더해 준다고 생각할 정도다.

이방인과 그의 아버지는 그 사람들이 불쌍하다. 그래서 이방인이 그곳을 찾아가서 시민들을 교육하고 그 땅에서 오염원을 없애 주겠다고 제안하기로 한다. 깨끗한 공기와 건강과 영원한 생명을 보장해 줄 조약도 맺을 것이다.

이렇게 해서 이 이방인이 스모크랜드를 찾아온다.

시민들은 이방인이 담배를 피우지 않는 모습을 보고는 불편해한다. 이방인은 그곳 사람들에게 아무도 담배를 피우지 않는 나라에 대해 말해 준다. 공기도 깨끗하고 수정같이 맑은 강물이 흐르며 모두가 건강한 나라에 대해서 말이다. 그 나라에는 아무도 죽는 사람이 없다고도 말해 준다. 시민들을 흡연에서 해방해 주고 그 땅에서 유해한 대기를 없애 주려고, 자기 나라를 다스리는 그의 아버지가 자기를 스모크랜드로 보냈다고 말한다. 그는 공기가 맑아져서 깨끗한 공기로 숨 쉬며 더는 그 식물 냄새가 옷에 배지도 않을 것이라고 약속한다. 완전히 새로 태어난 느낌일 것이다!

하지만 스모크랜드 시민들은 그의 건강을 부러워하고 그가 전한 말에 귀를 기울이기는커녕 화를 낸다. 이방인의 말을 믿으려 하지 않는다. 그의 주장은 사실이 아니라고 말한다. 자신들이 건강하지 않다는 말을 부인하고, 옷에서 나는 냄새를 즐기며, 그의 메시지를 거절한다.

이방인은 자신에 대한 반대가 점점 심해지는데도 계속해서 말을 전한다. 자기 이야기를 들어 달라고 부탁한다. 하지만 그럴수록 그들은 더 화를 낼 뿐이다. 이제 그들은 그의 입을 막을 계획을 세운다.

하루는 사람들이 그를 둘러싸고 연기를 내뿜어서 그를 숨 막히게 한다. "피워라! 피워라! 우리처럼 담배를 피워라!" 하고 구호를 외친다.

그는 거절하지만, 사람들은 막무가내다. 그가 계속해서 거부하자 더 많은 사람이 그를 에워쌌다. 그들은 야유를 퍼붓고 불붙인 식물의 연기를 그의 얼굴과 눈에 불어 넣으면서 그를 압박한다. 말아서 불붙인 식물을 그의 입에 억지로 쑤셔 넣는다. 그래도 그는 빨아들이지 않는다. 사람들은 더 몰아붙인다. 이제 그의 옷에서도 그들의 오염된 연기 냄새가 나고, 그의 얼굴은 그들이 뿜어낸 연기로 뒤덮였으며, 온몸은 그들이 뱉은 침으로 범벅이 된다. 눈에서는 눈물이 흘러내리고, 이곳을 벗어나 고향의 신선한 공기를 마시고 싶은 마음이 간절해진다. 그래도 그는 담배를 거부한다.

이방인의 끈질긴 거부에, 마침내 스모크랜드 시민들의 분노는 집단적인 광기로 치닫는다. 몇몇이 그를 붙잡고 있는 사이, 다른 사람들은 불을 붙인 해로운 식물로 그의 몸을 찌르기 시작한다. 결국, 그중 한 사람이 이방인의 머리에 인화성 액체를 들이붓는다. 그리고 식물에 불을 붙일 때 사용하는 작은 불씨를 꺼내어 그의 옷에 불을 지른다. 불길에 휩싸인 그는 사람들 눈앞에서 재로 변한다. … 그는 스모크랜드 시민들에게 굴복하지 않고 견디기 힘든 연기를 끝까지 견뎌 낸다. 그들은 그가 불사조처럼 잿더미 속에서 다시 살아날 것을 알지 못한다.

이 우화는 약간의 해석이 필요하다. 우리 주님은 영원 전부터 거룩한 천사들과 천사장들, 그룹과 스랍에게서 사랑과 영광을 받으셨다. 그분은 성부와 성령이 서로 사랑하시는 순수한 대기를 누리며 사셨다. 그분이 이 우화의 이방인처럼 되셔서 "죄인들이 이같이 자기에게 거역한 일을 참으신"(히 12:3) 경험은 과연 어땠을까? 그분처럼 죄 없으신 영혼, 그분을 둘러싼 대기 속 오염에 매우 민감하신 분이 우리 가운데 사시고, 우리가 그분의 거룩하심을 견디지 못해 십자가에 못 박아 버린 사건은 그분께 정서적으로 어떤 느낌이었을까?

롯이 "무법한 자들의 음란한 행실로 말미암아 고통당하[고]" "저 불법한 행실을 보고 들음으로 그 의로운 심령이 상[했다면]"(벧후 2:7-8) 우리 주님은 얼마나 더 깊은 '히라이스'를 느끼셨겠는가?

주님은 좀처럼 그런 감정을 드러내지 않으신다. 하지만 잠시나마 하늘의 맑은 공기를 들이마셨던 변화산에서 내려오시던 길에서는 의미심장한 기색을 감추지 않으신다. "믿음이 없고 패역한 세대여 내가 얼마나 너희와 함께 있으며 얼마나 너희에게 참으리요"(마 17:17).

예수님이 세상이 시작되기 전에 아버지와 함께 계셨던 영광의 본향을 간절히 바라신 때가 분명히 있었을 것이다. 수치를 당하는 동안 그것을 바라며 견디실 수 있었다.

자, 기도하시는 그분을 바라보자. 주님은 하늘 아버지께 돌아가실 것이다. "아버지, 이 오랜 세월 제 삶이 되어 버린, 제 '히라이스'를 잘 아시지요. 하지만 그 모든 시간 동안 저는 아버지를 영화롭게 했습니다! 이제 어둠의 시간이 다가왔습니다. 하지만 이 시간을 지나 저는 아버지께로 갑니다. 세상이 시작되기 전에 아버지와 함께 누렸던 그 영광으로 지금 아버지 앞에서 저를 영화롭게 하소서."

이런 기도를 들을 기회는 말로 표현할 수 없는 특권이다.

우리는 아버지께서 이렇게 생각하고 계시지 않았을까 상상해 볼 수 있다.

"내 아들아, 나는 날마다 너를 지켜보았다. 내가 너를 네 거룩한 영혼이 견디기 힘든 곳으로 보낸 것을 안다. 하지만 너는 '거룩하고 악이 없고 더러움이 없고 죄인에게서 떠나 계[신] … 대제사장'(히 7:26)

이라는 네 부르심에 충실했다.

이제 네가 네 제자들을 씻어 주었고 네 피를 흘려 곧 그들의 죄도 씻어 줄 테니, 네가 내 우편의 영예로운 자리에 다시 앉을 날도 얼마 남지 않았다.

약속대로 내가 너를 지극히 높여 모든 이름 위에 뛰어난 이름을 주겠다. 내 아들아, 하늘과 땅과 땅 아래 있는 모든 자가 네 이름에 무릎을 꿇고 모든 입이 너를 주라 시인할 것이다.

세상이 시작되기 전에 나와 함께 누렸던 그 영광으로 너를 영화롭게 할 것이다."

이 몇 구절에서 우리는 삼위일체의 두 번째 위격이신 성자 하나님이 삼위일체의 첫 번째 위격이신 성부 하나님께 그분이 세상에서 가장 원하고 영원 전부터 가장 바라는 것을 구하는 기도를 엿듣는 특권을 누린다.

우리는 아버지께서 항상 주님의 말씀을 들으시는 줄 안다(요 11:42). 이제 주님의 기도는 응답되었다. 그분은 영광을 얻으셨다. 모든 존재가 그분께 무릎을 꿇고, 모든 입이 그분을 주라 시인한다.

여러 해 전 내가 강연하기로 예정되어 있던 집회가 시작할 무렵에 호텔 엘리베이터를 타려는데, 벨보이(좋은 호텔이었다!)가 프론트 쪽을 고갯짓으로 가리켰다. 나는 고개를 돌려서 나 말고 또 누가 집회에 참석하는지 살펴보았다. 젊은이가 "저분이 에버렛 쿠프(Everett Koop, 미국 공중위생국 장관을 지냈으며 그리스도인으로 유명하다) 박사님이시죠?" 하고 물었다.[7] "맞습니다." 하고 내가 대답했다. "저분도 집회에 참석하시는 모양입니다." 나는 쿠프 박사가 참석한다는 것을 알고 대단히 기뻤다. 그런데 벨보이는 더욱 놀라운 이야기를 꺼냈다. 엘리베이터 문이 닫히려는 참에 그가 내 쪽을 보고 말했다. "저분이 저를 흡연에서 구해 주셨어요!"

놀라운 순간이었다. 수많은 사람이 예수 그리스도를 바라보며 "저를 구해 주신 분입니다!"라고 말할 날의 축소판 같은 장면이었다.

주님이 당신을 위해 견디신 모든 것을 생각하면 당신은 주 예수님을 더 사랑할 수밖에 없다.

아버지께서 주님을 영화롭게 하신 것을 더 기뻐할 수밖에 없다.

아버지께서 주님을 영화롭게 하셨으니, 당신도 그렇게 해야 하지 않겠는가?

*Lessons
from the
Upper
Room*

12. 아버지의 선물

요한복음 17장 6-19절

⁶세상 중에서 내게 주신 사람들에게 내가 아버지의 이름을 나타내었나이다 그들은 아버지의 것이었는데 내게 주셨으며 그들은 아버지의 말씀을 지키었나이다 ⁷지금 그들은 아버지께서 내게 주신 것이 다 아버지로부터 온 것인 줄 알았나이다 ⁸나는 아버지께서 내게 주신 말씀들을 그들에게 주었사오며 그들은 이것을 받고 내가 아버지께로부터 나온 줄을 참으로 아오며 아버지께서 나를 보내신 줄도 믿었사옵나이다 ⁹내가 그들을 위하여 비옵나니 내가 비옵는 것은 세상을 위함이 아니요 내게 주신 자들을 위함이니이다 그들은 아버지의 것이로소이다 ¹⁰내 것은 다 아버지의 것이요 아버지의 것은 내 것이온데 내가 그들로 말미암아 영광을 받았나이다 ¹¹나는 세상에 더 있지 아니하오나 그들은 세상에 있사옵고 나는 아버지께로 가옵나니 거룩하신 아버지여 내게 주신 아버지의 이름으로 그들을 보전하사 우리와 같이 그들도 하나가 되게 하옵소서 ¹²내가 그들과 함께 있을 때에 내게 주신 아버지의 이름으로 그들을 보전하고 지키었나이다 그중의 하나도 멸망하지 않고 다만 멸망의 자식뿐이오니 이는 성경을 응하게 함이니이다 ¹³지금 내가 아버지께로 가오니 내가 세상에서 이 말을 하옵는 것은 그들로 내 기쁨을 그들 안에 충만히 가지게 하려 함이니이다 ¹⁴내가 아버지의 말씀을 그들에게 주었사오매 세상이 그들을 미워하였사오니 이는 내가 세상에 속하지 아니함같이 그들도 세상에 속하지 아니함으로 인함이니이다 ¹⁵내가 비옵는 것은 그들을 세상에서 데려가시기를 위함이 아니요 다만 악에 빠지지 않게 보전하시기를 위함이니이다 ¹⁶내가 세상에 속하지 아니함같이 그들도 세상에 속하지 아니하였사옵나이다 ¹⁷그들을 진리로 거룩하게 하옵소서 아버지의 말씀은 진리니이다 ¹⁸아버지께서 나를 세상에 보내신 것같이 나도 그들을 세상에 보내었고 ¹⁹또 그들을 위하여 내가 나를 거룩하게 하오니 이는 그들도 진리로 거룩함을 얻게 하려 함이니이다

"예수께서 사랑하시는 그 제자"는 유다가 떠나자 다락방 분위기가 달라진 이유를 알았다. 하지만 그는 이제 유다가 어디로 갔는지, 무슨 일을 하고 있는지 궁금해하고 있었을까? 지금까지는 "멸망의 자식" 유다를 제외하고는 제자 중에 아무도 "멸망하지" 않았지만, 앞으로 나머지 제자들은 어떻게 될 것인가? 제자들이 다 흩어진다는 예수님 말씀은 무슨 뜻이었을까?

그리고 여기 베드로가 있다. 그는 발을 씻겨 주신 예수님에 대한 자신의 반응이 당혹스러웠을까? 만약 그랬다면, 주님이 닭이 울기 전에 그가 주님을 세 번 부인하리라고 말씀하신 때(요 13:38)에 비하면 아무것도 아니었을 것이다. 설마 예수님이 틀리신 걸까?

하지만 이제 예수님이 기도하시는 동안 모든 제자가 침묵을 지킨다. 그들은 예수님이 이렇게 기도하시는 모습은 본 적이 없었다.

사복음서에 기록된 예수님의 기도는 단순함이 특징이다. 하지만 이 기도는 달랐다. 여기서 예수님은 대제사장이 속죄일에 하듯이 자신을 위해서 기도하고 계신다. 물론, 언어 표현은 여전히 단순해서 제자들도 기도 내용을 쉽게 따라갈 수 있었다. 그러나 예수님이 기도하시는 내용(하나님의 영광)은 제자들이 이해하기에는 너무나도 깊었고, 이 영광이 그분의 영광이라고 말씀하셨다!

그리고 나서 흐름이 바뀐다. 자신에 대해 기도하신 예수님은 이제 대제사장과 같이 동료들을 위해, 곧 공생애 기간 내내 그분과 함께 한 열한 사도를 위해 기도하신다. 그들은 주님의 '친구'요 영적 가족이다.

예수님의 기도에서 이 부분이 가장 길다(17장의 절반 이상을 차지한다).

예수님은 이들을 위해 구하고 싶은 것이 많으셨다. 그런데 요한복음 17장 6절에서부터 제자들에게 초점을 맞추시지만, 11절 중간에 가서야 이들을 위해 실제로 간구하시는 내용이 등장한다. 기도의 앞부분은 그들을 위한 중보가 아니라 그들에 대해 설명하는 내용이다!

아버지의 선물

제자들은 하나님이 그 아들에게 주신 사랑의 선물이다. 주님이 기도의 다른 부분(17:2, 24)에서도 그들을 이렇게 묘사하시지만, 여기에서는 그 표현이 특히 절절하다. 주님은 이 묘사를 거듭 반복하신다.

6절: "세상 중에서 내게 주신 사람들에게 내가 아버지의 이름을 나타내었나이다."

6절: "그들은 아버지의 것이었는데 내게 주셨으며."

9절: "내가 비옵는 것은 세상을 위함이 아니요 내게 주신 자들을 위함이니이다."

11절: "내게 주신 아버지의 이름으로 그들을 보전하사."

어느 그리스도인 청년이 같은 대학에 다니는 여학생과 사랑에 빠졌다고 상상해 보자. 그는 둘의 관계를 놓고 기도하고 있다. 그는 그 여학생에 대해 하나님께 어떻게 말씀드릴까? 아마 이렇게 시작하지 않을까. "주님, 그 아이는 너무 예쁩니다. 저는 그 아이의 모든 것을 사랑합니다. 그녀는 주님을 사랑합니다. … 우리를 만나게 해 주신 주님은 너무나도 놀라우신 분입니다. 주님, 기도하오니…."

젊은이는 순진하지 않다. 그는 하나님께 모든 세부 사항을 시시콜콜 말씀드려야 한다고 생각하지 않는다. 그저 그분께 마음을 열고 이 여자가 자신에게 그토록 중요한 이유를 말씀드릴 뿐이다.

사랑에는 깊은 본능이 있다. 그 때문에 사랑하는 이들을 위해 기도할 때 그 대상을 묘사하게 된다. 그래서 여기서 예수님은 이 제자들이 그분께 그토록 중요한 이유를 아버지께 말씀하고 계신다. 또한 이렇게 고조된 감정의 순간에 주님은 그분이 제자들을 위해 개인적으로 기도하며 사용하신 표현을 그들이 엿듣기를 원하신다. 주님이 이 열한 명을 묘사할 때 가장 선호하신 표현은 '제자'나 '사도'도 아니고 '친구'도 아니었다. 그들은 제자요 사도요 친구지만, 무엇보다도 아버지가 주신 자들이다(요 6:39).

예수님은 제자들을 있는 모습 그대로, 그들의 단점까지도 사랑하신다. 물론 그들을 그 상태로 내버려두시려는 의도는 없지만 말이다. 하지만 그분의 마음을 가장 깊이 울린 것은 그들이 아버지께 속한 자들이며 아버지께서 아들에게 주신 사랑의 선물이라는 점이다. 그들의 가장 큰 가치는 그들 자신에게 있는 것이 아니라, 아버지께서 그들을 사랑하셨다는 사실에 있다. 그래서 이제 하나님은 사실상 이렇게 말씀하고 계셨다. "내 아들아, 내가 이들을 너무 사랑하기에 그들을 네게 주어서 네가 그들을 구원하게 하려 한다."

이는 물론 삼위일체의 계획이었다. 아버지와 아들과 성령님은 한마음 한뜻으로 이 사람들의 구원을 꿈꾸셨다.

이 구원은 아버지의 택하심이 필요했다. 하나님께 반항한 이들이 먼저 그분을 믿고 사랑하려 하지는 않을 것이기 때문이다.

이 구원은 성육신하신 아들의 희생이 필요했다. 죄를 지은 이들이 자기 죄를 속죄할 수 없기 때문이다.

이 구원은 그리스도 안에서 그들에게 새 생명과 믿음을 가져다줄 성령님의 역사가 필요했다. 영적으로 죽은 이들은 스스로 부활할 수 없기 때문이다.

성부, 성자, 성령 삼위일체 여호와가 영원 전부터 이 일을 계획하셨다. 그런데 이제 이 계획이 역사 속에 실현되어 가는 이때, 제자들은 성육신하신 아들이 아버지께 자신들에 대해 말씀하시는 기도를 엿듣는 특권을 누린다.

제자들은 자신들을 묘사하는 내용을 들으면서 숨이 멎는 듯했을까? 그때나 혹은 나중에라도 이렇게 생각했을까? "내가 정말 그런 존재라고? 조금 전에 주님이 '아버지께서 친히 너희를 사랑하심이라'(16:27)라고 말씀하신 사람이 바로 나라고? 주님, 얼마나 놀라운 사랑인지 모르겠습니다! 아버지께서 주님께 주신 사랑의 선물이 바로 저라니요!"

이 시점에 예수님은 손수 택하신 제자들을 위해서만 기도하고 계신다(17:9). 그러나 신약성경 나머지 부분을 보면 아버지께서 아들에게 모든 제자를 주신 것이 확실하다(엡 1:4; 벧전 1:2). 우리는 주 예수님께 영원한 가치가 있다. 우리에게 본래 어떤 가치가 있어서가 아니라(지금 우리는 아무런 가치가 없다), 우리가 아버지께서 아들에게 주신 사랑의 선물이기 때문이다. 이 선물을 통해 아버지는 그분이 우리를 얼마나 사랑하는지 보여 주신다. 이 묘사를 통해 예수님은 그분이 제자들을 얼마나 사랑하는지 보여 주신다. 이 기도를 통해 제자들은 각자가 "예수께서 사랑하시는 그 제자"(요 21:20)인 것을 알게 되었다.

이 제자들처럼 우리가 그리스도를 믿기 시작할 때 우리도 자기 자신에 대해 이렇게 고백할 수 있다. "나는 예수께서 사랑하시는 그 제자입니다." 왜냐하면…

예수의 넓은 사랑을 어찌 다 말하랴.
주 사랑 받은 사람만 그 사랑 알도다.[1)]

은혜의 사슬

다양한 '사슬' 혹은 연결 고리가 아버지를 아들에게, 아들을 아버지께, 제자들을 아버지와 아들에게 묶어 준다. 예를 들어, 아버지는 아들을 사랑하시고, 아들은 제자들을 사랑하신다. 아버지는 아들을 보내시고, 아들은 제자들을 보내신다.

하지만 예수님의 기도에 두드러지게 나타나는 두 '사슬'이 있다.

영광의 사슬

첫째는 '영광의 사슬'이다. 아버지는 무한하신 영광의 아버지시다. 아들은 아버지를 영화롭게 하러 오신다. 아버지는 그에 대한 반응으로 아들을 영화롭게 하신다(요 17:1-5). 다시, 아들은 제자들 가운데서 영광을 받으실 것이다(10절). 참으로, 아버지가 아들에게 주신 영광을 아들은 다시 모든 제자에게 나누어 주신다(22절). 그리고 제자들에 대한 그분의 궁극적 바람은 그들이 창세 전에 아버지께서 아들에게 주신 영광 가운데 그분을 보는 것이다(24절). 이 모든 일은 예수님이 아버지로부터 그들에게 보내실 또 다른 보혜사, 곧 성령님이 성취하실 것이다. "진리의 성령이 오시면 … 그가 내 영광을 나타내리니 내 것을 가지고 너희에게 알리시겠음이라 무릇 아버지께 있는 것은 다 내 것이라 그러므로 내가 말하기를 그가 내 것을 가지고 너희에게 알리시리라"(16:13-15).

그렇지만 정확히 어떻게 성령님이 그것을 '알리실' 수 있을까? 그 답이 바로 두 번째 '사슬', 곧 하나님 말씀이다.

말씀의 사슬

예수님은 사도들이 성령의 능력으로 감당하게 될 사역 가운데 하나가, 오늘날 우리가 신약성경이라 부르는 것을 교회에 전해 주는 일이라고 암시하셨다. 거기에는 예수님의 가르침, 그 가르침에 대한 해석, 장차 이루실 사역의 의미가 기록되어 있다. 성령님은 제자들에게 예수님의 가르침을 생각나게 하시고 그들이 그 의미를 이해하게 도와주실 것이다. 그 결과, 그들은 복음서와 신약성경 다른 책들을 기록할 수 있을 것이다(요 14:26). 성령님은 사도행전에 해당하는 기간에 제자들을 그리스도에 대한 진리로 이끄시며, 그들이 서신서에 나오는 "예수 안에 있는 진리"(요 16:13; 엡 4:21)를 자세히 설명할 능력을 허락하실 것이다. 또한 (서신서 일부와 요한계시록에서) 앞으로 닥칠 일을 그들에게 보여 주실 것이다.

하지만 지금 예수님은 기도 가운데 이를 더 큰 맥락에서 보여 주신다.

주님은 말씀하신다: 아버지께서 아들에게 주신 말씀(17:8).

그 말씀은: 아들이 사도들에게 주신 말씀(8절).

이는: 사도들이 받은 말씀(8절).

따라서 이는: 사도들이 지킨 말씀(6절).

그 결과로 제자들은 그리스도가 누구신지 알게 되었다. 또한 그분을 아버지가 보내신 아들로 믿게 되었다(8절). 그래서 세상이 그들을 미워하게 되었다(14절).

그래서 예수님은 기도하신다: 그들이 받은 말씀이 그들을 거룩하게 하기를(17절).

또한 기도하신다: 그들이 그 말씀을 가르쳐서 다른 사람들도 믿게 되기를(20절).

'영광 사슬'과 '말씀 사슬' 사이에는 놀라운 유사점이 존재한다.

영광은 아버지의 것이다.
영광이 아들에게 주어진다.
영광이 아들에게서 사도들에게 전해진다.
모든 제자가

사도들의 사역을 통해 영광을 보게 된다.

그 이유는…

말씀은 아버지의 것이었다.
말씀이 아들에게 주어졌다.
말씀이 아들에게서 사도들에게 전해졌다.
모든 제자가
사도들을 통해 말씀을 받았다.

우리는 신약성경의 권위에 대해 논할 때 디모데후서 3장 16-17절 같은 '큰 본문'을 살펴보는 경우가 많다. 하지만 어떤 의미에서는, 다락방에서 예수님이 하시는 말씀이 더 근본적일 수 있다. 우리가 사도들에게서 받은 말씀은 그 아들이 성령님의 사역을 통해 사도들에게 주신 것이었다. 또한 그리스도의 말씀은 전능하신 아버지에게서 나왔다.

이것이 바로 우리가 사도들의 말씀을 신뢰할 수 있는 이유다. 성령님이 영감을 주시고 깨닫게 하시며 적용하게 하시는 성경 말씀을 통해 우리는 보존되고 성화되고 영화된다. 우리가 "수건을 벗은 얼굴로" 성경을 읽을 때 "주의 영광을 보매 그와 같은 형상으로 변화하여 영광에서 영광에 이르니." 그리고 주 예수님이 기도에서 직접 언급하시지는 않지만 앞서 나온 가르침에서 이미 분명하듯이, "곧 주의 영으로 말미암음이니라"(고후 3:18).

이것이 바로 신약성경의 목적이요, 우리가 요한복음 13-17장을 연구하는 궁극적 목적이다. 그러니 하나님 말씀에 푹 잠겨서 주님의 영광을 조금 더 확실하고도 온전히 반영하는 모습으로 거듭나자!

보전과 성화

요한복음은 하나님의 아들이 영광으로부터 내려오셔서 그 영광에 미치지 못한 사람들이 예수 그리스도의 얼굴에서 그 영광을 보고 자기 삶에 드러내게 되는 드라마를 기록한다.

이제 다락방의 '에필로그'라고 할 만한 이 부분에서 예수님은 이 말씀이 그분의 제자들에게도 이루어지게 해 달라고 기도하신다. 하지만 그들이 보전되고 성화되어야 이 일이 가능하기에 주님은 그들을 '보전하고' '거룩하게' 해 달라고 기도하신다(요 17:11, 17).

보전

제자들은 여정의 모든 과정을 거치는 동안 보호를 받아야 목적지에 도착할 것이다. 베드로가 나중에 표현한 대로, 이를 위해서는 그들을 위한 유업이 간직되어야 할 뿐 아니라 그들도 유업을 위해 보호하심을 받아야 했다(벧전 1:4-5). 혹시 베드로는 다락방에서 들은 기도를 과거의 자신처럼 압박을 받고 있는 그리스도인들을 위한 가르침으로 옮기고 있었던 것은 아닐까?

지금까지 예수님은 그들과 함께 계셨다. 주님은 제자들을 보전하고 지키셨다(요 17:12). 그들이 우리와 비슷했다면(사실이 그랬다) 그분의 보호하심을 거의 눈치채지 못했을 것이다. 갈릴리 바다에서 폭풍을 만났을 때를 비롯하여 몇몇 경우에 그들에게는 보호하심이 필요했다. 하지만 시몬 베드로는 때때로 상상 속에서 역할을 뒤바꾸어 예수님의 보호자를 자처했다. 불과 한두 시간 전에 그는 주님을 지키기 위해 목숨을 버리겠노라고 당당하게 예견했다(13:37). 그리고 불과 한두 시간 후에는 칼로 대제사장의 종의 귀를 쳐서 실제로 예수님의 보호자가 되려 했다(18:10-11). 그는 자신이 얼마나 약한지 전혀 모르고 있었다. 그는 지키고 보호해야 할 대상이었다. 그래서 예수님은 그를 비롯한 다른 제자들을 아버지께 올려 드린다. "아버지, 저들은 너무나 연약합니다. 지금까지는 제가 그들과 함께 있으면서 앞에서 보호하고 주변에서 지켰습니다. 그래서 사실은 제자라고 보기 힘든 유다를 제외하고는 아무도 멸망하지 않았습니다. 그런데 이제 제가 이 세상을 떠나면서 그들을 떠나게 됩니다. 그들 눈앞에 보이는 존재는 사라지는 것이지요. 그들 스스로는 살아갈 수 없습니다. 아버지, 그들을 지켜 주시고, 하나 된 그들의 교제가 복음의 강력한 증거가 되어서 다른 사람들도 저를 믿게 해 주십시오."

예수님은 제자들을 지키시려고 아버지께 그들을 위해 어떻게 해 달라고 간구하시는가? 그들을 세상에서 데려가 달라고 구하시지 않는다(17:15). 오히려 이렇게 기도하신다. "그들을 진리로 거룩하게 하옵소서 아버지의 말씀은 진리니이다"(17절).

성화

이 말씀은 무슨 뜻인가? 힌트가 있다. 잠시 후에 예수님은 그들을 위해 자신을 거룩하게 하셨다고 말씀하신다(17:19).

신약성경에서 '거룩하게 하다'(성화)란 점진적이고 지속적인 정화라는 의미로 사용될 수 있지만, 대체로 하나님이 그분을 위해 우리를 따로 구별하시는, 영단번의 근본적이고 결정적인 행위를 가리킨다.

거실에 놓을 새 소파가 필요하다고 해 보자. 광고에서 마음에 쏙 드는 소파를 보았다. 그런데 막상 가게에 가서 보니 소파에 '예약'이라는 스티커가 붙어 있다. 다른 사람이 먼저 와서 선점한 것이다. 당신은 그 소파를 살 수 없다. 그 사람이 아직 집으로 배달하지는 않았지만, 소파는 그 사람 것이다. 그러니 포기할 수밖에!

예수님이 기도하시는 내용이 바로 이것이다. 주님은 그분을 위해 제자들을 구별하여 그들을 보호해 달라고 아버지께 간구하고 계신다. 우리에게 '예약'이라는 스티커를 붙이신다. 이제 우리는 그분 것이다. 그분을 위해 보전된다.

그런데 제자들은 어떻게 거룩해질 수 있을까? 그 답은 역설처럼 보일 수도 있다. 제자들은 처음에는 그들을 위험에 빠뜨릴 바로 그것으로 인해 성화될 것이다. 그들은 아버지가 아들에게 주셔서 제자들과 다른 사람들에게 전하게 하신 그 말씀을 지키기 때문에 박해를 받을 것이다(요 17:8, 20). 하지만 같은 말씀이 그들을 보호해 줄 것이다.

그 말씀이 '하나님께 예약'된 상태를 보장해 줄 것이다. 그래서 예수님은 "그들을 진리로 거룩하게 하옵소서"(17절)라고 기도하신다.

마르틴 루터는 하나님 말씀이 그의 양심을 사로잡았을 때 이 역설을 몸소 체험했다. 그는 그 말씀 때문에 박해를 받았지만 바로 그 말씀이 그를 지켜 주기도 했다! 그래서 그는 경험에서 우러나와 이렇게 찬양할 수 있었다.

> 내 힘만 의지할 때는 패할 수밖에 없도다
> 힘 있는 장수 나와서 날 대신하여 싸우네
> 이 장수 누군가 주 예수 그리스도 만군의 주로다
> 당할 자 누구랴 반드시 이기리로다
>
> 이 땅에 마귀 들끓어 우리를 삼키려 하나
> 겁내지 말고 섰거라 진리로 이기리로다
> 친척과 재물과 명예와 생명을 다 빼앗긴대도
> 진리는 살아서 그 나라 영원하리라.[2)]

예수님은 여기서, 그분이 제자들을 보내려는 악한 세상으로부터(요 17:11, 13-14), 그들을 무력하게 하고 분열하는 육신의 권세에서부터(11절), 그들을 무너뜨리려 하는 마귀의 계략으로부터(15절) 하나님 말씀이 그들을 지켜 주시기를 기도하고 계신다.

우리 주님은 "사람에게 보이려고" 기도하시지 않고, 하늘에 계신 아버지께 기도하신다(마 6:5-6). 그럼에도 이 경우에는, 제자들이 그분의 기도를 듣기 원하시는 이유를 아버지께 말씀드린다. 주님은 제자들이 그들을 향한 그분의 간절한 바람을 알기 원하신다. "내가 세상에서 이 말을 하옵는 것은 그들로 내 기쁨을 그들 안에 충만히 가지게 하려 함이니이다"(요 17:13).

이 말씀은 주님이 앞서 제자들에게 하신 말씀을 떠올리게 한다. 주님의 말씀은 스트레스와 슬픔이 가득한 세상에서 그들에게 기쁨을 줄 것이다(15:11). 주님은 제자들이 그분이 그들을 위해 어떻게 기도하고 계신지 알기를 원하셨다. 또한 그들이 반대 세력에게 '가지치기'를 당할 때 그분 말씀이 그들 안에 풍성히 거하게 될 것을 알기 원하셨다(참조. 15:3, 7, 10). 이를 통해 그들은 보전될 것이다. 하나님이 그들을 보호하시며 그분만을 위해 전적으로 구별하실 것이다. 예수님의 사역은 다락방에서 끝나지 않았다. 이제 그분은 하나님 우편에 계시면서 그 백성을 위해 중보하신다. 주님은 그들을 대신하여 아버지의 앞에 계시면서, 영원히 하늘에서 살아 계시며 그들을 위해 중보하신다(롬 8:34; 히 7:25; 9:24). 옛 저자들이 말하듯이, 요한복음 17장 내용은 온 교회를 위한 주님의 중보를 기록한 것이다.

사도들이 이 말씀을 듣고 주님의 은밀한 생각을 들을 수 있었던 것은 얼마나 큰 특권인가.

사도들이 하나님의 아들께 얼마나 큰 의미인지 알 수 있었던 것은 얼마나 큰 특권인가.

사도들이 아버지가 그들을 사랑의 선물로 아들에게 허락하신 것을 안 것은 얼마나 큰 특권인가.

　사도들이 그들을 보호해 달라는 예수님의 기도를 들을 수 있었던 것은 얼마나 큰 특권인가.

　그리고 이 말씀을 엿듣고 우리도 구세주의 심장 박동을 들을 수 있는 것은 얼마나 큰 특권인가.

　그 특권이 이제 더 커지려 한다. 아직 더 많은 것이 남아 있다. 이제 우리는 구세주가 특별히 우리를 위해 드리는 기도를 듣게 될 것이다.

13. 우리를 위해 기도하시는 예수님

요한복음 17장 20-26절

[20] 내가 비옵는 것은 이 사람들만 위함이 아니요 또 그들의 말로 말미암아 나를 믿는 사람들도 위함이니 [21] 아버지여, 아버지께서 내 안에, 내가 아버지 안에 있는 것같이 그들도 다 하나가 되어 우리 안에 있게 하사 세상으로 아버지께서 나를 보내신 것을 믿게 하옵소서 [22] 내게 주신 영광을 내가 그들에게 주었사오니 이는 우리가 하나가 된 것같이 그들도 하나가 되게 하려 함이니이다 [23] 곧 내가 그들 안에 있고 아버지께서 내 안에 계시어 그들로 온전함을 이루어 하나가 되게 하려 함은 아버지께서 나를 보내신 것과 또 나를 사랑하심같이 그들도 사랑하신 것을 세상으로 알게 하려 함이로소이다 [24] 아버지여 내게 주신 자도 나 있는 곳에 나와 함께 있어 아버지께서 창세 전부터 나를 사랑하시므로 내게 주신 나의 영광을 그들로 보게 하시기를 원하옵나이다 [25] 의로우신 아버지여 세상이 아버지를 알지 못하여도 나는 아버지를 알았사옵고 그들도 아버지께서 나를 보내신 줄 알았사옵나이다 [26] 내가 아버지의 이름을 그들에게 알게 하였고 또 알게 하리니 이는 나를 사랑하신 사랑이 그들 안에 있고 나도 그들 안에 있게 하려 함이니이다

성경에서 어떤 책 한 권을 다 읽거나 그에 대한 설교 시리즈를 다 들었는데도(심지어 직접 설교했는데도), 수박 겉핥기만 했다는 느낌이 든 적이 있는가? 아직 더 많은 것이 남아 있는 듯하다. 이제야 비로소 그 책을 제대로 공부할 준비가 된 것 같은 느낌이 드는 것이다!

요한이 예수님이 십자가에 돌아가시기 전에 다락방에서 있었던 사건들을 마무리하는 본문에 이를 때도 우리가 비슷한 느낌이 드는 것이 당연하다. 그러니 이 내용은 본격적인 시작에 불과할지도 모른다. 하지만 이제 우리는 예수님의 기도가 끝나는 부분인 요한복음 17장 20-26절에 다다랐다.

이 장을 예수님의 대제사장적 기도라고 맨 처음 이름 붙인 사람은 루터교 신학자 다비드 키트라우스(David Chytraeus, 1530-1600)였던 것 같다. 요한이 이 본문을 그런 식으로 생각했든 그렇지 않든, 우리는 그 형식이 유대 대제사장이 속죄일 제사를 준비하는 사역의 세 단계를 반영함을 살펴보았다. 대제사장은 먼저 자신을 위해 기도하고, 그다음에는 제사장 가족에 속한 동료들을 위해, 마지막으로는 모든 이스라엘을 위해 중보했다.

마찬가지로, 예수님도 자신을 위해 기도하신다. 그분 앞에 있는 고난의 길(Via Dolorosa)은 겟세마네와 갈보리, 무덤까지 이어지지만, 그 너머에는 영광이 기다리고 있다.

그다음에는 동료들과 가족을 위해 기도하신다. 이제 열한 명이 남은 사도들은 "처음부터"(요 15:27) 그분과 함께 있었다. 주님은 말씀과 함께 그들을 세상으로 보내고 계신다. 그들에게는 아버지의 보호하심이 필요하다. 예수님은 아버지가 그분에게 주시고 그분이 제자들에게도 전하신 말씀으로 그들이 거룩해지기를 기도하고 계신다.

그런데 이 장 끝부분에서 우리는 뜻밖의 내용을 마주하게 된다. 예수님의 기도가 그분이 사시던 시대를 넘어서까지 확장되는 것이다. 이제 그분은 "그들[사도들]의 말로 말미암아 나를 믿는 사람들도 위[해서]" 기도하신다(17:20).

이 기도는 사도행전과 신약성경 서신서에 기록된 사건들을 통해 응답되었다. 그러나 그 초점은 그보다 더 훨씬 광범위하다. 여기서 예수님은 내가 신자라면 나를 위해서도 기도하고 계셨다. 우리도 사도들의 말을 통해 그리스도를 믿게 된 사람들이기 때문이다(20절).

그뿐만 아니라, 이 기도는 수난의 밤에 그리스도의 마음을 글로 옮긴 것이기에 부활과 승천 이후에 우리를 향한 그분의 뜻을 암시하기도 한다. 주님이 그때 우리를 위해 이렇게 기도하셨기에 여기서 우리는 지금 우리를 향한 그분의 바람도 발견할 수 있다. 그래서 어떤 의미에서 주님의 중보 기도는 우리에게 격려와 안심이 될 뿐 아니라, 어떻게 하면 우리 구세주의 뜻에 합당하게 살아갈 수 있는지를 가르쳐 주신다.

여기에 그리스도의 가장 큰 바람이 무엇인지 우리에게 일깨우기 위해 자주 확인해야 할 말씀이 있다.

예수님의 바람

주님은 우리의 하나 됨을 위해 기도하신다. "내가 비옵는 것은 이 사람들[곧 사도들]만 위함이 아니요 또 그들의 말로 말미암아 나를 믿는 사람들도[우리도 포함] 위함이니 아버지여, 아버지께서 내 안에, 내가 아버지 안에 있는 것같이 그들도 다 하나가 되어 우리 안에 있게 하사 세상으로 아버지께서 나를 보내신 것을 믿게 하옵소서"(요 17:20-21).

여기서 예수님은 거대한 세계적 조직의 연합을 생각하고 계신 것이 아니다. 교회가 음부의 권세를 이길 힘은(마 16:18) 조직이 아니라 영적 생명력에서 나온다. 예수님이 그리시는 하나 됨은 아버지와 아들의 상호 인격적인 내주하심의 양식을 따른다("아버지여, 아버지께서 내 안에, 내가 아버지 안에 있는 것같이", 요 17:21).[1] 아버지와 아들이 성령님의 교제 가운데 함께 살아가시듯이, 동일한 성령님이 모든 신자에게 내주하시기 때문에 우리의 교제는 삼위 하나님의 교제를 닮기 시작한다.

세상에 이런 연합은 없다. 동호회나 운동부, 어느 학교의 공동체 정신도 이를 흉내 낼 수 없다. 이런 맥락의 관계들은 자연적이고, 공동의 관심사나 약속에 근거한다. 하지만 하나님의 존재 방식을 닮은 제자들의 하나 됨은 초자연적이다. 그리고 이 연합은 그 교제에 속한 각 사람 안에 있는 동일하신 한 분 성령님의 내주하심으로 이루어진다.

바울은 골로새 사람들에게 교회 가족의 본질에 대해 편지하면서 그 의미를 간파했다. "거기에는 헬라인이나 유대인이나 할례파나 무할례파나 야만인이나 스구디아인이나 종이나 자유인이 차별이 있을 수 없나니"(골 3:11).

1세기 교회에는 여전히 헬라인과 유대인, 종과 자유인이 있었다. 바울의 요점은 복음이 조직적인 획일화를 만든다는 것이 아니다. "그리스도는 만유시요 만유 안에 계시[기]" 때문에 그리스도인의 교제는 모든 자연적·사회적 구분과 구별을 초월한다는 것이다. 그리스도가 우리에게 모든 것이고 성령님을 통해 그분이 우리 각자에게 내주하실 때, 세상에서 견줄 데가 없는 교제와 사랑의 유대가 형성된다. 그 이유는 간단하다. 그것을 경험한 이들이 "세상에 속하지 아니하였[기]" 때문이다(요 17:16). 따라서 세상은 그 하나 됨을 어설프게 날조하지 못한다!

이 기도 배후에는 예수님이 이미 제자들에게 주신 가르침이 자리하고 있다. 우리와 마찬가지로, 제자들이 그 내용을 다 소화하기까지는 시간이 좀 걸릴 것이다. 그러나 이 기도는 서로에 대한 우리의 관점을 완전히 바꾸어 놓는다. 그리스도 안에 있는 이 형제, 이 자매의 삶에 아버지와 아들이 찾아오셨다. 성령님을 통해 그리스도께서 그들 안에 거하신다. 그래서 우리는 국적, 피부색, 나이, 교육 수준, 사회 배경 등이 다양함에도 그리스도 안에서 하나다. 그 결과, 이런 '차이'는 오히려 은혜의 하나 됨이 얼마나 아름다운지 더욱 돋보이게 할 뿐이다.

왜 예수님은 이것이 그토록 중요하다고 생각하셨을까? 우리도 추측해 볼 수 있겠지만, 그분은 우리가 추측하도록 내버려두지 않으신다. 성령님이 주신 이 교회 가족의 연합은 복음 전도에 필수적이다. 우리가 그 점을 볼 수 있기만 하다면 말이다. 주님은 우리가 하나가 되기를 기도하고 계신다. "세상으로 아버지께서 나를 보내신 것을 믿게 하옵소서 … 그들[제자들]로 온전함을 이루어 하나가 되게 하려 함은 아버지께서 나를 보내신 것과 또 나를 사랑하심같이 그들도 사랑하신 것을 세상으로 알게 하려 함이로소이다"(요 17:21, 23).

주님의 교회가 복음 전도의 주요한 도구가 되고 서로를 향한 그리스도인의 교제가 강력한 복음 전도의 영향력을 지니게 되는 것이 우리 주님이 마음에 품으신 부담이다.

이 기도에는 중요한 교정의 의미가 들어 있다. 지난 200년간, 복음 전도에 관한 많은(어쩌면 대다수) 문헌과 세미나, 메시지는 '개인의 증언'이라는 우선순위를 강조했다. 게다가, 많은 그리스도인은 '복음 전도'라고 하면 교회와 전혀 혹은 거의 관계가 없는 단체를 떠올린다.

이 경우에 두 가지 불가피한 문제가 두드러진다.

첫 번째(그리고 가장 뻔한) 문제는 어떤 사람이 그리스도를 믿게 되면 그들과 교회의 교제 사이에 여전히 간격이 있다는 것이다. 회심과 교회의 교제는 별개의 문제로 남는다. 하지만 (오순절에) 예수님의 기도가 맨 처음 응답된 모습을 보면, 그리스도께 나아오는 것과 교회 가족의 일원이 되는 것은 동전의 양면과 같았다(행 2:41-47).

두 번째 문제는 선교 단체들만큼이나 교회도 책임이 있을 가능성이 높다. 우리 각자는 "너희 속에 있는 소망에 관한 이유를 묻는 자에게는 대답할 것을 항상 준비하[여야]" 한다(벧전 3:15). 그러나 신약성경은 복음 전도를 순전히 개인적인 행위로만 보지 않는다. 여기 나오는 주님의 기도를 고려할 때, 하나님이 사용하시는 복음 전도의 주요한 도구는 고립된 개인이 아니라 교회 가족이다. 교회에서 복음의 효과가 가장 온전하게 나타나고 복음으로 인한 변화가 잘 드러난다.

복음의 진리와 생활 방식을 모두 거부하며 개인주의, 파편화, 소외 같은 특징이 두드러지는 현대 사회를 고려할 때 이 점을 이해하는 것은 특히 중요하다. 비그리스도인들은 교회 가족의 교제 가운데서 하나님 나라와 "새로운 피조물"(고후 5:17)을 가장 강력하게 마주하게 된다.

이런 간증을 들어 본 사람이 있을지도 모르겠다. 복음과 그 생활 방식에 반대하는 어느 젊은 여성이 아는 사람이 있는 교회 모임에 (어쩔 수 없이) 참석하게 되었다. 이 여성은 그 사람들이 믿는다고 생각하는 모든 것을 혐오한다. 그런데도 이런 질문에 맞닥뜨리게 된다. "이 사람들은 내가 싫어하는 온갖 것을 대표하는데, 막상 그들과 함께 있으면서 그들을 지켜볼 때면 '사람은 원래 이렇게 살아야 하는 게 아닐까?' 하는 생각이 드는 이유는 뭘까? 다른 사람들과 맺는 관계에서, 조화로운 분위기 속에서, 자녀들과 부모들에게서, 청년들과 나이 든 사람들과의 관계에서 그런 걸 느낄 수 있어. 이 사람들은 나한테는 없는 것을 가지고 있는 것 같아. 왜 나는 그들이 가진 것을 이토록 간절히 바라는 것일까?"

당연하다! 죄가 진정한 삶의 토대를 해체해 버린 세상에서 사람들은 살아 있는 교회 가족에게서 전혀 새로운 세상을 만난다. 물론, 그들도 완전하지는 않지만, 하나님이 원래 의도하신 삶에 근접한 세상인 것 같다.

이 또한 예수님이 드리신 기도의 응답이다. "그들도 다 하나가 되어 … 세상으로 아버지께서 나를 보내신 것을 믿게 하옵소서 … 나를 사랑하심같이 그들도 사랑하신 것을 세상으로 알게 하려 함이로소이다"(요 17:21, 23).

예수님이 우리의 하나 됨을 위해 기도하신 것은 당연하다.

다음 내용을 살펴보기 전에, 우리가 깊이 생각하지 않으면 간과하기 쉬운 세부 사항에 주목해 보자. 예수님은 이 하나 됨의 이유를 설명해 주신다. "내게 주신 영광을 내가 그들에게 주었사오니 이는 우리가 하나가 된 것같이 그들도 하나가 되게 하려 함이니이다"(22절).

그리스도는 새로운 교제를 만드신다. 그 교제의 본보기는 아버지와 그분의 상호 내주하시는 관계다. 그 목적은 세상이 그분을 믿게 하시려는 것이다. 그 이유는 아버지가 그분께 주신 영광을 주님이 제자들에게도 주셨기 때문이다.

이 말씀은 무슨 뜻인가? 우리는 하나님이 그분의 영광을 다른 자에게는 주시지 않는다는 것을 아는데(사 48:11), 어떻게 이것이 가능한가?

여기서도 우리는 바울이 말한 "하나님의 깊은 것"(고전 2:10)을 맞닥뜨린다. 따라서 우리는 경외심으로 조심스럽게 접근해야 한다. 요한이 기록한 가르침이 어떤 과정을 거쳐 이 지점에 이르렀는지를 살펴본다면, 그렇게 하는 데 도움이 될 것이다.

1. 예수님은 그분과 아버지의 교제에 대해 말씀하셔서 그에 대한 단서를 이미 주셨다(요 10:30; 14:11). 주님은 그 위격이 동일하신 것이 아니라[2] 인격적 연합 가운데 아버지와 하나시다(17:11; 참조. 8, 22절).

2. 아버지는 아들 안에 계시고, 아들은 아버지 안에 계신다(1:1, 18; 14:10-11; 17:23). 따라서 아버지와 아들은 아버지 되심과 아들 되심에 적절한 위격적 구별을 제외하고는 모든 것을 공유하신다.[3]

3. 그러므로 아버지와 아들은 동일한 영광을 소유하고 나누며 전달하신다.

4. 성육신하신 동안 아들은 하나님과 '얼굴을 마주하시고' 여전히 "아버지 품속에" 계시기에(1:18) 이 상호 내주하심은 계속된다.

5. 그렇다면 영광의 상호 전달도 계속된다. 따라서 아버지가 그 아들에게 주신 영광은 그분의 인간성에서 드러난다(1:14; 2:11; 12:28; 17:1, 4, 5).

6. 성령님이 오셔서, 서로 내주하시는 아버지와 아들은 이제 신자들 안에 계시며 그들과 함께 거하실 것이다(14:23).

7. 그렇기 때문에 주 예수님의 인간성 가운데 나타났던 영광은 그분과 하나 된 사람들 가운데도 나타날 것이다.

8. 이렇게 해서, 위격적 다양성 내의 연합 가운데 아버지가 아들에게 주신 영광은 신자들의 교제라는 인격적 다양성 내의 연합 가운데 있는 영광으로 나타날 것이다.

간단히 말하자면, 예수님은 사람들이 교회를 볼 때 여러 다양한 퍼즐 조각이 맞춰져서 주님의 얼굴을 드러내기를 기도하고 계신다. 따라서 모든 세대의 교회에 주신 우리 주님의 기도가 지역 교회의 가족 가운데 응답될 때 그리스도의 영광이 눈에 띄게 될 것이다. 그 결과로 우리 예배와 교제에 복음 전도의 매력이 스며들게 될 것이다. 그렇게 되면 자연스레 믿지 않는 자들의 관심을 끌어 그들을 그리스도께 인도하게 된다.

그럴 때 교회가 사탄의 표적이 되는 것은 당연한 일이다.

앞서 사도행전에서, 교회를 위협하려는 마귀의 전략이 실패하자 그가 교회 안에 야망을 불러일으키는 두 번째 전략을 취하는 것을 살펴보았다. 아나니아와 삽비라의 거짓된 동기와 행위가 그랬다(행 5:1-10). 하지만 요한복음 17장에 나오는 우리 주님의 기도는 예루살렘 교회에 응답되었다. 하나님의 능력이 그들을 보호하시고, 말씀으로 그들을 영화롭게 하셨다. 그 결과, 아주 의미심장한 일이 벌어졌다.

1. 사도행전 5장 11절: "온 교회[가] … 다 크게 두려워하니라."
2. 사도행전 5장 13절: "그 나머지는 감히 그들과 상종하는 사람이 없으나 백성이 칭송하더라."
3. 사도행전 5장 14절: "믿고 주께로 나아오는 자가 더 많으니 남녀의 큰 무리더라."

이것은 20세기 후반과 21세기 초반에 복음 전도에 대해 말하고 글을 쓸 때 당연하게 여겨졌던 방식과는 다른 양상이다. 당시에는 '추구자 중심'이 지배적이었지만, 여기서 예수님의 기도는 교회에 존재했던 경외심을 통해 응답되었다.

1. 교회의 거룩함
2. 하나님 백성 가운데 있던 그분에 대한 경외심
3. 비그리스도인들의 복잡한 반응: 죄인들은 말씀이 지키시고 거기에 헌신하는 하나님 백성의 거룩하심과 충돌하기에 감히 공동체에 참여하지 못함
4. 수문이 열리고 회심이 일어남

교회를 향한 그리스도의 기도가 이렇게 응답되었다면, 이것이 오늘날 교회를 향한 주님의 간절한 마음을 보여 준다고 생각하지 않는가?

이렇게 해서 우리는 주님의 마지막 말씀에 이르게 된다.

예수님이 우리에게 원하시는 것

요한복음의 다락방 설교에서 우리가 거룩한 땅을 밟아 왔다면, 17장 24절에서 그중에서도 가장 거룩한 곳에 도달하게 된다.

예수님이 우리를 위해 기도하시는 내용에 귀 기울여 보자. "아버지여 내게 주신 자[곧 사도들의 말을 통해 믿게 된 자, 20절, 여기에는 오늘날의 그리스도인들도 포함된다]도 나 있는 곳에 나와 함께 있어 아버지께서 창세 전부터 나를 사랑하시므로 내게 주신 나의 영광을 그들로 보게 하시기를 원하옵나이다"(요 17:24).

"원하옵나이다['텔로'(thelō)]"라는 주요 동사를 주목해서 보자.

한두 시간 후면 예수님은 겟세마네에서 전혀 다른 기도를 하게 되실 것이다. "내 아버지여 만일 할 만하시거든 이 잔을 내게서 지나가게 하옵소서 그러나 나의 원대로 마시옵고…"(마 26:39; 마태는 같은 동사 '텔로'를 사용한다).

두 기도는 완전히 다르지만, 밀접하게 연결되어 있다.

예수님이 다락방에서 "원하옵나이다"라고 기도하실 수 있는 것은 겟세마네 동산에서 "나의 원대로 마시옵고"라고 기도하실 것이기 때문이다. 그분은 갈보리에서 하나님의 버리심을 생각하면 본능적으로 움츠러들더라도 하나님의 진노의 잔을 기꺼이 마실 것이다. 그래서 여기서 이렇게 말씀하실 수 있었다. "아버지께서 제게 주신 자들도 나와 함께 있어 … 내 영광을 보게 하시기를 원합니다. … 이 땅에서 가끔 엿보았던 영광이 아니라 아버지께서 영원부터 저를 사랑하신 그 사랑이 드러나는 방식으로 말입니다!"

예수님은 인생 최대의 위기를 앞두고 우리를 생각하고 계셨다. 우리가 영광 가운데 계신 그분을 보는 것이 그분의 뜻이다. 그래서 바울도 이토록 확신 있게 말한다. "우리 생명이신 그리스도께서 나타나실 그때에 너희도 그와 함께 영광 중에 나타나리라"(골 3:4). 주님은 그렇게 되기를 기도하셨다.

그런데 우리가 영광 가운데 계신 예수님을 보는 것이 그분께 그토록 중요한 이유는 무엇인가?

그다음 말씀이 실마리를 준다. "의로우신 아버지여 세상이 아버지를 알지 못하여도 나는 아버지를 알았사옵고 그들도 아버지께서 나를 보내신 줄 알았사옵나이다"(요 17:25).

세상은 아버지를 거부했고 계속해서 거부하고 있다. 주님도 거부했다. 제자들은 3년 동안 주님과 함께하면서 그분을 근거리에서 지켜보았다. 이제 그들은 주님이 마지막으로 거부당하는 순간을 목격할 것이다. 우리도 우리 시대와 우리 삶에서까지 오랫동안 이 거부를 목격했다.

예수님은 그분의 수치를 목격한 사람들이 그분의 영광을 보기를 바라신다!

1987년 여름, 4대 주요 테니스 대회 중 하나인 윔블던 남자 단식 우승자가 올 잉글랜드 클럽(All England Lawn Tennis and Croquet Club)을 뒤흔들어 놓았다. 호주 출신 우승자 팻 캐쉬(Pat Cash)는 영국 왕실의 일원이 수여할 트로피를 조용히 기다리지 않고, 관중석으로 올라가 아버지와 자신을 후원해 준 팀에게 인사를 전했다. 윔블던 의장은 그에게 이 순간을 마음껏 즐기라면서도 다시는 그렇게 하지 않겠다고 약속하라고 말했다. 왕실 가족이 그를 기다려야 했기 때문이다!

팻 캐쉬는 자신의 대담한 행동에 대해 나중에 이렇게 말했다(의장의 경고에도 불구하고 다른 사람들도 그 행동을 반복했다). "우리 팀이 전부이기 때문이었어요. … 그 사람들은 내게 정말 중요한 사람들입니다." 박수를 보내는 관중이 아무도 없을 때, 힘든 연습 시간 내내, 우승한 날처럼 좋은 날은 물론이고 괴로운 날에도 그들은 그와 함께였다. 어떤 의미에서 그는 이렇게 말하고 있었는지도 모른다. "이 순간을 그들과 함께하고 싶습니다. 그들이 나와 함께 이 영광을 보기를 원해요."

인간의 관점에서조차, 예수님이 원하시는 것이 바로 그것임을 우리는 이해할 수 있다. 그래서 주님은 기도하신다.

"거룩하신 아버지, 지금까지 저와 함께한 이 열한 사람을 당신께 올려 드립니다.

저 홀로 승리를 얻을 것입니다. 하지만 아버지께서 그들을 제게 주셔서 저와 함께하게 하시고 아버지의 말씀과 함께 보내셨으니 그들은 제 친구입니다.

이들은 제가 멸시당하고 거부당하는 모습을 볼 것입니다. 매를 맞고 굴욕을 당하며 옷이 벗겨져 벌거벗은 몸으로 십자가의 수치를 당하는 슬픔의 사람을 보게 될 것입니다. 그중 몇몇은 제가 갈보리에서 경험한 버림받은 느낌도 목격할 것입니다.

그리고 아버지, 이 사람들의 사역을 통해 나를 믿게 될 다른 사람들도 있습니다. 그들도 제 이름이 멸시를 당하는 모습을 볼 것입니다. 그중 많은 사람이 나와 복음으로 인해 고난을 받을 것입니다. 그들을 위해서도 기도합니다.

거룩하신 아버지, 저는 그들이 영광 가운데 있는 저를 보기를 원합니다. 저를 향한 아버지의 영원하신 사랑을 보기를 원합니다. 그들이 저와 함께 있기를, 우리와 영원히 함께하기를 바랍니다."

우리도 주 예수님이 멸시당하는 모습을 보았다. 그분을 경시하는 말을 들었다. 그분과 한패라는 고통을 느꼈다. 연약하여 어찌할 바를 모를 때도 있었다. 하지만 그분이 우리를 위해서도 기도하셨다는 사실을 잊지 말자. "아버지여 내게 주신 자도 나 있는 곳에 나와 함께 있어 아버지께서 창세 전부터 나를 사랑하시므로 내게 주신 나의 영광을 그들로 보게 하시기를 원하옵나이다"(요 17:24).

당신도 아버지가 아들에게 주신 사람 중 하나라면, 다음을 기억하라.

주님은 베드로를 위해 기도하셨듯이 당신을 위해서도 기도하셨다.

아버지는 언제나 주님의 기도(특히, 당신을 위한 이 기도)를 들으신다.

주님은 아버지의 이름을 당신에게 알리시고 당신을 그분의 가족으로 삼으셨다.

주님은 아버지가 그분을 사랑하신 사랑으로 당신을 사랑하신다.

아버지의 사랑받는 아들이 성령님을 통해 당신 안에 거하신다.

주님은 하나님 말씀을 당신에게 주셨다.

주님은 당신과 함께 계셔서 그분의 영광을 보이고자 하시는 그분의 뜻을 알리셨다.

주님의 기쁨이 당신 안에 있고 당신의 기쁨이 충만해지도록 이 모든 내용은 성경에 기록되어 있다.

그분이 기도하신 것은 바로 이 일을 이루시기 위해서였다. "의로우신 아버지여 세상이 아버지를 알지 못하여도 나는 아버지를 알았사옵고 그들도 아버지께서 나를 보내신 줄 알았사옵나이다 내가 아버지의 이름을 그들에게 알게 하였고 또 알게 하리니 이는 나를 사랑하신 사랑이 그들 안에 있고 나도 그들 안에 있게 하려 함이니이다"(요 17:25-26).

주

들어가는 글

1) Thomas Goodwin, *The Heart of Christ in Heaven towards Sinners on Earth* (London, 1651), in *The Works of Thomas Goodwin* (Edinburgh, Scotland: James Nicholl, 1862), 4:96.

1. 그리스도의 마음

1) 요한은 예수님이 많은 기적 혹은 표적을 행하셨다고 말한다. 그러나 요한복음 전반부에서는 다음 일곱 가지만 언급한다. (1) 물로 포도주를 만드심, 2:1-11; (2) 왕의 신하의 아들을 고치심, 4:46-54; (3) 다리 저는 사람을 고치심, 5:1-15; (4) 5천 명을 먹이심, 6:1-15; (5) 바다 위를 걸으심, 6:16-21; (6) 날 때부터 눈먼 사람의 눈을 고치심, 9:1-41; (7) 나사로를 살리심, 11:1-44.
2) John Calvin, *Commentary on the Gospel according to John*, trans. William Pringle (Edinburgh, Scotland: Calvin Translation Society, 1848), 21. 저자 강조.
3) 예를 들어, 렘 32:1-15; 겔 4:1-5:17.
4) 찰스 웨슬리(Charles Wesley, 1707-1788)가 1738년에 회심한 직후에 쓴 찬송가 「주 보혈로 날 사심은」(And Can It Be) 가사.
5) 웨스트민스터 신앙고백 13장 1항은 말한다. "… 중생하여 그들 안에 새 마음과 새 영을 창조 받은 자들은, 그리스도의 죽으심과 부활의 공로를 통하여, 그의 말씀과 그들 안에 내주하시는 성령님으로 말미암아 실제로, 그리고 인격적으로 더욱 거룩해진다."

2. 앎과 축복

1) 참조. 요 21:25.
2) 톱레이디(A. M. Toplady, 1740-1778)의 찬송가 「만세 반석 열리니」(Rock of Ages, Cleft for Me) 가사.
3) 어떤 그리스도인들은 예수님 말씀을 문자 그대로 받아들였지만, 신약성경에서 사도들이 예수님이 세례와 마지막 만찬과 함께 세 번째 성례를 시작하려 하셨다고 생각했

주

들어가는 글

1) Thomas Goodwin, *The Heart of Christ in Heaven towards Sinners on Earth* (London, 1651), in *The Works of Thomas Goodwin* (Edinburgh, Scotland: James Nicholl, 1862), 4:96.

1. 그리스도의 마음

1) 요한은 예수님이 많은 기적 혹은 표적을 행하셨다고 말한다. 그러나 요한복음 전반부에서는 다음 일곱 가지만 언급한다. (1) 물로 포도주를 만드심, 2:1-11; (2) 왕의 신하의 아들을 고치심, 4:46-54; (3) 다리 저는 사람을 고치심, 5:1-15; (4) 5천 명을 먹이심, 6:1-15; (5) 바다 위를 걸으심, 6:16-21; (6) 날 때부터 눈먼 사람의 눈을 고치심, 9:1-41; (7) 나사로를 살리심, 11:1-44.
2) John Calvin, *Commentary on the Gospel according to John*, trans. William Pringle (Edinburgh, Scotland: Calvin Translation Society, 1848), 21. 저자 강조.
3) 예를 들어, 렘 32:1-15; 겔 4:1-5:17.
4) 찰스 웨슬리(Charles Wesley, 1707-1788)가 1738년에 회심한 직후에 쓴 찬송가 「주 보혈로 날 사심은」(And Can It Be) 가사.
5) 웨스트민스터 신앙고백 13장 1항은 말한다. "… 중생하여 그들 안에 새 마음과 새 영을 창조 받은 자들은, 그리스도의 죽으심과 부활의 공로를 통하여, 그의 말씀과 그들 안에 내주하시는 성령님으로 말미암아 실제로, 그리고 인격적으로 더욱 거룩해진다."

2. 앎과 축복

1) 참조. 요 21:25.
2) 톱레이디(A. M. Toplady, 1740-1778)의 찬송가 「만세 반석 열리니」(Rock of Ages, Cleft for Me) 가사.
3) 어떤 그리스도인들은 예수님 말씀을 문자 그대로 받아들였지만, 신약성경에서 사도들이 예수님이 세례와 마지막 만찬과 함께 세 번째 성례를 시작하려 하셨다고 생각했

주님의 기쁨이 당신 안에 있고 당신의 기쁨이 충만해지도록 이 모든 내용은 성경에 기록되어 있다.

그분이 기도하신 것은 바로 이 일을 이루시기 위해서였다. "의로우신 아버지여 세상이 아버지를 알지 못하여도 나는 아버지를 알았사옵고 그들도 아버지께서 나를 보내신 줄 알았사옵나이다 내가 아버지의 이름을 그들에게 알게 하였고 또 알게 하리니 이는 나를 사랑하신 사랑이 그들 안에 있고 나도 그들 안에 있게 하려 함이니이다"(요 17:25-26).

다는 암시는 없다. 신약성경은 이런 것들이 교회에서 계속되었다고 암시하며, 그 중요성을 설명한다. 발을 씻기신 사건을 언급하는 유일한 경우는 바울이 말하는 과부 등록과 연관해서다(딤전 5:10; 명부에 올릴 자는 "성도들의 발을 씻으며"라고 말한다). 하지만 이것이 교회 전체가 참여한 법령이라면, 일부 과부를 다른 사람들과 **구별하는** 데 필요한 의식이지 않아도 되었을 것이다. 요한(과 베드로)처럼 바울도 제자들의 발을 씻겨 주신 주님의 행동을 그리스도인의 섬김의 본보기로 본다.
4) 하이델베르크 요리문답 1문.
5) 성공회 기도서 중에서 '평화를 위한 기도'.
6) 조지 마더슨(George Matheson, 1842-1906)의 찬송가 「주여, 나를 사로잡아 주소서」(Make Me a Captive, Lord) 중에서.
7) 바울은 자신을 그리스도의 '승리의 행진'을 따르는 사람으로 묘사하면서 이 은유를 사용한다. 그리스도는 "각처에서 그리스도를 아는 냄새를 나타내시[며] … 우리는 구원받는 자들에게나 망하는 자들에게나 하나님 앞에서 그리스도의 향기니 이 사람에게는 사망으로부터 사망에 이르는 냄새요 저 사람에게는 생명으로부터 생명에 이르는 냄새라"(고후 2:14-16).

3. 괴로움에서 영광으로

1) 예수님은 사람들의 빛으로 세상에 오셔서 진정한 빛으로 어둠을 비추신다(요 1:4-9). 니고데모는 "밤"에 예수님을 찾아온다(3:2). 하지만 사람들은 어둠을 사랑하고 빛을 미워하기에 진리를 행하는 사람들과 달리 빛으로 나아오지 않는다(3:19-20). 예수님은 세상의 빛이기도 하시다. 그래서 날 때부터 보지 못한 사람의 눈을 뜨게 해 주신 데서 볼 수 있듯(9:5), 그분을 따르는 자는 어둠에 다니지 아니한다(8:12). 그러나 "밤이 오리니"(9:4) 밤에 다니면 사람들은 실족한다(11:10).
2) 달리의 그림 제목에 등장하는 사람은 사도 요한이 아니라, 16세기 스페인의 로마 가톨릭 신비주의자 십자가의 요한(John of the Cross, 1542-1591)이다. 아빌라의 테레사(Teresa of Ávila, 1515-1582)의 동료였던 그는 1926년에 '교회학자'(Doctors

of the Church)로 알려진 선택된 신학자들의 반열에 올랐다.
3) 마가복음 14장 33절의 표현은 예수님이 정신적·영적·신체적 부담을 견디시면서 그분의 전 존재가 해체되는 것처럼 느끼셨음을 암시한다. 예수님이 "심히 놀라시며 슬퍼하사." 이는 바울이 빌립보서 2장 26절에서 에바브로디도의 고충을 묘사하면서 사용한 표현이다. 라이트풋(J. B. Lightfoot)은 이 단어가 "신체의 이상이나 슬픔, 수치, 실망 같은 정신적 고통 때문에 혼란스럽고 불안하며 반쯤 정신이 나간 상태"를 묘사한다고 제안했다. J. B. Lightfoot, *Commentary on Paul's Epistle to the Philippians* (London: Macmillan, 1913), 123.
4) 열두 사도 중에 두 사람이 '유다'라는 이름을 가지고 있었다. 한 사람은 가룟 유다, 나머지 한 사람은 다대오(마 10:3; 막 3:18)라고도 한 야고보의 아들 유다다(눅 6:16). 후자는 요한복음 14장 22절에서 예수님께 질문을 던지기도 한다.
5) 톱레이디(A. M. Toplady, 1740-1778)의 찬송가「만세 반석 열리니」(Rock of Ages, Cleft for Me) 가사.

4. 반전된 분위기

1) 로마 역사가 수에토니우스(Suetonius, 69-130/140)는 "주사위는 던져졌다."라는 말을 율리우스 카이사르(Julius Caesar)가 주전 49년 1월에 원로원에 반항하여 루비콘강을 건너 폼페이우스(Pompey)와 전쟁을 시작할 때 한 말로 보았다(*De vita Caesarum*, 1.32).
2) 찰스 웨슬리(Charles Wesley, 1707-1788)의 찬송가「주 보혈로 날 사심은」(And Can It Be) 가사.
3) 윌리엄 페더스턴(William R. Featherston, 1848-1875)의 찬송가「내 주 되신 주를 참 사랑하고」(My Jesus, I Love Thee) 가사. 현대에는 형벌 대속적 속죄 교리를 '아동 학대'의 한 형태라고 비난하는 주장도 있지만, 요한복음은 이것이 아버지와 아들의 일치된 목적이었으며, 우리 주님의 생애나 죽음의 어느 순간에도 아버지께서 그분의 사랑을 멈춘 적이 없으셨다고 가르친다.
4) 시 24:7-10, 스코틀랜드 운율 시편(Scottish Metrical Version). 이 시는 대개「세인트 조지의 에든버러」(St. George's Edinburgh)의 곡조에 맞추어 불렀다.
5) Tertullian, *Apology*, 39.
6) Augustine, *Confessions*, 10.33: "오, 주님, 내 말을 들으시고 나를 살피소서. 나를 보시고 불쌍히 여기사 고쳐 주소서. 당신 앞에서 저는 저 자신에게조차 수수께끼 같은 존재가 되어 버렸으니 그것이 곧 저의 연약함입니다."「고백록」.

5. 비아, 베리타스, 비타

1) 십계명(출 20:1-17; 신 5:1-21)은 하나님이 아담과 하와를 그분의 형상대로 창조하실 때 그들의 본능에 새겨 넣어 주신 삶의 원리였다(창 1:26-28). 죄로 인해 완전히 사라지지는 않았지만(로마서 2장 14-15절은 이를 시사하는 것처럼 보인다), 시내산에서는 그것들이 돌판에 다시 새겨졌고, 다음과 같은 정황에서 이스라엘 자손에게 구체적으로 적용되었다. (1) 죄인으로서, (2) 애굽에서 구출된 자로서, (3) 약속된 여자의 후손이자 메시아가 나올 민족으로서. 새 언약에서 신자들의 마음에 새겨진 것은 바로 (모세 언약에 일시적으로 주어진 시민적·의식적 적용이 아니라) 본래의 이 창조 법칙이다(렘 31:33; 참조. 히 8:8-13; 10:16).
2) 불가타 번역은 이렇게 기록한다. *ego sum via et veritas et vita. Nemo venit ad Patrem nisi per me*. 아마도 초창기 학생 가운데 많은 이가 토마스 아 켐피스(Thomas à Kempis)의 다음 유명한 말도 익히 알고 있었을 것이다. "나를 따르라. '내가 곧 길이요 진리요 생명이다.' 길이 없으면 갈 수 없고, 진리가 없으면 알 수 없으며, 생명이 없으면 살 수 없다. 나는 네가 따라야 할 유일한 길이요, 네가 믿어야 할 확실한 진리이며, 네가 소망해야 할 영원한 생명이다. 나는 어길 수 없는 길, 틀림없는 진리, 끝없는 생명이다." Thomas à Kempis, *Of the Imitation of Christ* (London: Griffith, Farron, Okeden & Welsh, 1886), 204. 『그리스도를 본받아』.
3) 바울이 이런 질문들을 던지는 방식으로 보아 그가 부정적 대답을 기대한다는 것을 알 수 있다. 바울이 헬라어로 질문하는 방식을 우리말로 표현하려면, 다음과 같이 몇 마디를 덧붙여야 한다. "모든 사람이 기적을 행하는 것은 아니지요? 모든 사람이 병 고치는 은사를 가진 것은 아니지요?"
4) 그리스도의 이름으로 "무엇이든지 구하는" 것은 그 '모든 것'이 하나님의 말씀과 약속에 부합함을 암시한다.
5) 본질적으로, 이 사도들과 맛디아(행 1:21-22, 26)와 바울(고전 9:1)까지 포함한 사도의 역할은 교회 안에서 한 번만 주어지는 독특한 직분이었다. 부활하신 그리스도의 목격자가 되는 것이 필수적인 자격이었는데, 이는 이 직분이 교회의 기초가 되었기 때문이다(엡 2:20). 특별한 표적들이 그들의 사역을 확증해 주었다(고후 12:12; 히 2:4). 이로 인해 신약성경에서는 장로와 집사의 직분이 계속되도록 하는 지침은 주어졌지만, 본질상 사도의 직분에 대해서는 그러한 지속 명령이 없었다.
6) 예수님 말씀이 모든 그리스도인을 가리키는 것으로 이해할 수 있다면, 다시 한번 고린도전서 12장 30절에 나오는 바울의 말씀에 비추어서 여기서 주목해야 할 것은 예수님의 기적 그 자체가 아니라, 오히려 그 사역의 결과(즉 사람들이 믿음에 이르게 되는 것)다.

6. 삼중 영

1) 요한일서에 나오는 요한의 표현은 요한복음 1장 1절을 떠올리게 한다. 예수님은 "하나님과 함께"['프로스 톤 테온', 하나님과 얼굴을 맞대고] 계셨던 말씀이시다. 이제 그분은 "아버지 앞에서"['프로스 톤 파테라'(*pros ton patera*), 아버지와 얼굴을 맞대고] 우리의 '파라클레토스' 시다(요일 2:1).
2) 예수님이 다락방에서 하신 말씀 중에서 그분의 신성을 인지하고 계심을 확실히 암시하는 몇몇 말씀 중 하나. 여기서는 예수님이 자신을 하나님 아버지와 동일시하시는 방식을 통해 드러난다.
3) 이 사람은 아마도 예수님의 열두 제자 중에 다대오로 알려졌던 다른 유다다.
4) C. S. Lewis, *Mere Christianity* (1952; repr., William Collins, 1955), 170–171. 『순전한 기독교』(홍성사). 그의 다른 저작이 대부분 그렇듯이, 루이스는 조지 맥도널드(George MacDonald)에게서 이 개념을 가져왔다고 인정한다.
5) Augustine, *Confessions*, 11.14. 『고백록』.

7. 참 포도나무

1) *Middoth* 3.8, translated by Alfred Edersheim in *Sketches of Jewish Social Life* (London: Religious Tract Society, 1876), 304. 로마 저자 타키투스(Tacitus)가 『역사』(*Histories*) 5.5에서도 언급하고, 요세푸스(Josephus)가 『유대 전쟁사』(*The Wars of the Jews*) 5.5.4에서도 언급한다. 요세푸스는 황금가지에 달린 포도송이가 사람만큼 키가 컸다고 말한다.
2) B. F. Westcott, *The Gospel according to John* (1881; repr., Grand Rapids, Mich.: Eerdmans, 1951), 217.
3) 최선을 다했지만, 이 인용문의 출처를 찾지 못했다.

8. 미움을 받지만 도움도 받는

1) A. N. Whitehead, *Process and Reality* (New York: Free Press, 1978), 39.
2) "Diabolos Meaning," Our Baby Namer, accessed June 23, 2020, http://www.ourbabynamer.com/meaning-of-Diabolos.html.
3) 이 표현과 이와 비슷한 표현들은 1–2세기 초기 교부들의 저작에서 찾아볼 수 있다. *The Epistle to Diognetus*, 1; Clement of Alexandria, *Stromateis*, 6.5.39.
4) 5세기 라틴 찬송가 *Te Deum laudamus*의 가사.
5) John Bunyan, *The Pilgrim's Progress*, ed. Roger Sharrock (Harmondsworth, England: Penguin, 1965), 211–212. 『천로역정』. 크리스티아나(순례자의 아내)와

다른 순례자들이 굴욕의 계곡에서 듣던 목동의 노래에서 가져왔다. "옷은 몹시 남루했지만 아주 싱그럽고 준수하게 생긴 아이였다." 담대가 말한다. "목동의 노래가 들립니까? 장담하건대, 비단과 벨벳으로 감싼 나리들보다 가슴에 '안심'이란 약초를 품고 지내는 저 아이가 훨씬 더 행복하게 살고 있을 겁니다."
6) C. S. Lewis, *The Lion, the Witch, and the Wardrobe* (London: Geoffrey Bles, 1950, and many other editions). 『사자와 마녀와 옷장』 13장 제목.

9. 왜? 왜? 왜?

1) '사도'(헬라어 *apostolos*)란 '보냄 받은/임명된 사람/메신저'라는 뜻이다. 이 단어는 신약성경에 80회 정도 사용되었는데, 기본적으로는 다음 네 맥락에 나온다. (1) 일반적인 의미의 메신저(요 13:16), (2) 아버지가 보내신 예수님(히 3:1), (3) 교회가 선교를 위해 보낸 사람들(고후 8:23), (4) 부활한 그리스도의 증인으로 섬긴 '열두 사도'와 바울. 이들은 온 교회와 연관된 사역을 위해 그리스도가 임명한 사람들이다. 다락방에서 지금 예수님 말씀을 듣고 있는 사람들은 이 네 번째 부류에 속했다.

10. 깨달음 이전의 혼란

1) 조지 마더슨(George Matheson, 1842-1906)의 찬송가 『주 사랑 날 놓지 않으시네』(O Love That Wilt Not Let Me Go) 중에서. 목사이자 찬송시 작사가였던 그는 어릴 적에 시력을 잃었다.
2) 윌리엄 카우퍼(William Cowper, 1731-1800)의 찬송가 『주 하나님 크신 능력』(God Moves in a Mysterious Way), 통일찬송가 80장.
3) B. B. Warfield, *Biblical Doctrines* (New York: Oxford University Press, 1929), 141-142.
4) 마 5:45; 6:1, 4, 6, 8, 9, 14, 15, 18(2회), 32; 7:11, 21.
5) 바울은 갈라디아서 3장 22절-4장 7절에서 이 실례를 사용한다.
6) 변증(apologetic)의 전문적인 의미에서, 곧 미안하다고 사과한다는 뜻이 아니라, 기독교 신앙을 변호하거나 옹호하는 의미에서 말하는 것이다. 베드로가 베드로전서 3장 15절에서 변증(apologia)이라는 단어를 사용한 것도 같은 의미에서다.
7) 포이어바흐(Feuerbach)는 『기독교의 본질』(*The Essence of Christianity*)에서 "신학은 곧 인류학"이라는 표현을 사용한다. 우리가 하나님에 대해 말할 때 사실은 우리 자신에 대해 말하고 있다는 뜻이다. 그의 책은 원래 마리안 에반스(Marian Evans)가 영어로 번역했다. *The Essence of Christianity* (London: Kegan Paul, Trench, Trubner & Co., 1893), xi, 270, 301.

8) 슐라이어마허(Schleiermacher)의 초기작 중 하나가 『종교를 멸시하는 교양인들을 위한 종교론』(*On Religion: Speeches to Its Cultured Despisers*, 1799)이다.
9) *The Works of John Owen*, ed. W. H. Goold (1850–1853; repr., Edinburgh, Scotland: Banner of Truth Trust, 1965–1968), 2:22–23.
10) *Works of John Owen*, 2:32.

11. 그리스도의 마음이 열리다

1) 레위기 16장 8절은 두 염소를 위해 제비를 뽑는데 "한 제비는 여호와를 위하고 한 제비는 아사셀을 위하여"라고 설명한다. '아사셀'은 이교도 악령의 이름이었기에 학자들은 두 번째 염소의 의미를 두고 의견이 분분했다. 아마도 이 장면을 가장 잘 이해하는 방법은 첫 번째 염소는 죄 사함의 필요를 상징하는 희생제물로, 두 번째 염소는 악한 자의 영역으로 끌려가는 존재로 생각하는 것이다.
그리스도는 이 극적인 표현을 성취하신다. 주님은 자신을 희생하심으로 죄책을 사하시지만, 또한 사탄의 영역으로 들어가서 사탄을 정복하고 우리를 사탄의 억압에서 해방하신다. 하나님은 에덴에서 지은 죄에 대해 이중 대비책을 마련하셨다. 하나는 희생제물을 통해 옷을 입히셔서 죄책감과 수치를 가려 주신 것이고, 또 다른 하나는 약속을 통해 뱀으로부터 구원하신 것이다(창 3:15, 21). 속죄일은 이를 더 확실하게 보여 주었다. 이것이 더 확실해질 날이 이제 곧 밝아올 것이다.
2) ESV(2016)는 '파이스'(*pais*)를 '종'으로 번역하고 각주에 '자녀'라는 번역을 소개한다. 누가복음 2장 43절에서 예수님에게 사용한 것처럼, 다른 곳에서는 '파이스'를 '소년'으로 번역한다. 사도행전 3장에서, 영원하신 아들이 하늘 아버지와의 관계에서 육신을 입으신 동안 **순종하셨다**는 사실을 보여 주기 위해 '*pais*'를 '자녀'로 번역한 것은 신학적 가치가 있다. 이는 성육신에 적절한 '공경'의 형태다.
따라서 제5계명은 자녀가 부모를 **공경해야** 한다고 암시한다. 이는 우리가 어릴 때든 자라서든 마찬가지로 적용된다. '공경'은 우리가 아직 아버지의 권위 아래 있는 상태(예. 미성년자)에서는 **순종**의 형태를 띤다. 그러나 성인이 되면 아들은 더는 아버지의 권위 아래서 그와 같은 방식으로 순종하지 않아도 된다("남자가 부모를 떠나…", 창 2:24). 그래도 공경의 의무는 항상 남아 있다. 계명은 하나님의 성품을 반영하므로, 유비로 말하자면 삼위일체의 제2위격이신 아들은 항상 아버지를 공경한다. 그러나 그분이 우리 인성을 취하셨을 때 그 '공경'은 복종하는 순종이라는 구체적 형태를 띤다. 따라서 영원하신 아들은 영원히 아버지를 공경하시지만, 아버지와의 영원한 관계가 영원한 **종속**의 관계는 아니다.
3) 참조. 웨스트민스터 신앙고백 2장 3항.
4) 우리 주님이 신적 본성을 공유하셨음을 스스로 인식하셨다는 다른 암시는 요한복음

17장에 나와 있다. 예를 들어, 주님이 제자들이 "우리 안에"(21절) 있다고 표현하신 부분이 그렇다.
5) 웨스트민스터 소요리문답 1문.
6) *Oxford English Dictionary*, s.v. "hiareth, *n.*," accessed June 24, 2020, https://www.oed.com/view/Entry/85866024?redirectedFrom=hiraeth#eid.
7) 에버렛 쿠프(C. Everett Koop, 1916-2013) 박사는 필라델피아 아동병원에서 외과 과장으로 재직한 후에, 1982년부터 1989년까지 미국 공중위생국 장관으로 일했다.

12. 아버지의 선물

1) 찬송가 「구주를 생각만 해도」(Jesus, the Very Thought of Thee) 가사. 베르나르 드 클레르보(Bernard of Clairvaux)가 작사하고 에드워드 캐스월(Edward Caswall, 1814-1878)이 번역한 것으로 알려지기도 했다.
2) 찬송가 「내 주는 강한 성이요」(A Mighty Fortress Is Our God) 가사. 마르틴 루터(Martin Luther) 작사, 프레더릭 헤지(Frederick H. hedge) 번역.

13. 우리를 위해 기도하시는 예수님

1) 여기서 신학적인 논쟁을 피하기 위해서는, 하나님은 '한 본질'이시라는 근거에서 예수님이 드신 비유가 신자들의 연합과 하나님의 존재적 연합 사이의 유비가 아니라는 점에 유의해야 한다. 오히려 그것은 교인들의 교제의 본질과 아버지와 아들, 곧 서로 구별되는 위격 사이의 교제의 본질 사이의 유비다.
2) 이는 소위 양태론으로 알려진 이단으로 이어질 수 있다. 양태론은 성부, 성자, 성령이 한 분 하나님의 세 가지 나타남(양태)일 뿐이며, 동일한 존재를 공유하는 서로 구별된 세 위격이 아니라고 주장한다.
3) 이는 삼위일체 교리 공식에서 필수 요소가 되었다. 하나님의 세 위격은 한 존재나 본질을 공유하시고, 아버지 되심(성부), 아들 됨(성자), 발출(성령)의 속성으로만 구별되신다. 참조. 웨스트민스터 신앙고백 2장 3항: "하나님의 본체는 하나이시며 곧 동시에 삼위이시다. 즉, 본체와 능력과 영원성에 있어서 동일하신 성부 하나님과 성자 하나님과 성령 하나님이시다."

리고니어 미니스트리즈(Ligonier Ministries)는 1971년 R. C. 스프로울 박사가 많은 사람에게 하나님의 거룩하심을 온전히 신포하고 가르치고 변호하기 위해 설립한 국제적인 기독교 제자훈련 기관입니다. 리고니어 라이브러리(Ligonier Library) 배지는 전 세계와 여러 언어권에 신뢰할 수 있는 자료임을 나타냅니다.

리고니어 미니스트리즈는 예수님이 주신 지상명령에 헌신하기 위해 전 세계에 인쇄 및 디지털 형식으로 제자훈련 자료를 제공하고 있습니다. 신뢰할 수 있는 도서, 기사, 영상 강의 시리즈를 50개 이상의 언어로 번역하고 더빙합니다. 우리의 소망은 그리스도인은 무엇을 믿는지, 왜 믿는지, 믿는 대로 어떻게 살아가는지, 믿는 바를 어떻게 공유하는지를 잘 알도록 도움으로써 예수 그리스도의 교회를 지원하는 것입니다.

LIGONIER.ORG
KO.LIGONIER.ORG

사명선언문

너희가 흠이 없고 순전하여……세상에서 그들 가운데 빛들로
나타내며 생명의 말씀을 밝혀 _ 빌 2:15-16

1. 생명을 담겠습니다
만드는 책에 주님 주신 생명을 담겠습니다.
그 책으로 복음을 선포하겠습니다.

2. 말씀을 밝히겠습니다
생명의 근본은 말씀입니다.
말씀을 밝혀 성도와 교회의 성장을 돕겠습니다.

3. 빛이 되겠습니다
시대와 영혼의 어두움을 밝혀 주님 앞으로 이끄는
빛이 되는 책을 만들겠습니다.

4. 순전히 행하겠습니다
책을 만들고 전하는 일과 경영하는 일에 부끄러움이 없는
정직함으로 행하겠습니다.

5. 끝까지 전파하겠습니다
모든 사람에게, 땅 끝까지, 주님 오시는 그날까지
복음을 전하는 사명을 다하겠습니다.

서점 안내

광화문점 서울시 종로구 새문안로 69 구세군회관 1층
02)737-2288 / 02)737-4623(F)

강남점 서울시 서초구 신반포로 177 반포쇼핑타운 3동 2층
02)595-1211 / 02)595-3549(F)

구로점 서울시 동작구 시흥대로 602, 3층 302호
02)858-8744 / 02)838-0653(F)

노원점 서울시 노원구 동일로 1366 삼봉빌딩 지하 1층
02)938-7979 / 02)3391-6169(F)

일산점 경기도 고양시 일산서구 중앙로 1391 레이크타운 지하 1층
031)916-8787 / 031)916-8788(F)

의정부점 경기도 의정부시 청사로47번길 12 성산타워 3층
031)845-0600 / 031)852-6930(F)

인터넷서점 www.lifebook.co.kr